CORRESPONDANCE

DE

P.-J. PROUDHON

TOME DOUZIÈME

PARIS

LIBRAIRIE INTERNATIONALE

A. LACROIX ET Cᵉ, ÉDITEURS

13, RUE DU FAUBOURG-MONTMARTRE, 13

1875

CORRESPONDANCE

DE

P.-J. PROUDHON

OEUVRES POSTHUMES & INÉDITES
DE
P.-J. PROUDHON

(Voir page 33 la Collection des OEuvres complètes anciennes)

CORRESPONDANCE	LA PORNOCRATIE
DE	OU
P.-J. Proudhon	**Les Femmes**
14 beaux vol. in-8°, à 5 fr. le vol.	1 vol. gr. in-18 Jésus 2 fr. 50 c.

LUTTE
DU
CHRISTIANISME & DU CÉSARISME
2 vol. gr. in-18 jésus : 7 fr.

HISTOIRE	VIE	HISTOIRE
	de	de
de	**JÉSUS**	**JÉHOVAH**
POLOGNE	*Mélanges divers, fragments d'histoire universelle*	*La Genèse de la Création* (Suite de la *Bible* annotée)
2 vol. gr. in-18 : 7 f.	1 v. gr. in-18 : 3 f. 50	1 v. gr. in-18 : 3 f. 50

CAHIERS ET CARNETS
MÉMOIRES DE P.-J. PROUDHON
Faisant suite à la *Correspondance* et la complétant
4 beaux volumes in-8° : **20 fr.**

Le Principe de l'art. 1 vol. grand in-18 Jésus.........	3	50
La Bible annotée. — *Les Évangiles.* 1 fort vol. gr. in-18 Jésus...............................	4	»
Les Apôtres. — *Les Épîtres.* 1 fort vol. gr. in-18 Jésus...............................	5	»
France et Rhin. 1 vol. gr. in-18 Jésus..............	2	50
La capacité politique des classes ouvrières. 1 vol. gr. 18 Jésus...............................	3	50
Contradictions politiques. Théorie du mouvement constitutionnel. 1 vol. gr. in-18 Jésus.............	3	50

Paris. — Imprimerie Moderne (Rarthier, d'), rue J.-J.-Rousseau, 61.

CORRESPONDANCE

DE

P.-J. PROUDHON

TOME DOUZIÈME

PARIS

LIBRAIRIE INTERNATIONALE

A. LACROIX ET Cᵉ, ÉDITEURS

13, RUE DU FAUBOURG-MONTMARTRE, 13

1875

CORRESPONDANCE

DE

P.-J. PROUDHON

———⁓⁓⁓———

Ixelles, 4 mars 1862.

A M. LE DOCTEUR CRETIN

Mon cher docteur, vous recevrez incessamment, par l'entremise de l'ami Gouvernet, un exemplaire d'une brochure de ma façon qui va paraître chez Garnier frères, sous ce titre : *les Majorats littéraires*. C'est une espèce d'improvisation que m'a dictée la lecture du discours de M. Walewski, président de la commission appelée à présenter un rapport sur la prétendue propriété littéraire. Je ne m'attendais pas que l'affaire serait menée si lestement ; aussi, malgré la fatigue de

mon cerveau, ai-je fait diligence. Cet opuscule formera
de cent soixante à cent quatre-vingts pages. J'ai lu déjà
et renvoyé toutes les épreuves ; peut-être l'annonce
paraîtra-t-elle dans les journaux en même temps que
vous recevrez la présente.

Vous me direz votre sentiment sur ce travail un peu
hâtif, au moins pour ce qui est de l'exécution. Puisque
de toute la petite société qui faisait autrefois le *Peuple*
je reste seul à écrire, il est juste que les amis m'éclairent
de leurs conseils et me rendent leur impression. Il vous
en coûtera une lettre comme les deux que j'ai sous les
yeux (17 octobre et 31 décembre 1861); avec tout autre,
ce serait trop payer l'offrande d'une brochure, mais je
sais qu'avec moi vous ne comptez pas et que vous êtes
heureux de chacun de mes progrès.

Vous avez parfaitement raison, cher ami, dans tout
ce que vous me dites au sujet de la *démocratie*, et vous
ne devez pas craindre que j'oublie ou rétracte mes
paroles. Il y a plus, je suis heureux que vous me les
rappeliez, car j'y trouve une preuve du mouvement qui
s'est fait dans les esprits depuis le coup d'État. Les
démocrates ne croient plus à leur propre principe, ils
n'oseraient jurer aujourd'hui par la souveraineté ou
kratie du peuple ; par conséquent, je n'ai pas même à
craindre sur ce terrain leur opposition. Mais il faut
compter ici avec les mots, avec les habitudes et avec les
situations. Vous verrez dans la nouvelle brochure que
vous allez lire, que ce n'est pas moi qui encense les
idoles, et que moins que jamais je suis disposé à m'in-
cliner devant sa majesté Jacques Bonhomme, à qui je
dis rudement son fait. Mais le peuple lui-même, c'est-
à-dire l'immense majorité des lecteurs, ne tient pas à
cette délicatesse de style ; mais le mot de *démocratie*,

détourné de son véritable sens, est accepté presque
comme un synonyme de république; il a été reçu par
des hommes tels que Tocqueville qui, certes, ne sont
pas des admirateurs de la sagesse populaire; et pour
nous, il implique toujours cette idée que, si nous
ne servons pas l'omnipotence de la multitude, nous
travaillons à son émancipation par le droit et la
liberté, et qu'en conséquence nous défendons les
intérêts.

Je malmènerai la plèbe et les *démocrates* tant que
vous voudrez, je dirai pis que pendre de cette *kratie*; il
est impossible que je me mette en opposition. Or, c'est
ce que je risquerais de faire si j'allais, pour un très-
mince résultat, proscrire un mot. Les lecteurs n'aiment
pas à changer sans cesse leur dictionnaire; il est plus
aisé de leur faire accepter toutes les réserves, critiques
et amendements que l'on voudra, qu'un seul changement de nom. Ils sauront que ma démocratie, à moi,
n'est pas celle des démocrates : ils se prêteront fort
bien à la distinction; ils ne consentiraient pas de même
à un échange de cocarde qui leur paraîtrait une
scission.

Sur le mot *révolution*, j'aurais à vous présenter, et à
bien plus forte raison encore, des observations ana-
logues; je les abandonne à votre sagesse. Je vais même
ici plus loin : je dois maintenir la pensée supérieure ou
l'esprit de la Révolution, bien que je ne sois pas ce
qu'on appelle vulgairement un révolutionnaire, c'est-
à-dire un *bousculeur*. La révolution de 89 forme positivement une ère nouvelle dans le droit et dans l'histoire; il est vrai qu'elle a été trahie, méconnue, défi-
gurée sans cesse par les soi-disant révolutionnaires.
C'est ce qui ressortira de plus en plus de mes publi-

cations, dont l'importance ira en grandissant pendant quelques années encore.

Au surplus, qui dit *Révolution* dit conservation autant qu'élimination : c'est une crise analogue à celle qui, dans la vie de l'individu, sépare les divers âges. Elle renouvelle, retrempe, purge, fortifie, rajeunit ; il est vrai que si elle est mal dirigée, conduite par des mains ignorantes et brutales, elle produit alors autant de mal que de bien. Que faire à cela ? Ce n'est ni ma faute, ni celle des révolutions.

Somme toute, et sauf à m'expliquer avec franchise, ce que je ne manquerai jamais de faire, je trouve fort peu d'avantage à faire une profession de foi qui aboutirait à abandonner absolument et définitivement certaines appellations, et j'y trouve de très-grands inconvénients. Dans le prochain ouvrage que je dois publier sur la Pologne, je dirai moi-même ceci : que mon tour est venu de me dire *conservateur* et de prendre la *défense de la propriété;* je le fais même déjà entendre dans ma brochure sur la propriété littéraire. Cela ne m'empêchera pas de rester ce que je dois être : interprète de la *Révolution*, républicain, *démocrate* même et *socialiste* par-dessus le marché. A bon entendeur, salut. Dans le cours de l'histoire, les mots changent d'acception comme les institutions elles-mêmes. La royauté constitutionnelle n'est pas du tout la royauté hébraïque ; faut-il pour cela proscrire le mot de *roi?* Il y a cinq ou six manières très-différentes de posséder la terre ; allons-nous proscrire le mot de *propriété?* C'est la notion du MOUVEMENT qu'il faut introduire dans nos idées, ce ne sont pas les mots qu'il faille attaquer.

Au surplus, cher ami, comptez un peu sur moi. Quoique épuisé par moments, ma tête et ma volonté ne faiblissent pas encore. Je vois nettement mon but, je sais où je vais; le jour approche où chacun le comprendra nettement. Ce travail sur la Pologne, où l'on ne s'attend à voir qu'un plaidoyer en faveur des Russes, sera une de mes productions, au point de vue des idées et de l'intelligence historique, les plus formidables.

Pauvre Élias Régnault, pauvres Polonais, qui s'attendent à n'avoir devant eux qu'un avocat officieux de la Russie s'acharnant à son *Droit de la force!...* Ils ne s'attendent guère à ce qui va leur arriver.

Adieu, cher ami; mille choses au papa Cretin qui, de sa vieille main, écrit cent fois mieux que vous. Et toutes sortes d'amitiés à la sœur.

Tout vôtre.

P.-J. PROUDHON.

Bruxelles, 7 mars 1862.

A M. GUSTAVE CHAUDEY

Mon cher ami, votre lettre, datée du 3, ne m'a été remise, par la faute du commissionnaire chargé de me l'apporter, qu'hier 6.— Nous sommes d'accord sur tout.

D'abord, en lisant votre article, j'ai deviné vos motifs; et je m'en suis voulu d'avoir mérité vos observations. Mais j'étais à cent lieues, en vous écrivant, de penser à ces choses; je ne voyais que la force des raisons et la certitude d'un triomphe pour vous. Si j'avais été à Paris, je vous aurais communiqué mes épreuves, dont naturellement vous n'eussiez point parlé; ma pensée n'allait pas plus loin. Excusez-moi donc, si, pensant et voulant bien, j'ai parlé indiscrètement. Je tâcherai que cela ne m'arrive plus. Mais, vous le savez, il n'y a pas rien en moi qu'un dialecticien; il y a un tempérament fougueux. Que ce soit auprès de vous ma perpétuelle excuse.

Vous avez bien saisi, bien posé le point juridique de la question; je n'ai fait moi-même que le développer en style économique. Comme je le dis quelque part, l'Économie politique est le côté *objectif* de la jurisprudence. Ainsi tout va bien entre nous; parlons d'autre chose.

Voilà bien du tapage ; G*** arrêté, le *Courrier du Dimanche* menacé peut-être dans son existence ; la démocratie payant encore une fois les frais de la brouille entre le gouvernement d'une part, l'Église d'une seconde part, et le parlement de troisième part. On porte ici à un millier le nombre des arrestations. On dit que Morin est à Mazas ; en même temps que Greppo est relâché. On parle aussi de l'arrestation de MM. Rémusat et d'Haussonville ; on y ajoute celle du beau-frère de Charras. Un *complot* à la fois orléaniste, républicain et socialiste, quoi !... On a vite fabriqué des complots quand on est dans la position du pouvoir actuel. Qu'y a-t-il au fond de tout cela ? Mes relations particulières ne m'apprennent rien ; elles concluraient plutôt toutes à une attestation d'affaissement, d'impuissance et de désarroi plus grand que jamais.

Si je me fais illusion à distance, il ne doit y avoir que ceci : du malaise beaucoup, de l'ennui, du tapage, à l'occasion de MM. About et Renan ; puis des démonstrations excitées, encouragées, justifiées par l'attitude de MM. Napoléon, Piétri, Larrabit, Persigny, etc., etc. Enfin, l'impulsion donnée par le quasi-conflit entre l'empereur et le Corps législatif.

La loi projetée sur la *propriété littéraire* est d'une effrayante portée ; et quand je vois la presse libérale en masse déserter les vrais principes, franchement je ne puis concevoir une bonne opinion de mes compatriotes. Quoi ! voilà les *Débats*, le *Siècle*, l'*Opinion Nationale*, la *Presse*, le *Temps*, la moitié du *Courrier du Dimanche* d'accord de livrer la Révolution et tous ses principes ! — Dans ce camp de défectionnaires, je vois les noms de Lamartine, V. Hugo, J. Simon,

F. Passy, E. Laboulaye ; et vous voulez que je croie à la capacité libérale de notre race !... Je ne connais que vous jusqu'ici, et la *Gazette des Tribunaux*, qui ayez défendu le droit. Lorsqu'ensuite je considère la politique suivie depuis dix ans par les croyances de la démocratie, ces applaudissements, ce parlementarisme, ce chauvinisme, cette manie unitaire tant pour l'Italie que pour l'Amérique, cette ineptie sur tous les grands intérêts, ce manque de sens politique dans la question romaine, et puis ce laisser-aller pour toutes les exigences du pouvoir, et cette mauvaise littérature ensuite, et cette morale débraillée; quand je contemple tout cela, vous dis-je, je sens l'espérance s'éteindre, et je me dis que la France a perdu son initiative; que le gouvernement peut changer, mais que le successeur ne vaudra pas mieux. Au fond, nous sommes une vilaine et insupportable nation. Peut-être, comme individus, et pour les relations privées, sommes-nous plus sociables, plus séduisants que les autres peuples; comme corps politique, nous avons été prodigieusement surfaits. Depuis 1801, notre décadence a été continue; cela est prouvé par la statistique et les chiffres; je veux dire que nous sommes le pays dont le progrès est le moins rapide à tous les points de vue. En fait de morale publique, d'esprit public, de liberté, d'ordre intérieur, nous ne sommes qu'impuissance.

L'Europe accomplit aujourd'hui sa marche ascensionnelle, sans nous, contre nous, en dehors de nos exemples et de notre influence, et nous sommes sa grande plaie. Un peu de septicisme, cher ami, et vous vous en trouverez bien. Le système impérial se délabre, c'est visible ; il est au-dessous de la tâche. Mais quand je la mesure, cette tâche, et que je vois la bourgeoisie

des *Débats*, les hommes du *Siècle* et ceux de la
Presse, etc., je me dis que notre décadence est irréduc-
tible. Pour ma part, je deviens de plus en plus cosmopolite. Je dirai de plus en plus ce qui me semblera
utile et vrai, me moquant des partis et heurtant l'opinion, s'il est nécessaire; j'ai le zèle croissant de la
liberté et du droit; j'ai fait mon deuil de la suprématie
française. Nous ne périrons pas, parce qu'au temps
où nous sommes, une nation de trente-six millions
d'hommes ne périt plus; parce qu'ensuite le progrès
ambiant suffira à nous retenir. Mais nous nous amoin-
drissons à vue d'œil, par lâcheté d'âme, sottise et vanité. On nous méprise au dehors; on ne compte plus
sur nous; on fait sans nous. Nos manies si mal justifiées d'émanciper les nations et de mener la civilisation font sourire; on se tient en garde contre nos
500,000 baïonnettes, voilà tout. Mais, tandis que la
Russie et l'Autriche grandissent de leur défaite même,
on sourit d'une joie maligne de nous voir de plus en
plus décavés par nos propres victoires; on compare
l'état de l'Italie victorieuse à celui de l'Autriche
vaincue; on se félicite à Londres et à Berlin de cet
abaissement de la papauté qui fait le triomphe du protestantisme sans apporter la moindre force, le moindre
prestige à la France décatholicisée et sans foi. Ah!
nous aurons beau faire pour guérir nos plaies et nous
remettre seulement dans le droit chemin, il ne suffit
pas de vaincre l'Empire, il faudrait terrasser les vieux
partis; il faut opérer la *conversion* de notre esprit
public; pour cela il faut des générations ou des mi-
racles.

Je ne fais pas de pessimisme, je ne renonce pas à mon
pays. J'espère toujours aller vous voir au mois de mai,

et, si je le puis, joindre ma voix à celle de tous les écrivains de bon vouloir. Mais je vois le mal, et ce mal est énorme. La première chose à faire est de nous en convaincre.

Je vais me remettre à mon livre polonais, auquel vous pouvez considérer mon travail sur la propriété littéraire comme servant de prélude. Vous entendrez mieux ceci quand vous m'aurez lu. Question de *propriété*, question de *liberté*, question de *nationalité*, etc. J'ai touché à tout dans cette espèce d'ouverture. Dans deux mois, vous aurez le concert. Cette année verra peut-être s'accomplir une grande chose, la réconciliation complète de la bourgeoisie moyenne avec le socialisme, tel que je l'ai toujours entendu. C'est à cela que je vise : vous en verrez encore le prélude dans ma brochure sur les *Majorats*.

Le Corps législatif sera-t-il dissous ? Je le croyais ces jours derniers; — j'en doute maintenant. — Après la réconciliation qui vient d'être faite sur l'affaire Palikao, l'empereur manquerait peut-être aux bienséances s'il renvoyait les députés. Puis, il ne peut guère souhaiter mieux ; au total, je pense qu'il les gardera. Ajoutez que ces députés, quasi-popularisés par leur résistance, lui rendront des services d'autant plus précieux.

Je vous serre la main.

P.-J. PROUDHON.

Ixelles, 7 mars 1862.

A M. VERDEAU

Monsieur Verdeau, il y a bien longtemps que je ne vous ai donné signe de vie, si ce n'est par mes deux derniers ouvrages : *la Guerre et la Paix* et *la Théorie de l'Impôt*, qui ont été déposés chez M. Gasc. Vous recevrez peut-être, en même temps que cette lettre, une nouvelle brochure sous ce titre : *Majorats littéraires*. C'est une protestation contre la loi qu'on se propose de faire pour créer *à perpétuité* le monopole des livres. Ce qui se passe dans notre pays est vraiment étrange. De tous côtés, si j'en crois les nouvelles, souffle un esprit d'opposition contre le régime impérial. Mais ne croyez pas que ce soit le zèle du droit et des principes qui anime cette belle opposition; non, les idées ne sont pour rien dans ce qui se passe. Au fond, on se dispute, comme en 48, le pouvoir. Les cléricaux le veulent pour suivre leurs plans, les rouges le revendiquent pour des projets contraires, les orléanistes de même. Tous, se plaignant d'être trahis ou mal servis par l'empereur, se tournent contre lui.

Figurez-vous, à la veille de Waterloo, Ney, Soult, d'Erlon, Gérard, Grouchy, Vandamme et tout l'état-major désertant et passant à l'ennemi ; voilà l'image de ce qui arrive à ce moment.

La loi sur la propriété littéraire est le coup mortel, décisif, porté à la Révolution de 89 et à tout ce qu'elle a produit. Eh bien! cette loi a pour elle les *Débats*, le *Siècle*, la *Presse*, le *Temps*, l'*Opinion nationale*, la moitié du *Courrier*, toute la presse officieuse et le gros des journaux de la province. Ajoutez Lamartine, V. Hugo, J. Simon, toutes les notabilités littéraires, scientifiques, juridiques, sauf de rares exceptions, et les bataillons de la bohème artiste et lettrée. Voilà où nous en sommes ; voilà contre quoi je lutte! Ah! notre pauvre nation est bien démoralisée, bien affaissée ; mais elle est encore plus mal représentée, plus mal inspirée et cent fois plus mal servie.

Vous savez sans doute quels sont les motifs qui m'ont empêché, jusqu'à présent, de profiter de la faculté de rentrer en France. Les déménagements de cette espèce coûtent cher, et, rien ne me pressant, j'ai cru devoir attendre un moment meilleur. L'année 1861 n'a pas été mauvaise pour moi ; j'ai payé plusieurs petites dettes, fait quelques acquisitions indispensables ; il nous reste de quoi vivre un an. Si la présente année est aussi heureuse, je pourrai peut-être attaquer mes graves obligations et, de plus, faire les frais d'une réintégration au pays. Voilà, en quelques lignes, mon bilan. J'ai fini par conquérir un public d'élite, studieux, dont l'encouragement suffit désormais à assurer ma subsistance.

Tandis que la démocratie affolée semble ne plus songer à moi, et que la presse fait le silence, *chut!* sur ce que je produis, les lecteurs qui s'inquiètent du vrai et qui aiment les bonnes études se montrent de plus en plus favorables. Si, d'un côté, j'éprouve quelques

regrets, si parfois je ne puis empêcher mon cœur de
déborder en imprécations contre tout ce que je vois,
partis, pouvoir, dynastie, nation, etc., en résultat je
me tiens dans un état de calme satisfaisant, et, grâce
à mes habitudes régulières, ma santé est aussi bonne
que je le puis souhaiter avec une fatigue de tête
énorme. Je voudrais que tous les Français fussent
aussi bien que je me trouve; peut-être trouveraient-ils
dans ce bien-être fort modeste, dans ce contentement
de leur sort et d'eux-mêmes, plus de bon sens et surtout plus de caractère.

Mais vous, cher monsieur, que faites-vous? que
devenez-vous? que fait Mlle Verdeau? — J'ai pensé bien
des fois à vous écrire depuis cette fâcheuse guerre
d'Amérique.

Je pensais à vos intérêts, et j'aurais voulu être
rassuré à cet égard. On dit que la campagne vise à sa
fin, et que tout va rentrer dans l'*ordre*. Je le souhaite
pour vous; je le souhaite pour l'Europe, qui compte
tant de travailleurs mis à mal par cette stupide guerre.
Ma joie serait complète si nos politiqueurs du journalisme pouvaient s'y éclairer; mais ce n'est pas à
craindre. Tandis qu'ils applaudissent à la défaite des
esclavagistes, ils ne prennent pas garde que cette
défaite a eu pour moteur principal le soin qu'a pris le
Nord de ne pas parler des esclaves, et par là de retenir
une portion des États du Sud, qui eussent été entraînés,
sans cela, dans la séparation!... *Ab uno disce omnes.*

Depuis trois mois je suis assassiné de ce mot qu'on
me chante sur tous les tons : *Il y a un réveil en France!*
Le croyez-vous? Je crois qu'il y a du malaise, de
l'ennui, du mécompte, et, par suite, du tapage. Mais un
réveil! Ce qui se passe dans la presse, à propos de la

loi sur la propriété littéraire; la politique à l'ordre du jour pour l'Italie, l'intrigue polonaise, etc., me prouve que la France dort son sommeil, à peine troublé par quelques mauvais rêves. Vous le dirai-je? J'ai résisté tant que j'ai pu à cette fatale et désolante pensée; mais déjà mon doute se faisait jour en 1857. Je crois que l'initiative du mouvement n'appartient plus à la France. Elle a laissé tomber son sceptre, le sceptre de l'opinion. On se tient en garde contre nos cinq cent mille baïonnettes; hors de là, j'en suis témoin, on ne fait nul cas de nous. Toutes les nations nous méprisent : Allemagne, Autriche, Prusse, Russie, Angleterre, la Belgique même et la Suisse, et jusqu'à cette misérable Italie.

Tandis que la Russie et l'Autriche retrouvent leur force et un surcroît de vitalité dans leurs défaites, signal pour elles d'une réforme profonde, nous avons pour ainsi dire reçu le coup d'assommoir de nos victoires. L'état de situation comparé entre la France et l'Angleterre, de 1801 à 1862, est navrant. Il y a là, croyez-moi, un mal profond, un mal qui vient de plus loin que l'empire actuel; un mal chronique, qui a son principe dans le caractère, la faiblesse originelle et le passé le plus éloigné de notre race. J'achève en ce moment un travail important, que je compte publier à Paris courant mai. A cette époque, je ferai le voyage de France. Pourrai-je vous voir à Paris ou à Versailles.

Cher Monsieur Verdeau, je ne perds pas le souvenir de ce que je vous dois; j'ai eu bien du mal encore en Belgique; mais enfin j'entrevois l'aurore d'un jour plus heureux. Croyez qu'alors je tiendrai à honneur de m'acquitter envers vous. Je ne serai jamais riche; mais j'espère liquider ma situation; c'est le but que j'assigne à ma vie, quant à ce qui est de la fortune.

Je vous serre bien tendrement les mains, et je présente, ainsi que ma femme et mes enfants, mes amitiés
à Mlle Verdeau.

Tout vôtre.

P.-J. PROUDHON.

Ixelles, 9 mars 1862.

A MM. GARNIER FRÈRES

Messieurs, je ne puis résister plus longtemps à mon impatience, et vous en comprenez la légitimilé.

Je vous ai retourné lundi dernier trois feuilles, les derniers placards, qui vous sont parvenus le lendemain matin, 4. Depuis lors, on a pu tout corriger, mettre en pages, relire, tirer et brocher. Nous devrions être en vente demain lundi 10.

A plusieurs reprises, je vous ai prié de répondre à mes questions, si vous vouliez que je fisse la *révision* de mes épreuves, quand vous pensiez envoyer à Bruxelles et si je devais faire l'annonce à l'*Office de publicité?* Vous ne m'avez sur rien répondu; j'ai présumé que vous faisiez diligence, et nous voilà à dimanche, et je ne trouve pas d'annonce dans les journaux, et je n'ai de nouvelles d'aucun côté.

Qu'est-ce qui vous retarde ?— Sont-ce vos conseils? Il fallait leur livrer les épreuves à fur et mesure de la mise en pages et tout serait aujourd'hui fini. M. Allou va-t-il vous suggérer de nouvelles terreurs, après le succès de ma *Théorie de l'Impôt* et de mon livre sur *la Guerre et la Paix*, bien autrement chatouilleux que ma brochure sur la propriété littéraire, qui ne regarde que les gens de lettres?...

Je suis dans une inquiétude extrême, et je regrette que vous m'y laissiez impitoyablement. Quelques mots de l'un de vos commis jetés à la boîte m'auraient tranquillisé; vous n'avez pas eu, pour un auteur aussi impétueux que je suis, cette petite charité chrétienne. C'est mal.

M. Chaudey, mon avocat et ami, a dû passer chez vous le 4 ou le 5, pour vous demander son exemplaire; c'est lui qui fera le compte rendu dans le *Courrier du Dimanche*, en répondant à M. Pelletan. Je m'attendais presque à voir l'annonce de cette réponse dans le numéro de ce matin; je ne trouve rien.

Et M. Gouvernet, que j'ai chargé aussi d'une lettre pour vous ne m'écrit rien non plus. Et d'autres personnes, de qui j'attendais également des lettres, ne m'écrivent pas davantage. Je n'ai que guignon de tous les côtés.

De grâce, messieurs, un mot: Que se passe-t-il? Quand paraissons-nous? Vous-mêmes m'avez dit que le moment pressait. Que dois-je faire?

Je vous salue, messieurs, bien cordialement.

P.-J. PROUDHON.

Bruxelles, 11 mars 1862.

A MM. GARNIER FRÈRES

Messieurs, j'ai reçu, en même temps que votre lettre datée du 9, les placards numérotés 1, 6, 8, 9, 10, 13, 15.

Les autres placards, 2, 3, 4, 5, 7, 11, 12 et 14 ne m'étant pas revenus, j'en ai conclu qu'ils n'avaient donné lieu à aucune observation de votre part.

De plus, si j'ai bien compris votre lettre, les seuls passages considérés comme dangereux sont ceux que vous avez entourés au crayon, ce qui réduit à un petit nombre de pages, alinéas ou membres de phrases, les corrections demandées.

Vous trouverez sous ce pli, soigneusement numérotés par placards et paquets, les passages qui ont mérité votre censure, avec les corrections qui les éclaircissent, les modifient et, dans tous les cas, les innocentent. J'ai cru inutile de vous envoyer la totalité des placards que je n'ai même pas lus.

J'espère, messieurs, si vous voulez vous donner la peine de me comprendre, que vous serez contents de ma docilité.

Toutes les corrections demandées portent sur deux

points principaux : l'*attaque au gouvernement* et l'*atta-que à la propriété.*

Je n'ai pas eu l'intention d'attaquer le gouvernement en censurant çà et là le caractère et les évolutions dé-raisonnables de la nation française ; mais je reconnais que dans un moment où l'on cherche partout des allu-sions, le parquet, la police, etc., peuvent quelquefois trouver dans un auteur ce qu'il n'a pas voulu y mettre. C'est pour cela que j'ai tout à la fois modifié les pas-sages indiqués, et protesté en même temps de ma pensée véritable. Je ne rends pas le pouvoir solidaire des tra-vers du pays; je ne puis dire davantage et aller au delà.

Quant à la propriété, je l'attaque encore moins que le gouvernement, puisque je me déclare prêt à la défendre si d'autres l'attaquaient. Les personnes chargées par vous de lire mes épreuves n'auront sans doute vu là qu'une tactique de ma part. Ces personnes se trompent, et c'est afin que d'autres ne s'y trompent pas que j'ai insisté sur ma déclaration. Comment ne voit-on pas que si je reproche à mes adversaires de gâter par leur polémique une bonne cause, je ne suis pas l'ennemi de cette cause, mais son partisan? Comment n'avez-vous pas vu que, si j'ai quelque chose à craindre de cette publication, ce n'est pas qu'on m'accuse d'attaquer la propriété, c'est au contraire qu'on me reproche de la défendre, et qu'en conséquence on me traite de rené-gat?

En vérité, messieurs, vous avez tourné vos lunettes de travers quand vous m'avez lu, car ce sont justement les passages les plus agréables au gouvernement que vous avez signalés comme les plus dangereux. Ainsi, je reproche aux écrivains de la *Presse* et du *Siècle* de montrer des sentiments régicides, et vous m'indiquez ce passage comme pouvant déplaire au gouvernement!... Ainsi, quand à la fin de mon travail je déclare solennellement à la bourgeoisie mon intention de prendre en main la défense de la propriété, vous m'indiquez ce passage comme pouvant attirer l'animadversion! Tout cela, messieurs, permettez-moi de vous le dire, est absurde, et je ne puis que l'attribuer à un défaut d'attention. Songez bien que la grande nouveauté de ma brochure est tout entière dans ce mot : *Proudhon, défenseur de la propriété!*...

Je regrette, messieurs, le retard considérable qu'éprouve cette publication. Voilà huit jours qu'elle devrait être en vente, et le tirage ne commencera tout au plus que jeudi.

Mais ce qui est accompli est accompli; faites dépêcher l'imprimeur; envoyez au plus tôt à M. Chaudey les bonnes feuilles pour son compte rendu dans le *Courrier du dimanche*, et tâchons de saisir si bien l'opinion qu'elle arrête le Corps législatif sur la pente fâcheuse où la pousse la coterie des gens de lettres.

Dites-moi aussi quand il y aura des exemplaires à Bruxelles; pour quel jour je dois faire l'annonce de la mise en vente dans l'*Office de publicité;* quant au compte rendu que je dois faire moi-même, je le réserve pour le numéro de dimanche, 23 courant.

Je vous salue, messieurs, bien sincèrement.

P.-J. PROUDHON.

P.-S. Si vous ne pensiez pas pouvoir publier avec les corrections que j'ai faites, je vous serais obligé de me le faire savoir de suite. J'irai moi-même faire la publication comme auteur.

Bruxelles, 15 mars 1862.

A M. VICTOR PILHES

Mon cher voyageur, votre lettre datée de Lille, 14 courant, me parvient aujourd'hui 15, à sept heures et demie du soir et j'y réponds à l'instant.

J'avais eu la pensée, à votre dernière, de vous écrire de ne pas faire de frais inutiles pour voir quelques mois plus tôt votre vieux chef de file. Mais puisque vous êtes lancé, toujours célibataire et fringant, j'ai jugé que vous pouviez, sans trop vous gêner, jeter le pied jusqu'ici, à moins que vous ne craigniez que cette démarche ne soit interprétée comme fait de société secrète.

Par le temps de libéralisme qui court, on est exposé à se voir pris pour moins que cela.

Je ne suis pas parti, je ne sais qui a pu vous dire que j'étais à Paris; mais on vous a singulièrement trompé. Je ne compte pas faire ma première tournée en France avant le mois de *mai*, au plus tôt, et si notre déménagement est accompli en septembre, ce sera fort joli.

Donc, cher ami, calculez votre itinéraire, et si vous trouvez que vous ne puissiez nous rencontrer à Paris ni en mai, ni en septembre, mais seulement en décembre, osez pénétrer jusqu'ici, et l'on tâchera de vous recevoir avec une soupe, une bouteille de vin blanc, bouteille de vin rouge, bavière, *ale* anglaise et liqueur de ménage. On a de tout.

Votre portrait n'est point venu. Les amis ont jugé que puisque je devais arriver *bientôt*, il était inutile de l'exposer à la casse ; en sorte que je suis condamné à vous voir en nature, si je veux savoir par moi-même jusqu'à quel point vous êtes rajeuni ou vieilli. Le résultat de cette belle précaution des amis sera que je les vois condamnés à me fournir leur propre portrait, afin de les faire souvenir qu'on ne plaisante pas ainsi avec les absents. Ma femme attend votre image pour en faire ce qu'elle appelle un passe-partout et la mettre dans la galerie des célébrités dont nous faisons collection.

Mon livre sera à peu près entièrement terminé pour le 26 ; mais dans tous les cas il ne sera pas en vente ; il faut attendre l'édition de Paris. C'est de celle-ci que je vous réserve un exemplaire.

Je suis horriblement fatigué, épuisé et catarrhisé. J'ai besoin de repos, et je réponds par un invariable refus à toutes les propositions qui me sont faites de France de reprendre ma place de journaliste.

Laissons passer cette session et se dessiner les positions.

J'ai des travaux à préparer, des notes à recueillir, mes réflexions à compléter. *Il mundo va da se ;* nous n'avons pas besoin d'y mettre notre grain de sel. Le mouvement social est magnifique, malheureusement les hommes sont bien petits.

L'arrestation de Blanqui me navre. Vous savez que l'homme et ses façons me sont peu sympathiques. Je crois qu'il touche à la *toquade*. J'ai eu sa visite il y a quinze mois, et je l'ai trouvé bien vieilli. Mais je ne puis songer sans tristesse à la vie de cet homme qui, sur cinquante-cinq années d'existence, en a passé la moitié en prison et qui vient d'y rentrer.

Un de ses amis me disait récemment que, dans sa dernière lettre, Blanqui lui écrivait ces propres mots : « Je suis plus que jamais décidé à me renfermer. » Il voulait dire à éviter toute espèce de manifestation, à ne point faire parler de lui, à se dérober, enfin ! Et le voilà à Mazas ! Je ne puis m'empêcher de dire que c'est un gage offert aux conservateurs, pour servir de contre-pied aux manifestations du prince Napoléon.

Adieu, je vous serre la main.

P.-J. PROUDHON.

Ixelles, 29 mars 1862.

A M. ALTMEYER

Mon cher maître, je viens vous demander un tout petit renseignement, et vous donner en même temps une preuve de ma colossale impertinence. Croiriez-vous bien que moi, qui me prépare à donner deux volumes sur la Pologne, je n'ai pas lu encore une seule histoire de ce pays? J'ai pillé des dates et des faits partout, j'ai mis en pièces Lelewel, je me suis composé un échafaudage de toutes sortes de renseignements et de matériaux, je n'ai pas ouvert un seul historien. Et voilà comme, de nos jours, on écrit l'histoire! Je vous autorise à faire, en temps et lieu, de ma confession l'usage que vous croirez utile.

Maintenant, et pour l'acquit de ma conscience, je désire voir ce que l'on raconte. J'ai donc envie de faire une demande au bibliothécaire de la ville de Bruxelles pour demander communication de quelque ouvrage; mais lequel? Sais-je seulement les noms de ceux qui ont écrit l'histoire de Pologne? Je connais celui de Rulhières; me le conseillez-vous? Je voudrais surtout avoir quelque chose pour les deux ou trois premières périodes, c'est-à-dire depuis l'an 842, environ, jusqu'à

Jagellon. *Quid?* C'est un dos de livre que je vous demande; avec cela j'irai partout.

Mon imprimeur parisien, après avoir *composé* ma brochure sur la Propriété littéraire, a refusé de l'imprimer, et je suis dans la nécessité de la donner à Lebègue. Dans huit jours, au plus tard, je pourrai vous faire hommage de cette bluette, que vous auriez reçue depuis près d'un mois, sans la couardise welche.

Je vous serre la main bien amicalement.

P.-J. PROUDHON.

Avril 1862.

A M. LE RÉDACTEUR
DE L'*OFFICE DE PUBLICITÉ*, A BRUXELLES

Monsieur le rédacteur, puisque vous avez l'obligeance de m'ouvrir vos colonnes, permettez-moi d'en profiter pour une communication personnelle. Comme éditeur de ma dernière brochure, les *Majorats littéraires*, vous y êtes intéressé, et j'espère que les habitués de votre journal vous pardonneront cette épisode.

Qui est-ce qui commande, en France, à cette heure?

J'en mettrais ma main au feu : sur cent personnes qui lisent l'*Office de publicité*, quatre-vingt-dix-neuf vont répondre : C'est l'empereur. — Voilà ce que c'est que l'oubli de l'histoire et les fausses associations d'idées! La Belgique, dans sa longue existence, a été plusieurs fois vassale d'empereurs : elle a été subjuguée par Jules César et réduite en province romaine; puis elle a fait partie de l'empire germanique; plus tard, elle a appartenu à la maison d'Autriche; en dernier lieu, à Napoléon Ier. Mais personne, dans ce pays d'actualité et de courte mémoire, ne sait plus ce que c'est que le régime impérial. Et parce que ce mot d'empereur signifie commandant, tout le monde en conclut, sans plus de réflexion, qu'un Empire est un État gouverné dans toutes ses parties par l'intelligence et la volonté d'un seul, en qui le peuple a réuni toutes les attributions de la souveraineté.

Ce serait bien pis, si, à cette première question, j'en ajoutais une seconde : Qu'est-ce que le despotisme, l'absolutisme, l'autocratie, la *tyrannie?* A ce mot sinistre de tyrannie, les imaginations sont aux champs. On se figure un homme à figure maigre, à voix caverneuse, aux regards ardents, entouré de sbires, servi par des secrétaires muets, disposant de la vie et de la propriété de ses sujets sans conditions, sans conseil, sans contrôle, au gré de ses passions monstrueuses, et selon le plus parfait arbitraire. Voilà le tyran, dans son idéalité classique, et tel que l'a dépeint Platon, que je soupçonne de n'avoir observé la tyrannie qu'à travers une lunette. Platon était allé faire sa cour à Syracuse, comme Voltaire à Berlin ; puis il s'était brouillé avec Denys, comme Voltaire avec Frédéric. De là, la rancune du philosophe et sa fantaisie du tyran, admise depuis lui dans l'École comme vérité d'expérience. Le public belge en est là ; en quoi il faut reconnaître qu'il est plus excusable que Platon ; au moins les Belges ont le bon esprit de rester chez eux et de ne pas aller à Syracuse.

Eh bien ! tout ce que le vulgaire imagine, et sur le despotisme, et sur Napoléon III, est faux, radicalement faux, éternellement faux. Ce tyran classique, de l'invention de Platon, est une chimère, ni plus ni moins que les anges de Raphaël et les chevaliers de l'Arioste. Il n'est pas vrai que l'empereur commande en France, bien qu'il porte les insignes du commandement ; il n'est pas vrai que le gouvernement impérial ressemble en rien au despotisme dont Platon nous a tracé l'idéal, bien que ce gouvernement soit un vrai despotisme.

Chacun conçoit qu'en tout gouvernement, quel qu'il soit, despotique ou libéral, le prince n'agit pas seul; il s'en faut presque du tout au tout. Il a des ministres, des généraux, lesquels à leur tour ont des subordonnés. En autres termes, le travail gouvernemental est, avec plus ou moins de méthode, distribué entre un certain nombre d'agents; sans cela le gouvernement serait impossible. Or, voici ce qui distingue le despotisme de la liberté; ici, la distribution des pouvoirs est accompagnée, pour chaque dépositaire de l'autorité publique, depuis le chef de l'État jusqu'au garde-champêtre, de formalités légales, de contrôle, de publicité, de responsabilité; les citoyens, en un mot, sont garantis contre les fonctionnaires. Tandis que là, dans le régime du despotisme et de la tyrannie, la distribution des fonctions publiques a pour accompagnement l'arbitraire, le silence, l'irresponsabilité; ce sont les fonctionnaires qui sont garantis contre les citoyens.

Le despotisme consiste donc, non pas, comme on le répète journellement, en ce que tout dépend de la volonté d'un seul individu qu'on nomme pour cela despote, tyran, empereur, ou tout ce qu'il vous plaira; mais en ce qu'il existe autant de tyrans qu'il y a de fonctionnaires. La tyrannie ne se personnifie pas en un homme, elle se personnifie en une multitude; elle est légion. En France, par exemple, où le nombre des fonctionnaires est évalué à plus de 500,000, le despotisme, depuis que le coup d'État a changé la République en Empire, compte tout autant d'incarnations, ralliées sous un chef à peu près nominal. C'est un dragon à 500,000 têtes et une queue; la queue, c'est l'empereur.

Napoléon III, élevé dans le faste du premier Empire, enthousiaste de son oncle, et choqué des tristesses du dernier règne, n'a rien imaginé de mieux pour le bonheur de la France que de revenir au régime de 1804, régime, selon lui, de gloire, de prospérité, de justice et d'ordre. Il a voulu être empereur, et, les circonstances aidant, il l'est devenu. Je ne fais pas de doute qu'il ne se regarde comme omnipotent, omniscient, seul décidant et seul gouvernant. Il est la raison sociale du système; il a sa part de despotisme, c'est à l'ombre de son nom que sifflent et s'agitent ces 500,000 vipères, auxquelles, par moments, d'un coup de queue, il donne l'impulsion. En réalité, je dis que le pouvoir soi-disant absolu de Napoléon III, abstraction faite de l'odieux de la forme, est moindre que celui d'un roi constitutionnel.

Je passe à ce qui m'est personnel.

Le gouvernement impérial, poussé par une influence occulte, désireux surtout de plaire à la redoutable corporation des gens de lettres, fait préparer un projet de loi pour la perpétuité des droits d'auteurs, ce qu'on appelle *propriété littéraire*. Une commission, formée par le ministre d'État Walewski, est chargée de l'élaboration de ce projet, condamné au Congrès de Bruxelles en 1858, repoussé de nouveau en 1861, au Congrès d'Anvers, mais qu'appuie la masse des lettrés, poètes, romanciers, dramaturges, journalistes, économistes, depuis Lamartine, V. Hugo, J. Simon, F. Passy, jusqu'à F. Wey, L. Ulbach, Alph. Karr, Pelletan, etc.

Décidé à combattre ce projet, l'un des plus funestes dont se soit avisé depuis un demi-siècle le gouvernement, je me hâte d'envoyer à Paris une réfutation; mais j'avais compté sans le dragon aux 500,000 têtes.

Au moment de mettre sous presse, l'imprimeur, dont j'avais levé tous les scrupules, que son conseil avait pleinement rassuré, juge à propos d'aller aux informations. A qui s'est-il adressé? Je l'ignore. Ce n'est ni à l'empereur, ni au ministre, comme on verra tout à l'heure; ce ne peut être qu'à quelque subalterne. Qui sait si ce n'est pas à l'honorable commission? Toujours est-il que, sur cet avis officieux, émané je ne sais d'où, l'imprimeur a déclaré qu'il refusait d'imprimer.

Sur ce, je publie mon travail à Bruxelles, j'en expédie, par la poste, dix exemplaires à dix des principaux personnages de l'État, parmi lesquels le prince Napoléon et M. de Persigny. Ni l'un ni l'autre n'ont reçu leur exemplaire. Comme les princes et les ministres sont bien servis, sous le despotisme! Envoyez un cadeau à l'empereur, ou bien faites-lui une révélation qui intéresse sa couronne et sa vie, et vous pouvez vous tenir pour assuré que, si vous n'avez la protection de l'antichambre, votre cadeau sera retenu en route, votre secret intercepté, et que vous-même, pour votre dévouement à la fortune impériale, vous serez noté à la police. — Dans le même temps, je faisais adresser deux ballots, l'un au libraire Dentu, l'autre à mes amis de France. Le gouvernement impérial autoriserait-il ou n'autoriserait-il pas l'introduction? C'était la question que je lui posais par cet envoi. Six semaines après, je n'avais pas encore de réponse.

Un de mes amis, député au Corps législatif, se charge de voir le ministre de qui dépend cette autorisation, M. de Persigny. — M. de Persigny répond qu'il n'a aucune connaissance de la chose; puis, rassemblant ses souvenirs, il croit qu'en effet une brochure de

M. Proudhon a été envoyée au ministre de la justice...
Qu'est-ce que le ministre de la justice avait à faire là ?
La question était tout administrative, exclusivement
du ressort du ministre de l'intérieur. Quel est ce mélange d'attributions ? Peut-être M. de Persigny, dont la
tête se brouille aisément, a-t-il voulu dire le ministre
de l'instruction publique. Il s'agissait de littérature,
de droits d'auteurs, toutes choses, aura-t-il pensé, de
la compétence de son confrère, M. Rouland. Or,
M. Rouland est membre de la commission Walewski,
favorable au projet, défavorable par conséquent à ma
brochure : serait-ce lui, ou *quelqu'un des siens*, qui
aurait fait interdire ma publication? Quel chaos !

Ne pouvant rien tirer du ministre, mon ami s'adresse
au subordonné du ministre, le directeur de la librairie,
M. Imhaus. M. Imhaus est membre aussi de la commission, et, comme M. Rouland, favorable au projet
de loi. Sa réponse, très-entortillée, disait en substance:
Que l'auteur des *Majorats* est un homme dont il estime
le talent et honore le caractère ; mais qu'il y a dans sa
brochure une foule de passages qui en rendraient la
circulation dangereuse ; que tout ce qu'il peut faire
pour M. Proudhon est de faire déposer un exemplaire
de son travail sur le bureau de la commission. —
Ainsi, on veut bien prendre connaissance de mes
objections, mais à huis clos, en dehors du public, qui,
en matière de loi et de privilége, n'a plus ni autorité
délibérative, ni droit d'avis.

« Et quels sont ces dangereux passages, demande à
« M. Imhaus l'opiniâtre visiteur. Vous obligeriez l'au-
« teur de les lui faire connaître, son intention étant de
« faire réimprimer son ouvrage à Paris, après l'avoir
« expurgé, toutefois. » A cette question, M. Imhaus,

pris au trébuchet, ne sait que répondre : il demande du temps. Lui-même n'avait pas lu !

Qui donc avait renseigné M. Imhaus ? — En quittant le directeur, mon ami entre chez un chef de bureau, subordonné de M. Imhaus. Naturellement, celui-ci n'est pas mieux instruit que le directeur ; il croit savoir pourtant que l'interdiction est venue de ce que, dans ma préface, j'ai dénoncé, comme une honte pour le gouvernement impérial, la *censure officieuse* des imprimeurs et des libraires. Nous voilà loin de la justice et de l'instruction publique ; nous rentrons dans la police pure. Ainsi, d'un côté, on ne veut pas, par la publicité donnée à mon œuvre, décourager les imprimeurs et les libraires de leur métier de censeurs ; ou plutôt, on ne veut pas les rassurer contre leurs propres appréhensions ; d'autre part, il y a dans les bas-fonds du gouvernement, des gens intéressés à ce qu'un appel loyal d'un écrivain à la sagesse d'en haut ne soit pas entendu. Quels peuvent être ces gens-là ? Ne nous lassons pas de chercher.

Pendant que je faisais ainsi sonder le ministère, le libraire Dentu, à qui était adressé l'un des ballots, allant de son côté aux informations, apprit, ce sont les termes de sa lettre, que *la* COMMISSION *avait refusé l'autorisation d'entrer en France.* — De quelle commission voulait parler M. Dentu ? Ce ne peut pas être de la commission formée par M. Walewski pour préparer le projet de loi ; elle n'avait pas qualité pour cela, et ce n'est point d'après son rapport que parlait M. Imhaus. Par ces mots, *la commission*, M. Dentu entend l'officine qui, sous les ordres du directeur de la librairie, lit les ouvrages publiés tant à l'intérieur qu'à l'étranger, et en donne son avis. C'est là que se prennent, à l'endroit des livres, les décisions ministérielles. Cette commission se compose de gens de lettres, qui, mal traités par la fortune, ou mal servis par leur talent, acceptent, pour vivre, ces fonctions censoriales. On y rencontre des ex-journalistes, des romanciers inconnus, des dramaturges sifflés, des philologues amateurs, etc., etc. *Fruits secs*, représentants de cette bohème corrompue et vénale, qui, lorsque le scandale ne suffit pas à la recette, fait un jour de la réclame, un autre jour de la dénonciation. Entre cette espèce et l'auteur des *Majorats littéraires*, on le comprend, il y a guerre à mort.

C'est en vain que vous diriez que l'autorisation d'introduire, en faisant honte aux éditeurs parisiens eût fait honneur au ministre; que le retrait du projet de loi, s'il eût été motivé sur les considérations de morale, d'esthétique, d'Économie politique et de droit public indiquées par l'auteur, aurait donné au gouvernement impérial un certain vernis de philosophie et de libéralisme; qu'à tous ces points de vue l'auteur lui eût rendu un vrai service : qu'importent ces grands intérêts? Ne raisonnons pas du despotisme comme nous ferions d'un gouvernement régulier. Le despotisme n'est point une forme organique de la société; ce n'est point non plus l'empereur, ni la dynastie, ni le parti bonapartiste. Le despotisme, aujourd'hui comme toujours, c'est la multitude des égoïsmes déchaînés contre la chose publique, contre toute liberté, toute morale et tout droit, et rendus maîtres du pouvoir.

Autre chose est donc l'intérêt du despotisme, et autre chose l'intérêt du prince; nous avons ici une puissance secrète qui agit dans l'ombre, inconnue du chef de l'État comme du public. De ce qui se passe l'empereur ne saura rien; lui-même, d'ailleurs, s'est compromis par une parole malheureuse, rapportée dans le discours d'inauguration de M. Walewski. Le ministre ne saura rien; peut-il donner ses soins à tant d'affaires? Le directeur de la librairie ne saura rien; ne faut-il pas qu'il s'en rapporte à la *commission*? Le despote, ici, est donc l'homme de lettres vendu et inféodé à la police, c'est le bohème devenu mouchard; c'est, le dirai-je? toute cette corporation de lettrés, à la gloire desquels M. Walewski a été chargé de préparer son projet de loi.

Considérez maintenant, lecteur, que ce qui se passe à propos de littérature et de presse, se retrouve dans toutes les catégories d'affaires, d'intérêts, d'administration, d'initiative publique et privée; que partout, dans le commerce, l'industrie, l'agriculture, la finance, comme dans les lettres, dans l'instruction publique, la magistrature, l'Église, l'armée, il existe une infinité de sujets équivoques, médiocres d'intelligence, plus faibles encore de conscience, à qui le travail est antipathique, gens affamés et déclassés, qui ont jeté la honte aux chiens, cherchent leur pâture dans la boue, et à qui un régime d'oppression, d'intrigue, d'arbitraire, un régime qui les débarrasse de la concurrence des travailleurs et des honnêtes gens, convient à merveille. C'est ainsi que toutes les carrières sont encombrées de nullités avides, aussi légères de savoir que de probité, ne répugnant pas plus à l'escroquerie qu'à l'espionnage, et cherchant leur fortune dans les pots-de-vin, les subventions de l'État, les fonds secrets de la police, les missions du gouvernement, en un mot, dans une part de cet immense arbitraire qui, réduit à sa plus simple expression, s'appelle *tyrannie*.

Si les Compagnies de chemins de fer, au grand

détriment du public, se sont coalisées ; si les conces-
sions, multipliées outre mesure, ont été le prix d'innombrables prostitutions; si la navigation leur a été
sacrifiée; si le jeu de Bourse s'est centralisé et cons-
titué en commandite; si la mutualité du crédit est
devenue un moyen de vol; si les sociétés pour l'exploitation des charges d'agent de change, contrairement
au principe de ces charges. ont été tolérées, et si elles
sont à la veille d'être autorisées ; si toutes les entreprises ont tendu au pouvoir une main servile; si le
monopole s'est partout multiplié; si l'escroquerie s'est
faite banque et a obtenu l'absolution des cours impériales; si la presse, achetée en masse, n'a plus servi
qu'aux réclames de la spéculation et aux communiqués
du pouvoir; si les travaux de réparation de Paris se
sont changés en un plan de démolition et de recons-
truction générale, dont l'exécution a déterminé déjà un
mouvement de capitaux de plus de 10 milliards; si le
gouvernement refuse de réformer son armée, dans
laquelle il y a 25 ou 30,000 officiers, fils de bourgeois,
et pareil nombre de sous-officiers qui aspirent à un
plus haut grade; si l'administration des communes est
tombée, avec la connivence des maires, aux mains des
préfets; si la franc-maçonnerie, en majorité, accepte
le patronage de l'État; si, pour balancer la société clé-
ricale de Saint-Vincent-de-Paul, qu'on n'ose pas
détruire, le gouvernement cherche à centraliser entre
ses mains la bienfaisance publique, comme il a fait des
sociétés de prévoyance et de secours mutuels; si, dans
certaines industries, la classe ouvrière aux abois
demande le rétablissement des anciennes corporations;
si cette même classe ouvrière est expulsée de la capitale;
si l'on parle d'une *réforme* de la propriété foncière au

moyen de l'expropriation pour cause d'utilité publique combinée avec le crédit foncier et l'hypothèque; si l'on propose de réunir dans la personne les deux autorités, spirituelle et temporelle; si, pour couronner ce système de créations anormales, d'abus de pouvoir, de violations de tous les principes, on tient en réserve, aux applaudissements d'une canaille hideuse, la banqueroute sociale; si, pour appuyer ce régime, le Corps électoral a donné au pouvoir une majorité de 258 représentants sur 263, n'en doutez point: le mal ne vient pas d'une préméditation supérieure, il a sa source dans ces 500,000 tyranneaux dont se compose le personnel impérial, et qui, joints à l'innombrable vermine qui assiége le gouvernement, forme ce que j'appelle la tyrannie.

Comprendriez-vous, sans cela, qu'une nation de trente-sept millions d'hommes se fût livrée pieds et poings liés au bon plaisir d'un empereur, fût-il un génie, un héros et un saint? Le mot de l'énigme, je vous le dis, c'est qu'en général, à toute époque et par tous pays, le nombre des fripons et des sots surpasse celui des honnêtes gens, et qu'il est arrivé pour la France un jour néfaste, où les fripons et les sots, longtemps refoulés, se sont trouvés les maîtres, pendant que les honnêtes gens ont battu en retraite. Eh! ne voyez-vous pas que l'homme de valeur, par cela même qu'il se sent de la valeur, est antipathique à un semblable régime, et qu'autant la liberté et le droit lui sont précieux, autant il dédaigne d'entrer en partage avec la bêtise et l'immoralité? Le règne de la loi, qui est celui du travail et du mérite, plaît aux âmes généreuses; il est odieux aux intrigants et aux lâches. Le philosophe aspire à dominer par l'idée pure, qui ne laisse rien subsister de la personnalité; le savant veut gouverner par la science, l'orateur par l'éloquence, le jurisconsulte par le droit, le prêtre par la religion. Pour eux, la discussion libre, le grand jour, l'observation des formes légales, sont de première nécessité; ils s'y sentent à l'aise, ils y trouvent leur triomphe. Citez-moi un homme d'un talent élevé, d'une grande réputation, d'une probité rigide, qui se soit rallié à l'état de choses. Je ne crois pas qu'on en trouve un exemple, et c'est tout simple. Ce n'est ni le titre impérial, ni le nom de Bonaparte qui soulève les répugnances, ce n'est pas la personne de Napoléon III qui effarouche : MM. Odilon Barrot et Dufaure, avant le coup d'État, ont été ministres. Mais il faudrait se renier, s'abdiquer, se parjurer, mentir à son âme, à son génie, à sa vie entière; se faire jongleur, courtisan, dévorant, fraterniser avec les proxénètes et les *grecs;* il faudrait quitter la figure et le verbe de l'humanité, pour prendre, comme dit l'Apocalypse, le signe et le langage du Dragon.

Hélas! le caractère de la corruption contemporaine est d'atteindre surtout les classes instruites. Sur 2,000 individus dont se compose la corporation des gens de lettres, combien pensez-vous qu'il y en ait qui gardent leur indépendance et qui se respectent? Pas le demi-quart. Je n'en ai pas fait le compte; mais j'en juge par la moyenne de la vertu à notre époque; par la facilité avec laquelle le gouvernement embauche les écrivains; par le besoin du luxe et des jouissances qui travaille les artistes et les gens de lettres; enfin, par la pauvreté de leurs idées et la faiblesse de leur sens moral, qui les livre sans défense à l'assaut des tentations. Comment un auteur, qui n'a de ressource que sa plume, ne serait-il pas séduit, quand on voit les maîtres de la parole, les Lamartine, les V. Hugo, les J. Simon, républicains austères, être les premiers à réclamer une *propriété* qui consacrerait au profit des lettrés, devenus des espèces de mandarins, un privilége injuste; qui rendrait le pouvoir maître du spirituel et lui conférerait la dictature des mœurs; qui abolirait la pensée libre, rétablirait dans l'industrie l'iniquité féodale, et mettrait le sceau à la contre-révolution? Quand les généraux sont à ce point démoralisés, qu'attendre des simples soldats? Aussi, qu'elle le sache ou l'ignore, la littérature française, en majorité, est complice de ce despotisme dont il lui arrive parfois de se plaindre. C'est elle qui a empoisonné la raison publique, préparé la servitude de la nation, et qui conduit, comme une orgie, ses funérailles.

P.-J. PROUDHON.

P.-S. J'apprends que, sur un avis du ministre, la commission pour la propriété littéraire a suspendu ses séances, et que le projet de loi est ajourné à l'année prochaine.

Ixelles, 12 avril 1862.

A M. J.-A. LANGLOIS

Mon cher Langlois, votre lettre du 10 courant m'est
parvenue en pleine grippe : c'est vous dire que, esto-
maqué, brisé, moulu par le rhume, j'étais dans la
position la plus souhaitable pout compatir à vos ennuis.
On m'avait bien parlé de votre rhumatisme, et je savais
d'ailleurs que Mme Langlois n'était pas vaillante, mais
je ne soupçonnais rien de toute cette série de maux.
Quel est donc ce choléra qui s'acharne après les honnêtes
gens? Je n'ai à cette heure pas un ami, en France et
ailleurs, qui ne me fasse part de ses tribulations. Mais
je vois que les fripons, les satisfaits, les gens de l'époque
et de la génération, enfin, sont florissants, que rien
ne les touche, et qu'ils jouissent comme si nous étions
en pleine Cocagne !... C'est un point à éclaircir, et qu'en
attendant je note comme un motif de plus à l'appui de
la conspiration permanente que les bon s citoyens
devraient former entre eux contre les corrompus.

J'ai fait part des passages de votre lettre concernant
vos santés à ma femme; elle plaint fort Mme Langlois;
elle aussi est grippée, mais sa grippe n'est vraiment
qu'une distraction dans la succession de ses douleurs.

Depuis l'affreuse scarlatine qui l'a tant tourmentée il y a deux ans et plus, elle n'a cessé de pâtir des reins, du sein, de la tête, des dents, etc., etc. Ce sont des douleurs névralgiques qui reviennent sous mille formes, lui arrachant des hurlements et lui rendent l'existence aussi amère que possible. Mais un jour d'éclaircie ramène le sourire ; alors elle prend des forces pour le lendemain, qui recommence son martyre.

Ce que vous me racontez de vos études m'intéresse de plus en plus, et je vous engage de tout cœur à poursuivre. Vous ne sauriez, même en vous trompant, ce que je ne crois point, rendre de plus grand service à la vraie philosophie. Vous m'avez parfaitement compris, quand j'ai dit que ma théorie de la justice était une théorie *réaliste*, c'est-à-dire faisant de la justice une faculté et un soutien spécial, analogue à la faculté d'aimer et au sentiment qui en résulte ; qu'en cela je m'éloignais surtout des juristes, pour qui la justice n'est qu'un *idéal*, pour ne pas dire une abstraction. Voici que dans cette faculté vous distinguez pour ainsi dire deux pôles, comme on distingue l'amour physique de l'amour spirituel, céleste, éthéré ou idéal ; n'est-ce pas, je le répète, affirmer, confirmer, démontrer enfin le réalisme, le positivisme de la justice ? Et si, ce point obtenu, on pouvait mettre en circulation une pareille idée, n'aurions-nous pas une révolution radicale dans les mœurs ?... Allez donc, cher ami, allez devant vous, prenez votre temps ; je vous réponds qu'avec le public contemporain vous n'avez pas à craindre d'être distancé. Vous arriverez à temps.

Puisque vous me parlez de races humaines, question sur laquelle je travaille aussi de mon côté, je vous dirai ce que je pense du livre de Quatrefages, que j'ai annoté

sur toutes les marges. Je suis parfaitement d'accord de
l'unité *spécifique* de l'humanité ; mais je ne conclus pas
avec Quatrefages de cette unité spécifique à une *origine*
identique pour toutes les races ; je crois qu'en cela il a
fait violence à la science par amour pour la *Genèse*.
Maintenant qu'on commence à découvrir partout des
fossiles humains, il faut bien s'accoutumer, pour
l'homme comme pour l'ensemble des deux règnes orga-
nisés, à l'idée d'une création ubiquitaire. Or, n'est-il
pas tout aussi simple d'admettre que les énergies de la
nature, fonctionnant sous les influences climatériques,
ont produit partout identiquement le même être, sauf
les nuances de tempérament, que d'aller soutenir, sur
la foi de vieilles traditions, mais sans preuves, que
chaque race a été façonnée dans le pays qu'elle habite,
après que la graine, — une graine exotique, — y eût
été apportée de plus loin ? Je dis que la première de
ces propositions vaut la seconde ; et comme au point de
vue de la politique, de l'histoire, des nationalités, etc.,
celle-là est la plus commode, la plus naturelle, à tel
point qu'on est forcé d'en faire l'hypothèse, je vous
avoue que je m'y attache avec la conviction d'un jugement longuement motivé et mûrement réfléchi.

Quant aux inégalités de races, que vous attribuez à
la *différence de norme de la force collective qui préside à
la vie animale*, je n'en cherche pas l'explication ailleurs
que dans les influences locales. En sorte que, pour moi,
votre problème de l'identité des deux forces collectives
(végétative et animale), dans l'homme, n'en serait pas
un à vrai dire. L'homme, en principe, serait, à tous les
points de vue et partout, identique et adéquat à lui-
même ; il ne varierait que sous l'action de certaines
influences extérieures, qui d'abord l'atteindraient dans

sa vie végétative, et de là s'étendraient jusqu'à la vie animale. J'ai une page ou deux à ce sujet dans ma *Pologne*, où je distingue les facultés constitutives de l'homme, les mêmes pour tous, de ce que j'appelle les *facultés de production* ou *facultés de réalisation*. C'est par ces dernières seulement qu'il y a inégalité entre les races et les individus.

Vous voyez, cher ami, que nous nous suivons sans nous avertir, et que j'ai ce qu'il faut pour vous bien comprendre. Du reste, chacun dans notre ligne, avec notre style et notre génie propre. Allons toujours; qui bien pensera, bien trouvera.

· J'accueille avec tristesse votre appréciation générale des hommes et des choses, appréciation qui me navre, et qui est aussi la mienne. Je vais même en ce sens beaucoup plus loin que vous, qui vous croyez pessimiste, et que je trouve encore plein d'illusions. Quand vous me dites qu'une nouvelle et troisième invasion de la France pourrait ajourner la révolution sociale à cinquante ans, vous avez l'air de croire celle-ci fort prochaine, bien plus, qu'elle sera opérée par la France. J'ai perdu toute foi et toute espérance pareille. J'ai été, comme vous, ébloui du rôle qui me semblait être celui de la France, et plus j'étais ébloui, plus je croyais à notre vertu, à notre *faculté de réalisation*. Qui pouvait nous disputer ce rôle?... Mais, en ruminant notre histoire et en étudiant depuis quatorze ans la marche du pays, je suis revenu de mon infatuation gauloise. Nous avons été prodigieusement surfaits;— le travail de tant d'hommes si justement célèbres parmi nous a fait illusion au monde, et l'on a rapporté à la nation l'hommage que l'on rendait à ses notabilités. Mais on revient de cet entraînement, on s'aperçoit qu'en France le génie n'est pas l'expression de la race, qu'il n'en est pas le roi, qu'il y existe solitaire, et que les masses se gouvernent par de tout autres idées. Aussi l'opinion si haute qu'on avait de la France baisse tous les jours; pour ma part, je puis vous dire que mon jugement a tout à fait changé. Je ne crois pas à la France; je n'attends rien d'elle en particulier, comme je n'ai cessé d'y voir, depuis dix ans, le foyer de la contre-révolution; je regarde son histoire, depuis quatre-vingts ans, comme l'histoire de ses impuissances.

La France, qui dominerait le monde à cette heure, si elle était telle seulement que sous le ministère Martignac ou le ministère Casimir Périer, si elle appuyait le mouvement libéral en Autriche, en Prusse, en Russie, au lieu d'inquiéter les gouvernements, la France est la vraie ennemie de tout progrès et de toute liberté. Son génie est de brouiller tout, de gâter tout ce qu'elle touche, de faire du tapage et de chanter ses succès de vanité. Quel chaos nous avons fait de l'Italie ! Quel gâchis en Orient! Quelle triste besogne nous allons faire au Mexique!... Mais ce ne sont là que des misères. Savez-vous qu'à l'heure où je vous parle, si la loi sur la propriété littéraire passe, et elle passera, il ne reste à peu près rien des idées de 89? Savez-vous, cher ami, que notre apostasie est complète, et que la dernière pièce du système, le grand mât, la quille est ébranlée, je veux dire le Code civil? Savez-vous que nous touchons au moment où la propriété, constituée par ce Code, va revenir à la constitution féodale?... Vous ne suivez pas, je le vois, vous n'enregistrez pas, au jour le jour, les manifestations de la *force collective française;* vous la croyez toujours telle qu'en 89, et vous vous dites: la France est là !... Détrompez-vous... Bourgeoisie et plèbe ne valent rien ni l'une ni l'autre; la bascule se fait entre elles deux, non pour les principes, les libertés et les droits auxquels on ne pense plus, mais pour la pâtée et le privilége, la seule chose à laquelle tiennent le prolétaire et le bourgeois.

La décadence française a fait depuis dix ans des progrès effroyables : j'en recueille les pièces. La multitude n'y voit rien : est-ce qu'elle voit quelque chose? Est-ce que les Espagnols d'Isabelle II ne sont pas aussi fiers que ceux de Charles-Quint? Nous descendons au pas accéléré... Que l'Allemagne, l'Autriche et la Prusse parviennent à s'organiser, que la Russie surmonte les difficultés de son émancipation, et je vois, avant dix ans, les races latines définitivement dépassées, et tôt ou tard subalternisées par les races germaniques...

Voulez-vous que je résume mon opinion sur la France dans un apologue. Le général Foy, en 1825, dénonçant le budget d'UN MILLIARD, s'écriait : « Savez-vous, Messieurs, qu'il ne s'est pas encore écoulé un milliard de minutes depuis la naissance de Jésus-Christ? » — Je me souviens de l'émotion causée par cette parole du général Foy. On s'effrayait d'un milliard. Eh bien! nous sommes en 1862. Le milliard de minutes depuis la naissance de Jésus-Christ ne s'est toujours pas écoulé, et notre budget est de *deux milliards*. Cependant la population n'a pas été doublée, ni le territoire doublé, ni la production doublée, ni la richesse publique et individuelle doublées. Il n'y a que la corruption, la sottise, la vénalité, la lâcheté qui aient doublé. Voilà notre progrès.

Nous n'avons jamais compris ce que c'est qu'une constitution monarchique ou autre; toujours ce sera notre éternelle honte; nous avons poussé à la dictature, à l'autocratie, au comité de salut public, au pouvoir centralisé et fort. Est-ce que vous vous imaginez qu'on revienne de si loin? Est-ce que vous croyez à un *couronnement de l'édifice*, vous? Est-ce qu'une ombre de liberté, de légalité, vous paraît désormais possible!...

Vous savez que j'ai sous presse, à Bruxelles, un opuscule sur la Propriété littéraire. Peut-être à la fin trouverai-je un éditeur à Paris. En tout cas, j'espère bien qu'il me sera possible de vous le faire parvenir.

Mes respects à Mme Langlois. Si votre bras ne va pas trop mal, écrivez-moi au moins une fois d'ici à votre départ.

Je vous serre la main.

P.-J. PROUDHON.

Bruxelles, 12 avril 1862.

A M. DEFONTAINE

Monsieur, votre lettre du 9 courant m'est parvenue en délai voulu, mais avec des traces d'effraction qui me font penser qu'elle a bien pu être lue en route. Pareil sort étant arrivé déjà à plusieurs de mes lettres, et, tout récemment, un de mes amis de Dijon ayant subi un interrogatoire du commissaire de police pour m'être venu visiter à Bruxelles, il n'y aurait rien d'étonnant à ce que votre lettre eût été l'objet d'un examen.

Cela n'a rien de bien grave pour moi, qu'on sait n'être pas rallié au système impérial et à qui il arrive de me dédommager largement parfois, dans mes correspondances, de la contrainte qui m'est imposée dans mes écrits imprimés. Mais je devais vous prévenir de la situation, vous, que la fougue du tempérament et de l'intempérance du langage n'excuseraient peut-être pas au même degré. Il y a longtemps que j'ai jeté, comme on dit, mon bonnet par-dessus les moulins ; et quand j'ai vu qu'on lisait mes lettres, je n'ai plus rien ménagé dans mes expressions. C'est une manière de me venger des écouteurs aux portes. Mais je ne vous conseille pas d'user de la méthode, qui peut attirer à celui qui s'en sert et à ses amis de tristes représailles.

Vous m'avez demandé, cher monsieur, dans votre avant-dernière, s'il me serait agréable de recevoir votre visite, et quand cela se pourrait? Je ne sais plus bien de quelle date était cette lettre, et il m'en coûterait trop en ce moment de la chercher dans le ballot de mes correspondances. Ce dont je me souviens est que pendant longtemps je me suis trouvé dans l'impossibilité de vous faire une réponse précise. Sur la fin de l'été dernier et en automne, j'ai fait quelques courses; puis, je devais aller à Paris; puis l'hiver venant, je me suis décidé à rester encore. Plus tard, j'avais espéré faire ma première visite au pays dans le présent mois d'avril, et je je n'espère plus réaliser ce projet que courant juin. Il faut pourtant que je rentre une fois; mes intérêts et mes désirs secrets me le conseillent, mais les circonstances suscitent mille obstacles, et vous comprenez comme à travers cela, le travail me pressant toujours, j'ai fini par ne vous pas répondre du tout. C'était peu logique et peu poli de ma part; mais j'ai mieux aimé laisser la chose indécise dans votre esprit que de vous désobliger par un refus; je n'étais pas un homme à visiter il y a six mois, je ne le suis guère plus aujourd'hui. Mon existence se passe à travers une série d'encombrements quelquefois ridicules, mais qui, en me faisant perdre beaucoup de temps, me rendent d'autant plus avare du reste; et comment inviter un honnête homme à me venir voir, pour ne lui donner que quelques heures? Là est mon excuse, si c'en est une; soyez assez bon pour vous en contenter, cher monsieur, au nom de cette affection même que vous me témoignez.

Je suis en ce moment encore tout ébranlé d'une forte

grippe, accompagnée de rhume, etc., qui me tient depuis huit jours.

Je viens d'éprouver un désagrément d'une autre espèce en envoyant à Paris un petit opuscule sur la *Propriété littéraire*, opuscule qu'on a composé d'abord, puis qu'on a refusé de tirer, et que je vais publier à Bruxelles. J'espère pourtant qu'il finira par entrer en France. — J'ai eu à souffrir aussi d'une brouille survenue entre quelques-uns de mes anciens amis, et dans laquelle, forcé de donner mon arbitrage avec toute la prudence imaginable, j'ai vu l'un d'eux s'éloigner de moi peut-être pour toujours. Enfin, j'ai constamment à la maison, femme ou enfant, quelqu'un de malade ; ajoutez le pire de tout, le chagrin de voir dans quel affreux bourbier se débat notre pauvre pays, et vous comprendrez, je pense, combien tant d'ennuis, de tristesses, me rendent peu curieux de visites, peu sociable. Les forces de l'âme s'usent comme celles du corps, et le même succès qui assure dix ans de vie à un coquin, abrége d'autant celle d'un honnête homme.

Or, comme l'instinct de l'animal le porte à se cacher pour mourir, la prolongation du chagrin fait chercher à l'homme la solitude.

Je sais que ce que je vous écris là n'est plus le langage de l'homme maître de lui-même; c'est celui de la nature qui pâtit et qui cède : au moins aurais-je encore le mérite d'être vrai. J'ai eu autant d'énergie que personne, je me sens la tête toujours aussi saine, mais le cœur est depuis trop longtemps malade, et j'avoue qu'en ce moment je me sens accablé. Cela passera, je l'espère, mais il faut du calme, et, pour le moment, je ne cherche rien autre.

Vous voulez que je vous parle politique. Hélas ! cher

monsieur, ce serait écrire volume sur volume. Autrefois, les nations se gouvernaient par des traditions, par des principes établis, des croyances, une religion.

Nous n'avons plus rien de tout cela, et la science du droit politique, international, économique, etc., nous manquant, nous allons de contradiction en contradiction. J'ai écrit, il y a quinze ans, un livre sur les *Contradictions économiques;* je pourrais en faire un aujourd'hui sur les *Contradictions politiques.* Notre génération est incapable de rien apprendre; elle va où la poussent ses charlatans : je ne puis me figurer qu'un grand peuple puisse durer longtemps avec une pareille vie.

Qu'allons-nous faire au *Mexique*, aujourd'hui surtout que l'Angleterre et l'Espagne s'en retirent? Essayer de fonder une monarchie pour faire échec à la république des *États-Unis*, dont nous avons été en 1783 les parrains... nous faire des ennemis de cette république, qui dans dix ans sera plus forte, à tous les points de vue, que nous !...

Et cette affaire d'Italie ! quelle pierre d'achoppement!
— Si nous reconnaissons l'*unité italienne*, pourquoi restons-nous à Rome, pourquoi n'avons-nous pas forcé le quadrilatère?— Si, au contraire, nous ne la reconnaissons pas, pourquoi avoir autorisé le roi de Piémont à s'emparer de la Toscane, des États de l'Église, de Naples, de la Sicile ?...

Reconnaître l'unité de l'Italie, c'est créer à la France une puissance de premier ordre à sa porte, et jouer le jeu de l'Angleterre, de l'Allemagne, de la Russie, contre nous, c'est manquer aux aspirations de l'Empire. Ne pas reconnaître cette unité, c'est prêcher aux autres une politique que nous ne suivons pas; témoigner en même temps de notre ambition et de nos méfiances.

L'unité de l'Italie est contraire aux inclinations les mieux accusées de l'Italie, elle n'est voulue par les Italiens que comme une machine de guerre contre la France et l'Autriche. Comment pouvons-nous aider à cette unité ? — Mais l'unité de l'Italie arrête l'envahissement de l'Autriche, fait la Péninsule semblable à nous, et, quoi qu'en pensent Mazzini et Garibaldi, le jour où cette unité serait vigoureusement organisée avec une force militaire respectable, ce jour-là la révolution serait, comme en France, escamotée. Comment donc n'en voudrions-nous pas ? Pourquoi l'empereur hésite-t-il ?

Il y a le Pape ! Grosse question, il est vrai. Si l'empereur des Français sacrifie la papauté, il se rend hostiles tous les catholiques du monde, tout le clergé ; ce qui ne laisse pas que d'être une force dont s'emparera l'Autriche, la Bavière ou l'Espagne, en attendant que l'Italie revienne au pontificat. Si l'empereur soutient décidément le Pape, il se met à dos toute la démocratie révolutionnaire, le protestantisme, l'Angleterre, etc. — Dans le premier cas, Napoléon trahit l'Église après avoir trahi la République ; dans le second, il se fait chef de la *Sainte Alliance!...* Quels inextricables dilemmes !

Puisque vous habitez le département du Pas-de-Calais, vous devez savoir ce qui se passe dans ceux du *Nord* et de la *Seine-Inférieure*, et vous pouvez estimer à sa juste valeur le *traité de commerce*, conclu d'autorité impériale, avec l'Angleterre. — Je ne vous en dirai rien.

Sur le budget, vous avez assisté aux débats du Sénat et du Corps législatif, et vous savez que le budget de la France est de *deux milliards*. Ce sont

des juifs usuriers, des saint-simoniens, directeurs
de femmes libres, des soudards brutaux, des pédants
méprisés qui mènent le pays ; la prostitution est
devenue universelle; la plèbe souffre, mais tient à ne
se pas déjuger ; la bourgeoisie se plaint et geint la
liberté ; mais que l'on parle des questions sociales et
elle se rejette dans le sein du despotisme. Que pouvez-
vous attendre d'un pareil pays.

L'Europe est aujourd'hui dans la même situation
qu'à l'époque de Jésus-Christ. Un vieux système s'en
va, un nouveau se crée. Les grands États y périront; la
France, peut-être, foyer de la décadence moderne.

Voilà, monsieur, tout ce que je puis vous dire; quant
aux détails, vous en êtes aussi bon juge que moi.

Adieu, monsieur, nous nous verrons quelque jour
à Paris ou à Bruxelles; attendez seulement la fin de
mon travail.

Tout vôtre.

P.-J. PROUDHON.

Ixelles, 24 avril 1862.

A M. FÉLIX DELHASSE

Cher monsieur Delhasse, je n'apprends que ce matin, jeudi, le coup affreux qui vous éprouve. J'en suis resté anéanti. Mon mal ayant redoublé depuis votre dernière visite, ma femme et tous les amis se sont entendus pour me cacher l'affreuse nouvelle.

Je n'ai rien à vous dire dans ce cruel moment, sinon que vous voilà seul chef de la famille, que vos devoirs sont doubles, seule consolation à votre douleur! Mais vous êtes un homme, et vous ferez face à tout; votre énergie, en ce moment, est le véritable hommage que vous deviez à votre excellent beau-père.

Pauvre Mme Delhasse!

Je souhaite en ce moment, cher ami, de pouvoir vous être de quelque secours. Avez-vous à confier à quelqu'un une mission de dévouement? Songez à moi.

Ma femme partage tous mes sentiments pour vous. Elle n'a pas été moins affligée que moi.

Enfin, enfin : encore un juste de parti! Que restera-t-il dans cet affreux monde?

Je vous serre la main, et me mets à votre disposition.

P.-J. PROUDHON.

P.-S. Je suis toujours consigné dans la chambre.

Ixelles, 29 avril 1862.

A M. VANDENBROECK

Cher monsieur Vandenbroeck, le jour où vous êtes
venu me faire une petite visite, j'étais au début d'un
affreux catharre, tout pareil à celui qui m'a tant tourmenté en 1859, et qui m'a mis sur les dents. Voilà
trois semaines que je ne fais rien, incapable que je suis
de penser et d'écrire. C'est ce qui a tant retardé l'envoi
que je vous ai annoncé de mon opuscule sur la Propriété littéraire, que je vous adresse aujourd'hui par ce
même courrier.

Excusez donc, je vous en prie, mon indiligence : je
suis sorti hier, pendant une heure, au soleil, et j'ai eu
peine à m'en revenir, tant j'éprouve encore de faiblesse.

Ce mois d'avril est pour nous tous un mois de malheur. Vous avez été informé de la mort subite de
M. Jean d'Hauregard, beau-père de M. Delhasse. J'en
ai été consterné. Le jour du Vendredi-Saint, au moment où l'on apportait chez lui le corps inanimé de
M. d'Hauregard, M. Delhasse me quittait : à l'heure
même où il faisait visite à un malade, la mort entrait
chez lui. Pendant six jours on m'a caché ce triste événement.

Le catarrhe m'a tellement épuisé la poitrine et le cerveau que je ne sais ce que je vous dis, et que je suis incapable d'ajuster deux idées. J'espère pourtant que lundi prochain je pourrai reprendre le travail.

Mes hommages respectueux, s'il vous plaît, à Mme Vandenbroeck.

Tout votre.

P.-J. PROUDHON.

Ixelles, 30 avril 1862.

A M. CHARLES BESLAY

Cher ami, toujours quelque anicroche vient mêler
son amertume à ma vie. L'année dernière avait été
assez bonne, je comptais me remettre à flot celle-ci.
J'avais envoyé à Garnier un petit manuscrit intéressant
dont j'attendais un billet de mille francs qui n'aurait
pas été volé. Patatras ! Voilà que l'imprimeur se refuse ;
je suis obligé de publier à Bruxelles, et je ne sais pas
encore si mon opuscule pourra entrer en France.

En même temps, je suis pris par le catarrhe qui me
met dans l'incapacité de travailler pendant un grand
mois. En tout, une quinzaine de cents francs que le
diable me vole. Dites que je ne suis pas né coiffé !...

Je vous félicite du mariage de votre fils : la chose se
faisant en famille, entre amis, j'espère que tout se passera bien et que parents et mariés auront pleine et
entière satisfaction les uns des autres.

Décidément, M. François Beslay était prédestiné au
mariage. Son très-honoré père a jeté ses gourmes à
droite et à gauche jusqu'à quarante ans ; il ne lui a pas
moins fallu que cela pour se donner la gravité conju-
gale. M. Beslay fils, ou petit-fils, puisque vous êtes

aujourd'hui trois illustrations, a gardé sa jeunesse pour sa jeune femme : cela est de meilleur exemple. Il arrive donc que les fils valent quelquefois mieux que les pères. Plût à Dieu que cela fût vrai, non pas de quelques-uns, mais d'un million. Le monde marcherait bientôt comme il doit marcher.

Je suis heureux de la bonne tournure que prennent vos affaires; mais il y a toujours cette affaire suisse! Quand sera-t-elle réglée? Ce jour-là, vous devez une chandelle au grand crucifix et un déjeuner à vos amis.

Puisque les affaires vous emportent et que vous laissez à d'autres le soin de la politique, et puisque la politique ne se fait pas sans capitaux par le régime de presse qui existe, ne pourriez-vous donner un coup de main au *Courrier du Dimanche*, qui est en ce moment en train de se renouveler et qui cherche un capitaliste. Il ne lui faudrait pas une grosse somme, puisqu'il a une belle clientèle et qu'il fait largement ses frais. C'est la retraite forcée de G*** qui nécessite ce besoin de fonds. Au cas où vous connaîtriez quelque bailleur de fonds en bonne humeur, vous pouvez conférer de la chose avec notre ami Chaudey, directeur, ou plutôt conseiller privé du journal, qui demeure rue de Grenelle-Saint-Sermain, 108. C'est une bonne œuvre à faire, et, comme vous dites, il est juste que les gens d'affaires viennent en aide à ceux qui font de bonne politique.

Je suis assez bien renseigné sur ce qui regarde le traité de commerce avec l'Angleterre. Comme toujours, il y a des satisfaits et des meurtris; et si le témoignage de tous doit être recueilli, on ne doit pas se faire un argument contre les uns de la plainte ou de l'avantage des autres. C'est de plus haut qu'il faut traiter la

question. Je n'ai pas voulu m'en mêler, parce que, le
branle étant donné et l'entraînement devenu irrésis-
tible, j'ai cru qu'il fallait attendre l'expérience — une
nouvelle expérience — avant de conclure. Jusqu'à présent, mes prévisions se sont réalisées : aux lamenta-
tions, à la détresse des uns on oppose le succès des
autres, ce qui aboutit juste à zéro du résultat. Mais, les
vraies considérations sociales, tout le monde les laisse
de côté, et ce sera encore à moi de mettre le nez de
notre brave nation dans ce pot aux roses. Nous tâche-
rons de ne pas faiblir à notre devoir.

Je comptais aller à Paris dans la seconde quinzaine
de mai. La maladie ayant suspendu mon travail, ce sera
pour le commencement de juillet. Je passerai trois
semaines à Paris pour y suivre l'impression d'un
nouvel ouvrage. Décidément, il faut que je sois là où je
publie ; je perds à rester à l'étranger. Aussi, suis-je
bien décidé à faire ma rentrée : je veux seulement
prendre mon temps et mon heure. Un déménagement
pareil ne me coûtera pas moins de douze à quinze cents
francs, il faut donc que je me mette en mesure.

Que le bon Dieu me donne seulement la santé, et je
vous promets que je ferai encore ma levée. Je n'ai pas
épuisé le fond de mon sac.

Ma femme est très-sensible à votre souvenir. Elle
travaille comme un forçat, elle souffre par moments
comme un damné, et elle devient méchante comme un
diable. Cependant, comme je suis assez bien soigné et
obéi, je prends ma moitié en patience : il faut pardonner beaucoup à qui aime beaucoup, dit l'Évangile.

Mes deux filles ont beaucoup grandi depuis quatre
ans. Elles sont dans l'âge où les petites filles sont très-
désagréables ; volontiers, elles se laisseraient aller à la

dissipation, à la vanité et à l'impertinence. Mais la mère est là! et le père, à l'occasion, ne rit pas. Il faut, le croiriez-vous, plus de sévérité encore avec les filles qu'avec les garçons.

Conservez-vous, cher ami, et puissiez-vous voir une légion de petits-enfants et d'arrière-petits-enfants!...

...A propos, vous ne me dites pas si votre vaillante mère viendra à la noce.

Je vous serre la main.

P.-J. PROUDHON.

Bruxelles, 5 mai 1862.

A M. GUSTAVE CHAUDEY

Cher ami, j'ai la vôtre du 27 avril. Elle m'est parvenue en plein catarrhe, le même mal qui m'a tant tourmenté en 1859, et dont, à cette heure, je ne suis pas encore remis. Décidément, le climat de Bruxelles ne me vaut rien.

L'été cela va encore; mais d'octobre à mai, l'atmosphère est tellement chargée d'humidité qu'il me semble être changé en poisson et nager dans l'Océan. J'ai besoin d'un climat plus sec et plus chaud même, si possible.

Que je vous le dise tout d'abord : votre article sur le procès Mirès est la meilleure action de votre vie. Il m'a passé sur le visage, en le lisant, un souffle de justice et d'honnêteté qui m'a fait dresser les cheveux, comme à un homme qu'on électrise. Je suis sûr que, dans notre France si bas tombée, nul autre que vous n'eût osé faire cette manifestation de conscience. Vous avez compris le procès Mirès comme je le comprends moi-même. C'est une impudente théorie qu'il s'agit de fleurdeliser; le Code civil en fournissait le moyen. Grave événement que celui-là. Déjà, dans les procès Cussin,

Legendre, Giblain et des Petites-Voitures, on n'avait pas été merveilleux de vertu; cette fois, on tombe honteusement. Voilà où nous conduit le scepticisme juridique, que vous devez connaître maintenant et que vous pouvez apprécier à sa juste valeur. Généralisez l'affaire Mirès, et vous aurez toute la valeur de ce scepticisme lâche, qui se croit habile parce qu'il trouve des sophismes sur tout, et qui n'est qu'ignare et bête. Des hommes simples, mais de conscience saine, se seraient dit : Est-il possible d'admettre comme normal un système d'opérations qui donne au dépositaire le moyen d'agioter sur le dépôt à lui confié, au risque de perdre tout ou partie de ce dépôt; ce qui revient à dire : est-il permis à un dépositaire de s'approprier la fortune du déposant en lui faisant prendre le chemin de la Bourse?. . Cette simple question eût arrêté des hommes honnêtes, en supposant qu'ils n'eussent pas été de force à confondre le sophisme. Les magistrats de Douai ont manqué de logique, pour le moins. ·

Quelle belle occasion pour moi de développer mon principe, que tout homme ayant en lui la justice est, par cela même, juge, et que les magistrats constitués ne sont que des mandataires!

Ah! cher ami, le mal est bien grand; et quand vous me répétez qu'il y a retour aux bonnes études, réveil de l'esprit et de la conscience publiques, je vous crois; mais je vous crois dans un sens plus élevé que celui qu'on pourrait attribuer à vos lettres; c'est que la France constitutionnelle, comme la France féodale, est finie; que ce n'est pas un simple changement de règne et de politique qui se prépare, mais une transformation radicale. Il s'agit bien aujourd'hui de dynastie et de parlemantage; il faut savoir si nous appartenons à la liberté et au droit, ou bien à l'escroquerie, à la tyrannie et à la bohème. Le gouvernement des juifs, la politique des ratapoils et la littérature des romantiques comme tout cela va bien ensemble!... Nous avons devant nous une rude tàche; ce qui se passe, et que vous jugez si bien, doit vous en faire apercevoir toute l'étendue.

J'ai reçu les deux numéros du *Progrès* que m'annonce votre lettre; je remercie Morin du bien qu'il a dit de moi, mais encore plus du service qu'il rend à ce que je crois la vérité. Cette fois, passera-t-elle? J'attends avec impatience de le savoir. Entre temps, nous n'avons nulle nouvelle de nos expéditions. Vous verrez que personne n'osera prendre une résolution, ni le chef de bureau, ni le chef de division, ni le secrétaire du ministre, ni le ministre!... La belle chose que la centralisation et la bureaucratie!...

J'ai écrit à Beslay et l'ai engagé à s'occuper de ce que vous me dites au sujet du *Courrier*. Peut-être ira-t-il vous voir. Quant à la Belgique, néant. Vous sentez combien l'idée de commanditer un journal d'opposition, sous le gouvernement impérial, doit paraître cocasse à un capitaliste belge.

Je compte vous aller voir courant juillet, pas avant. Ma maladie m'a fait perdre plus de vingt jours de travail; c'est autant d'ajournement. J'irai, mon manuscrit terminé; à moins que l'éditeur ne prétende que la saison est mauvaise pour éditer et qu'il faut attendre la rentrée. Mais pourquoi l'époque des vacances ne serait-elle pas, au contraire, un bon moment?...

Je vous ai dit déjà, cher ami, que la *Pologne* n'était pour moi qu'un cadre; que mon ouvrage ne se peut

scinder ; j'ajoute ici que la question de propriété tient
à d'autres sans lesquelles on la comprend mal, et que
le tout ne peut être réuni convenablement et former
unité que sous forme historique. Laissez-moi juge de
ce que je fais, puisque je le connais seul : plus tard,
vous blâmerez ou approuverez, après avoir vu.

Adieu, cher ami ; bonjour à tous les vôtres et bien
du courage ! Votre dernier article vous a fait monter
de 10 degrés dans mon estime; mais combien y a-t-il
de gens capables de vous apprécier ?

Tout vôtre.

P.-J. PROUDHON.

Bruxelles, 5 mai 1862.

A M. FÉLIX DELHASSE

Cher monsieur Delhasse, M. Lebègue est venu me
voir ce matin comme vous sortiez de la maison. Je lui
ai fait part aussitôt de votre désir, qui a été immédiatement agréé, bien entendu, sans rétribution. M. Lebègue a fait. la chose d'autant plus volontiers qu'il
tient, m'a-t-il dit, à vous être personnellement
agréable. L'article paraîtra dans le prochain numéro.
Envoyez-moi, s'il vous plaît, les trois ou quatre
dates principales de la vie de M. d'Hauregard : dates de
naissance et de déces, — entrée dans les affaires, —
lieu de naissance, — si la famille est originairement
wallonne, flamande ou française, — en quels lieux
M. d'Hauregard a fait ses campagnes commerciales.
Tout cela, non en vue d'une biographie, mais pour
ma propre satisfaction, et afin que je puisse montrer
au besoin le rapport entre la vie de l'homme, ses idées,
son origine, son caractère, etc. Je vous ai dit que je
désirais intéresser à cela le public belge; ne craignez
donc pas que je me perde dans les détails d'une vie
privée ou que je sois indiscret. Il ne s'agit que de *rapports* philosophiques à justifier par le fait, au besoin.

Ma femme m'a montré les jolies reliques que vous lui avez apportées. Je vous remercie, cher ami, non de ces petits présents, mais de ce que vous nous croyez assez vos amis pour penser que ces souvenirs nous seront précieux. Dès aujourd'hui, le parapluie de M. d'Hauregard sera mon parapluie. Quand l'étoffe sera usée, on la remplacera, et le parapluie ne me quittera plus.

Tout à vous.

P.-J. Proudhon.

Izelles, 5 mai 1862.

A. M. BONNON

Cher papa Bonnon, je viens de recevoir en une fois vos lettres des 26 mai, 12 juin et 18 décembre 1861. — Elles sont arrivées tard, puisque la première de ces trois lettres avait déjà onze mois de date quand elle m'est parvenue; mais enfin elles sont en ma possession, et je vous en remercie. Les lettres antérieures m'ont également été remises; mais je les ai si bien serrées qu'il m'est impossible en ce moment d'en faire la vérification. Il me suffit de vous dire que j'en ai un grand paquet et que rien ne s'est perdu. — Notre correspondance est donc renouée; désormais, elle aura moins à souffrir, je l'espère.

Je compte rentrer en France avec ma famille en août ou septembre prochain; d'ici là, j'irai, courant juillet, faire un tour à Paris chercher un logement et imprimer un nouvel ouvrage.

Depuis deux ans, j'ai réimprimé ou publié à nouveau, tant à Paris qu'à Bruxelles :

1º Mon livre sur la *Justice*, entièrement refondu; c'est un bel ouvrage : 18 livraisons de 200 pages;

2º Un *Mémoire* de 200 pages pour ma défense;

3º Un livre sur la *Guerre et la Paix*, 2 volumes;

4º Un volume sur l'*Impôt;*

5º Une brochure sur la *Propriété littéraire.*

Je tâcherai, si vous êtes encore de ce monde, de vous faire tenir tout cela. Ce sera facile pour une partie; mais il y en a qui n'entrent pas France, et les occasions sont fort rares d'en faire passer un exemplaire à la fois.

Votre dernière lettre, mon cher ami, m'a fait beaucoup de peine. Vous avez donc aussi à vous plaindre d'un de vos enfants!... Je comprends et je partage votre douleur. Mais, cher ami, c'est encore là un des signes du temps. Depuis six ans, je n'entends répéter, de tous côtés, que ceci : La génération actuelle, celle qui est venue à l'âge adulte depuis 48, ne vaut rien. On me cite une foule de jeunes gens, filles et garçons, nés de parents excellents, et qui ne montrent que férocité, égoïsme, impudeur. Pas de principes, pas de moralité, ni publique, ni domestique. Il y a quelques exceptions; mais il est certain qu'une sorte de malédiction pèse sur la jeunesse du second Empire.

Ce que vous observez, du reste, dans votre Saône se retrouve partout avec des variantes. La dissolution possède aujourd'hui l'Europe entière. Tout se décompose; la contradiction, la trahison, l'apostasie sont partout. C'est un jeu de bascule, de reculade, de mystification universelle. A travers tout cela, la transformation radicale de la société suit son cours; s'achèvera-t-elle sans catastrophes et sans massacres? C'est ce que je ne saurais encore dire.

L'empereur de Russie a affranchi tous ses serfs, plus de vingt-cinq millions d'hommes. En même temps, il

a fallu leur donner des terres ; du coup, la noblesse russe
est ruinée !... Cette perspective est pour quelque chose
dans l'agitation des nobles polonais et hongrois, qui
veulent conserver leurs domaines et qui font du libéralisme aux dépens des empereurs de Russie et d'Autriche. Vous voyez que les dynasties et les aristocraties
s'entre-détruisent.

Je regarde la papauté comme perdue, et c'est Napoléon III, qui devait, qui voudrait encore la sauver, qui
l'aura tuée. En attendant, plus le péril s'accroît pour
l'Église, plus notre gouvernement affecte de se montrer
religieux : contradiction. — Les démocrates suivent cet
exemple ; ils prétendent que le pape détrôné et mis à la
pension, la religion n'en sera que plus triomphante !...

Ceci vous décèle l'hypocrisie bourgeoise : la bourgeoisie veut de la dévotion pour ses ouvriers, pour ses
femmes, elle n'y tient pas pour elle-même. Elle voudrait donc être maîtresse du clergé, quitte à le bien
payer et à lui livrer le peuple. Mais cela ne va pas ainsi :
la bourgeoisie et le clergé se démoliront l'un l'autre,
comme l'empereur et le pape, comme les nobles et l'autocrate. — La bourgeoisie voudrait aussi un gouvernement fort et impitoyable à l'égard de la plèbe, mais elle
voudrait être maîtresse de ce gouvernement et le tenir
comme en Angleterre. Or, c'est encore ce qui ne se fait
pas comme l'on voudrait : vous le voyez par ce qui se
passe en France, où le pouvoir fait la bascule entre le
peuple et le bourgeois. — Ce même égoïsme bourgeois,
qui d'un côté prêche le libéralisme politique, et de
l'autre la servitude, se retrouve en Belgique, en Allemagne, en Italie, partout. On enrage contre les princes ;
mais on a peur de la sociale ; de là le gâchis. Le dernier
roi de Prusse est mort fou ; son successeur et frère va

le même chemin. Ces pauvres diables ne savent où donner de la tête, pressés de tous côtés par ce qui reste de nobles, par la bourgeoisie et par les démocrates.

Dans la démocratie même, il y a beaucoup de machiavélisme : la partie remuante est foncièrement hostile aux idées de réforme économique et sociale; aussi elle a sa politique, comme la bourgeoisie a la sienne, comme les nobles et les familles royales ont la leur. Il faut beaucoup d'attention pour se reconnaître dans ce dédale, où chacun parle tour à tour le langage de la liberté, de la légalité et du despotisme.

Pendant que la politique s'agite, les mœurs se dépravent de plus en plus; la fureur du luxe et des jouissances est implacable; chacun dépense plus que son revenu, et comme le travail baisse en raison de l'ambition, il en résulte qu'on cherche à suppléer par l'agiotage, l'escroquerie, le détournement et le vol, ce que l'on ne peut plus obtenir par les voies légitimes. L'histoire prouve que des situations pareilles se liquident par d'affreux bouleversements, aussi l'avenir me paraît-il effrayant.

Tenez-vous ferme, cher ami; soyez circonspect; travaillez, si vous en avez encore la force, ne fût-ce que pour entretenir votre santé; ménagez vos ressources; car, je vous le dis, le monde va à la débandade, et nous verrons peut-être d'affreuses choses. Le dix-neuvième siècle a produit, dans la sphère de l'industrie, de grands résultats; il a fait dans les sciences de magnifiques découvertes. J'espère qu'il ne finira pas avant que l'ordre se soit rétabli dans les consciences. Mais le moment actuel est hideux, et rien, je crois, ne peut plus remédier au mal que l'excès même du mal et la fatalité des choses. Les hommes n'entendent plus rien, ne veulent plus rien entendre; il faut qu'ils soient frappés, ils le seront.

Si vous m'écrivez dans deux mois, vous pouvez adresser comme d'habitude votre lettre chez *Garnier frères*, rue de Lille, 6, ou bien chez Hetzel, éditeur, rue Jacob, 18, chez qui je publierai mon prochain ouvrage; j'irai alors prendre moi-même votre lettre.

Si vous désirez me répondre tout de suite, adressez-moi votre lettre à Bruxelles même; vous avez mon adresse en tête de la présente.

Adieu, cher ami; je vous demande pardon d'être resté si longtemps sans vous répondre; moi-même, par la faute des Garnier, je ne savais ce que vous étiez devenu. En effet, depuis plus d'un an j'étais sans nouvelles de vous.

Je vous serre la main.

P.-J. Proudhon.

Bruxelles, 8 mai 1862.

A M. LE RÉDACTEUR DU JOURNAL *L'OFFICE DE PUBLICITÉ*

Monsieur le Rédacteur, la Belgique vient de perdre, en M. Jean d'Hauregard, un de ses plus honorables et de ses plus modestes citoyens. Me permettrez-vous, à moi Français, étranger, de consacrer dans votre journal quelques lignes à la mémoire d'un homme peu connu, maintenant oublié, mais qui n'en fut pas moins, selon moi, l'un des plus beaux types du caractère belge? Rappeler les dits et gestes des morts, ce n'est autre chose, bien souvent, que confesser les vivants. Je serais heureux que vos lecteurs se reconnussent dans le portrait que je vais faire : ils n'auraient point à regretter la ressemblance.

Jean-Lambert-Joseph d'HAUREGARD, ou plus correctement de HAUTREGARD, naquit le 26 janvier 1803, à Dolhain-Limbourg, sept kilomètres de Verviers, vingt d'Aix-la-Chapelle, trente de Maëstricht, c'est-à-dire dans cette encoignure où viennent aboutir les territoires wallon, flamand, hollandais et germanique, et qui fut jadis comme le sommet de l'empire de Charlemagne. La famille d'Hauregard était d'origine noble;

nombre de ses membres occupèrent de hautes fonctions dans l'Église, la magistrature et l'armée. (Voir *Histoire des gardes wallonnes*, par le colonel GUILLAUME, Bruxelles, Parent, 1858, in-8°, page 342; et *Études historiques sur les tribunaux militaires en Belgique*, par de ROBAULX DE SOUMOY, Bruxelles, H. Samuel, 1857, page 155.)

Quoi qu'il en soit de cette illustration nobiliaire, attestée par des diplômes, le grand-père de Jean d'Hauregard fut l'un des premiers qui établirent des fabriques de draps dans l'ancien duché de Limbourg, actuellement province de Liége. Son père ayant été ruiné à la chute de Napoléon, Jean et son frère Henri entrèrent dans la maison Engler, de Bruxelles, où ils firent leur apprentissage commercial; peu d'années après, ils fondaient eux-mêmes en Angleterre une maison qui existe encore, et qui pendant longtemps entretint une succursale tantôt à Anvers, tantôt à Bruxelles.

Ce que je trouve de remarquable en tout cela, c'est que les d'Hauregard ont prouvé, par leur application aux affaires et par leur succès, qu'ils étaient encore plus de leur pays que de leur caste. On sait combien, en général, la noblesse répugne à déroger. L'ancienne France a misérablement péri, en partie, parce que la noblesse, corrompue et ruinée, n'a pas voulu travailler et se faire tiers-État; la Pologne a péri, parce que sa noblesse s'est montrée intraitable sur ses priviléges, préférant même la domesticité à l'industrie ; l'Allemagne s'agite encore, parce que ses vieux féodaux ne veulent ni se métamorphoser ni abdiquer. La Belgique, bien qu'elle ait eu aussi sa noblesse, bien qu'elle ait été un des foyers de la féodalité, n'est pourtant, par essence et destination, ni féodale, ni royale, ni impériale ; elle est avant tout bourgeoise, comme elle est industrieuse. Son génie communal décida, dès l'origine, de sa fortune, et a fait son histoire. Là on naît, on devient invinciblement tiers-État, ou l'on reste en dehors de la vie nationale. Rien ne le montre mieux que cette transformation volontaire d'une famille, qui de noble se fait manufacturière et commerçante, quitte sans sourciller le manoir pour le comptoir, et, en changeant de profession, conserve sa bravoure et sa dignité. A des parents encore entichés de leurs parchemins et qui lui reprochaient ses inclinations roturières, Jean d'Hauregard répondait : « La vraie noblesse est le travail ; je n'en reconnais point d'autre. » Certes, le bourgeois de Belgique a sa vanité comme tout autre ; mais n'est-il pas vrai qu'il y a là, pour les populations des Pays-Bas, un trait fondamental, supérieur aux différences de race et de langue, et en vertu duquel le Liégeois et le Gantois apparaissent comme pairs et compagnons, sinon comme frères ?

Ce que je viens de dire semblera un paradoxe. Entre Belges, le contraste du wallon au flamand est sensible ; mais il paraît moins tranché aux étrangers, qui considèrent surtout les traits généraux, l'influence du climat, la nécessité des situations, par suite, l'esprit et l'empire des institutions.

Je crois avoir bien connu M. Jean d'Hauregard : son esprit était surtout pratique, indifférent aux systèmes, n'admettant de théorie que juste ce qu'il en fallait pour exprimer ses idées ; flegmatique malgré ses gaietés et ses fougues ; réservé dans son admiration, plus sobre encore de louanges ; d'une grande facilité de commerce, d'une extrême tolérance d'opinion, mais en même temps d'une fermeté de conviction et d'une indépendance de caractère invincibles. Ces traits, pris sur un original wallon, qui n'affectait point les manières françaises, — et j'en pourrais citer bien d'autres exemples, — forment également le fond du caractère flamand et hollandais.

Ainsi, il eût été difficile de classer Jean d'Hauregard dans aucun des partis actuels, *cléricaux* et *libéraux*, *doctrinaires* et *démocrates*. Libre-penseur dans la plus haute et la meilleure acception du mot, dévoué au progrès et à l'amélioration du sort des masses, il ne se fût accommodé d'aucune classification ; il repoussait toute cocarde comme toute livrée. Je dis qu'en cela il était dans la sincérité de sa nation.

La Belgique a eu ses factions et ses guerres civiles ; mais, en y regardant de près, on trouvera, je crois, que ses agitations ne tiennent point à des contradictions théoriques, à des antagonismes de doctrines ; elles tiennent à des oppositions d'intérêts, à des rivalités de villes ou de corporations, à des vues pratiques divergentes. Par exemple, le peuple belge sera catholique ou tout ce qu'il vous plaira, parce qu'il aura trouvé dans le catholicisme le code de sa morale pratique, peu porté du reste à se passionner pour des dogmes et des professions de foi. Les Pays-Bas furent de tout temps l'asile des libres-penseurs, sans que pour cela la piété nationale en souffrît. Au seizième siècle, ce ne sont pas les Wallons ni les Flamands qui allument la persécution, ce sont les Espagnols. Aujourd'hui, la distinction de *cléricaux* et de *libéraux* est toute accidentelle : elle vient de ce que le clergé catholique ayant eu la plus grande part dans la révolution de 1830, conserva pendant plusieurs années l'influence dans le gouvernement. Mais la constitution belge, d'accord avec le tempérament national, a séparé radicalement, plus radicalement qu'on ne l'a fait en France, l'Église de l'État; le clergé n'est rien politiquement; quant à la pratique du culte, qui seule pourrait motiver l'épithète de clérical, ce serait violer à la fois et la loi et la tolérance publique, que d'en faire pour personne un titre d'exclusion. *Cléricalisme* et *libéralisme* sont deux termes qui, en Belgique, rappellent une phase écoulée, tout au plus servant à exprimer deux manières différentes de juger la politique extérieure, comme, par exemple, quand il s'agit de la souveraineté temporelle du Pape. Hors de là, l'opposition du clérical et du libéral est sans portée : on peut dire qu'elle est anti-belge. Sans doute un jour viendra où en Belgique, comme partout, la morale philosophique aura remplacé la morale religieuse : d'ici là, la même tolérance protége les deux opinions; la pratique reste libre; et la nation, prise en masse, est à l'unisson de la loi que de temps *immémorial* elle s'est faite. Il y a autant de libéralisme à droite qu'à gauche, autant de tendances despotiques à gauche qu'à droite; les soi-disant cléricaux comptent autant d'incrédules que les soi-disant libéraux ont de pratiquants, et l'on peut dire, avec Jean d'Hauregard, que la Belgique se fait tort en se laissant infliger de pareilles distinctions.

Quant aux *doctrinaires* et aux *démocrates*, j'ose dire que cette différenciation en Belgique est encore moins fondée que la première C'est de l'importation française comme le style flamboyant ou *blagueur*, qu'affectent par moment les journaux du pays. Par cela même que la nation belge est d'essence bourgeoise, il lui manque ce qu'il faut pour produire ce que l'on a appelé en

France *jacobinisme* et *doctrinarisme*, le premier créé en haine de l'ancien régime, mais qui n'exclut lui-même, comme on sait, ni despotisme ni noblesse; le second, imaginé comme moyen de dominer l'un par l'autre deux partis irréconciliables. Depuis quatre ans que j'habite la Belgique, je n'ai pas rencontré un homme sérieux qui ne se moquât du démocrate comme du doctrinaire; malheureusement, ici comme ailleurs, il y a les coteries et les personnalités, et tel perdrait les trois quarts de son éloquence, de son importance, de son existence, si on lui ôtait le clérical ou le doctrinaire.

La liberté, unie à un certain esprit pratique et moyen, voilà, je le répète, ce qui fait l'âme de la nation belge comme de la nation néerlandaise, ce qui constitue leur homogénéité en dépit de leur scission.

M. Jean d'Hauregard était de ceux qui avaient regretté, comme inopportune, peu utile, mal entendue, la révolution de 1830. Toutefois, le fait accompli, il ne se fût point prêté à une réunion; en quoi j'ai cru trouver en lui une des expressions les plus complètes de la race. Chose inconcevable à un Français, entre la Belgique et la Hollande il peut y avoir d'autant plus d'accord, de relations fructueuses, je dirais presque d'intimité, qu'il existe plus d'indépendance. On se souvient de l'horreur causée en 93 par l'accusation lancée contre les Girondins de vouloir diviser et fédéraliser la République; aujourd'hui, on arracherait les entrailles au peuple français plutôt que de le faire renoncer à cette pauvre Savoie, qui ne lui est d'aucune utilité. Et le peuple français n'est pas le seul que possède cet esprit d'incorporation et d'unité. La population des États-Unis est libérale aussi et de race libérale; et pourtant vous voyez les citoyens du Nord traiter de *rebelles* ceux du Sud, parce que ceux-ci veulent former un État séparé. Et pourquoi ceux-ci demandent-ils la séparation ? Pour maintenir l'esclavage sans lequel ils prétendent ne pouvoir vivre, et qui scandalise leurs frères du Nord ! Quelle différence avec nos praticiens hollando-belges. Le royaume des Pays-Bas avait été la création la mieux entendue du congrès de Vienne. Mais voilà que, pour quelques travers du roi Guillaume, Flamands et Wallons se séparent, sans nul respect de l'unité ; les Hollandais résistent, mais pour l'honneur du drapeau seulement ; et, l'expédition d'Anvers terminée, les deux moitiés du royaume se mettent à vivre l'une à côté de l'autre, sans rancune, sans la moindre idée de rapprochement. Qui donc, de l'autre côté de l'Escaut, si ce n'est quelque vanité intrigante, songe à refaire le royaume des Pays-Bas ? A l'heure où j'écris, les plus satisfaits de la séparation sont peut-être les Hollandais. Singuliers peuples, à qui la conquête, les annexions, la centralisation, l'unité sont odieuses, et qui ne s'entendent jamais mieux que lorsqu'ils vivent indépendants ! Quelle simplification dans la politique internationale, si de pareilles maximes pouvaient se répandre !...

En 1845, M. Jean d'Hauregard se présenta comme candidat à la députation, porté par la fraction dite *radicale* ou *avancée* de l'Association libérale de Bruxelles. C'est alors qu'il devint, avec son beau-frère, M. Félix Delhasse, un des fondateurs et commanditaires de la presse démocratique belge. M. d'Hauregard échoua au scrutin de ballotage, avec 112 voix, contre M. Cans, candidat du parti modéré, qui en eut 136.

Si c'est être radical que de vouloir la liberté, le droit, l'économie, l'amélioration du sort des masses, abstraction faite de tout système, M. d'Hauregard était radical.

Mais il est évident que le radicalisme, le seul compatible avec le caractère belge, n'avait rien de commun avec le socialisme et ce démocratisme français; à cet égard, on peut dire que Jean d'Hauregard se nuisait en laissant peser sur son nom une fâcheuse équivoque. Le parti démocratique avait beau n'être représenté en Belgique que par des hommes de la meilleure bourgeoisie, il n'en fut pas moins évincé comme ultra. Jean d'Hauregard un jacobin, un communiste, un saint-simonien, un révolutionnaire ! Quelle folie ! Mais il s'était laissé baptiser par un groupe dont le grand défaut était dans sa définition, et qui depuis ne fit que décliner. Le candidat malheureux de 1845 ne pouvait plus se remettre sur les rangs : ce fut un malheur.

Quoique en dehors du parlement, Jean d'Hauregard n'en contribua pas moins au développement des institutions et à la prospérité de son pays. Il fut un des promoteurs de la réforme postale et de la réforme douanière; c'est sur ses plans que fut organisé le service de transport des marchandises par le chemin de fer. A une époque (1840) où cette partie de l'exploitation ne produisait presque rien, il sollicita l'entreprise, et ne craignit pas d'offrir, du premier mot, un minimum de 1,200,000 francs de fermage, garanti par un fort cautionnement. Plus tard, il eut avec la Banque de Belgique de longs démêlés qui n'aboutirent pas. Sans se piquer de science économique pas plus que de socialisme, son intelligence précise, positive, rompue aux affaires, guidée par une conscience droite, avait clairement aperçu que l'organisation des banques est, pour la classe moyenne, la condition de toute garantie comme de toute émancipation pour la classe ouvrière.

« Il n'est pas bon, écrivait-il, que les détenteurs de

« grands capitaux exploitent seuls et sans contrôle
« cette branche des besoins sociaux; il n'est pas bon
« que les marchands d'argent puissent faire la loi à la
« société... Telle est au sein des nations modernes la
« position de la banque que bien des choses nuisibles
« à la société peuvent être faites par elle, sans que
« l'État puisse s'y opposer. Avec les capitaux énormes
« qu'elle possède, avec ceux plus énormes encore dont
« elle dispose et le besoin incessant que les gouverne-
« ments ont de son intervention, rien ne lui résiste : ce
« qu'elle veut, elle le fait... Or, *quiconque peut trop,*
« *veut ordinairement le mal.* »

Cette dernière pensée décèle l'homme d'expérience,
qui avait sondé le cœur humain, et dont la liberté avait
appris à se méfier du pouvoir. Je ne connais pas de
maxime qui peigne mieux le tempérament belge, ennemi du gouvernement fort, cet idole du peuple français. Jean d'Hauregard eût voulu pour la banque, non
pas une immixtion de l'État, qui n'eût fait qu'associer
un despotisme à un autre despotisme ; il voulait une
surveillance sévère, le contrôle de tous les citoyens, des
règles de probité, de délicatesse, un dévouement au
bien public, qui eussent banni toute idée de monopole.
Il ne reculait pas devant la gratuité même du crédit ; il
lui suffisait que la chose fût exécutable, utile et juste,
pour lui donner son adhésion. Depuis le jour où Jean
d'Hauregard disputait avec l'administration de la Banque
de Belgique, les événements ont marché ; en France,
le crédit est devenu tout à fait et tout à la fois instrument de despotisme et exploitation de monopole ; la
Belgique, plus heureuse, a vu fonder son *Union des
Communes,* dont l'avenir montrera la puissance ou la
stérilité. Mais que cette fondation réussisse ou non,

je la considère comme la gageure pour la liberté contre
le pouvoir.

Une autre réforme, que Jean d'Hauregard appuya de
tout son pouvoir, fut celle des octrois. Dès l'année
1855, il s'occupait de remplacer le revenu des octrois
par une taxe locative, dont toute famille payant moins
de 200 francs de loyer devait être exempte. De là, des
critiques du projet de M. Frère-Orban, qui remplaçait
l'octroi par une allocation sur le budget de l'État. Toutefois, dans l'impuissance de faire prévaloir ses vues,
il ne s'en rallia pas moins à l'idée du ministre. —
Comment, lui disais-je à cette occasion, pouvez-vous
appuyer un système qui viole les règles de la compta-
bilité et de la justice fiscales, et qui, en définitive, rem-
place une incommodité par une iniquité ?... Sa réponse
était que, dans l'impuissance d'arriver au bien par
l'exactitude de l'administration et des lois, il avait pour
règle de supprimer tout ce qui gênait la liberté. En
France, c'est la maxime contraire qui l'emporte, grâce
à l'esprit théorique de la nation. Plutôt une servitude
générale qu'une irrégularité dans le système. Il y aurait fort à dire pour et contre ces deux manières de
voir : je me borne à signaler leur opposition.

C'est d'après le même principe que, dans les cas de
grèves ouvrières, Jean d'Hauregard prenait parti pour
les ouvriers contre les maîtres, et qu'il eût voulu faire
abolir la loi sur les coalitions. — « Sans doute, disait-il,
la coalition est détestable en elle-même ; mais de deux
choses l'une : ou chargez-vous des intérêts des ouvriers,
ou laissez-les se coaliser comme les entrepreneurs ;
pleine liberté de débat, égalité d'armes entre les patrons
et les salariés. Puisque les hommes ne veulent ou ne
savent être justes, rendons-les libres. » La liberté était

son recours contre l'insuffisance des doctrines, la partialité des lois, l'hypocrisie de l'ordre. En fait, et dans la condition présente des sociétés, que répondre à cet argument?

Sur le libre-échange, auquel il ne désespérait pas de m'amener, il raisonnait encore de la même manière. Homme juste entre tous, il voyait très-bien les inconvénients du laissez-passer et de l'insolidarité dont il est l'expression; mais les abus et la mauvaise foi de la protection, l'ineptie des entrepreneurs, le révoltaient encore plus. — Certes, la pratique du libre-échange n'est pas irréprochable, disait-il; mais celle de la protection ne l'est pas davantage, et nous n'avons pas de solution. Dans le doute, la liberté!... Cet homme, qui dédaignait si fort les théories, était conséquent avec lui-même. Sa pensée libre l'éclairait d'une lumière immédiate et ne lui faisait jamais défaut.

Dans la dernière année de sa vie, ses idées sur la banque et le désir qu'il avait d'affranchir l'État du joug des financiers, lui suggérèrent un projet d'exécution du chemin de fer de Bruxelles à Louvain, au moyen des ressources mêmes de la voie, et sans que par conséquent il dût en coûter un centime à l'État. Ce projet est entre les mains de M. Goblet, représentant du peuple. Affranchir l'État de ses propres servitudes : quelle idée! Là est le sceau du libéralisme; je dirais presque que c'est le dernier mot de la théorie de la liberté. L'État libre, en effet, libre du côté de l'Église, libre du côté de la dynastie, libre du côté de l'aristocratie, libre du côté de la finance, libre du côté de l'armée, libre du côté du monopole, libre du côté de la plèbe, on peut dire que tout le monde est libre. En voulez-vous une preuve? Regardez la France : dans ce pays plus qu'en

tout autre, l'État est grevé de servitudes, qu'il prend
pour des suppôts, et tout le monde est opprimé.

Je ne terminerai pas cette nécrologie sans rapporter
un trait curieux de la vie de Jean d'Hauregard, et qui
met à nu sa conscience :

Appelé en 1841 à faire partie du jury dans une affaire
d'assassinat, il profita de l'intervalle de deux audiences
pour aller sur le théâtre du crime faire une vérification.
C'était, dans son opinion, son devoir et son droit ; et le
procureur du roi, avec lequel il s'était rencontré dans
cette inspection des lieux, en jugea de même en déclarant que *tout juré devrait en faire autant*. La Cour ne
fut pas de cet avis. Elle prétendit que d'Hauregard
avait manqué à son devoir en *communiquant* avec
quelqu'un ; et, pour sa consciencieuse démarche, le
plus probe des jurés se vit, non-seulement expulsé des
débats, mais rayé de la liste du jury, sur laquelle son
nom ne figura plus. Dans un pays de discipline, où le
juré, conduit par la main, doit suivre l'impulsion du
magistrat et se décider d'après les charges et moyens
fournis à l'audience, cette susceptibilité se conçoit. Un
juré qui, pour sa propre édification, se fait juge-
instructeur et expert, empiète sur la prérogative de la
Cour, et se pose vis-à-vis d'elle en souverain. Mais,
dans un pays de liberté, où le juge n'est, comme le
représentant et le roi lui-même, que le mandataire
de la nation, où le juré, par conséquent, ne fait
qu'exercer le droit de justice qui lui est propre, la
conduite de la Cour vis-à-vis de Jean d'Hauregard
était abusive ; elle méconnaissait à la fois l'esprit des
institutions et le génie national. Il y avait ici deux doctrines en conflit, celle qui fait du droit de justice une
émanation du prince, et dont les cours et tribunaux

sont l'organe, et celle qui fait du droit de justice une
attribution de l'homme et du citoyen, doctrine d'où est
sortie l'institution du jury et que représentait alors le
juré d'Hauregard. Mais ni lui, ni le président de la
Cour ne se doutaient de la portée de leurs actes, entre
lesquels on peut dire qu'il y a un abîme.

Il est superflu d'ajouter qu'à l'égard des étrangers
les sentiments de Jean d'Hauregard étaient ceux d'un
vrai cosmopolite : son indépendance faisait son impar-
tialité. Ni anglophile, ni gallophobe : comme il trouvait
partout des honnêtes gens et des fripons, il disait que
toutes les races jugées sur leurs échantillons se valent.
La gloire et la puissance des grandes nations ne
l'éblouissaient pas ; il en voyait le revers, et, citoyen
d'un petit État, n'éprouvait nulle jalousie des grands.
Sa maxime était que les règles d'administration de
l'État sont les mêmes que celles de la famille : ce qui
exclut l'immensité des agglomérations.

Voilà ce que fut, dans sa vie extérieure, Jean d'Hauregard : je croirais avoir rendu sa mémoire recom-
mandable à ses concitoyens s'ils reconnaissaient avec
moi que cet homme, si calme, si simple, si uni, si hospitalier, d'un sens pratique si naturel et si droit, du
reste d'une solidité et d'une indépendance de caractère
que rien ne pouvait entamer, réunissait en sa personne
les traits distinctifs et les qualités essentielles de sa
nation. Je me tais sur ses vertus privées et sur les actes
de sa bienfaisance secrète : je manquerais à la mémoire
du mort et au respect de sa famille si je me permettais
à cet égard la moindre révélation. Ce que je fais n'est
point une oraison funèbre ni un panégyrique.

Le mouvement de la civilisation, les rapports inter-
nationaux, la communauté de tant d'idées, d'inventions,

d'institutions, de jouissances, modifient de jour en jour et ramènent à un type générique la physionomie des différents peuples. Les traits fondamentaux ne périssent jamais, et, quelque progrès que nous fassions, il est utile que tous, tant que nous sommes, nous apprenions de temps en temps à nous connaître. Je ne crois pas, par exemple, que la liberté soit le critère de la morale, ni qu'elle puisse servir de supplément à la justice : il me paraît, au contraire, qu'elle est partout compromise à mesure que la notion du droit s'obscurcit. Sous ce rapport, je préfère la tendance juridique des races latines à la pratique libérale des hommes du Nord, et, tout en professant la plus grande estime du caractère belge, je reste franchement de mon pays. Mais si je crois que le droit soit prépondérant à la liberté dans la sphère des intérêts humanitaires, je n'en pense pas moins que toute forme de génie, comme toute face de la vérité, est légitime; j'affirme la permanence, la résurrection finale des nationalités. Il est possible qu'avant que l'heure ait sonné de la fédération universelle, dans laquelle toute évolution historique doit se résoudre, la Belgique, aux destinées modestes, soit entraînée dans une sphère d'attraction plus puissante, il est possible que des populations entières s'oublient jusqu'à courir au devant d'une incorporation dépourvue de raison civilisatrice, aussi inutile aux embauchés qu'aux embaucheurs. Nous sommes à une époque de transformation, ce qui veut dire, hélas ! d'apostasie, de prostitution, de lâcheté. Dans ce cas-là même, la nationalité belge ne périrait pas. Ce que la nature a distingué, l'homme ne saurait le confondre. Le caractère français et le caractère belge sont inverses l'un de l'autre, comme les bassins qu'habitent les deux peuples,

comme les rivières qui les abreuvent. L'heure des
réactions arrivant, on verrait se rompre une alliance
adultère. C'est dans les individus d'élite que se manifeste la personnalité des nations : or, nous venons de le
voir par l'exemple de Jean d'Hauregard, la personnalité
collective ou individuelle est comme l'âme, qu'aucun
dissolvant ne peut atteindre : elle est immortelle.

Je suis, monsieur le Rédacteur, etc.,

P.-J. PROUDHON.

Bruxelles, 14 mai 1862.

A M. ALFRED DARIMON

Mon cher Darimon, à la date du 20 avril dernier, je vous ai adressé par la poste un exemplaire de mes *Majorats littéraires*, duquel vous m'avez accusé réception.

Le même jour, deux ballots de la même brochure ont été expédiés, l'un à l'adresse de mon ami Gouvernet, l'autre à celle de M. Dentu, libraire.

Les exemplaires contenus dans ces deux ballots, au nombre de soixante ou quatre-vingts au plus en tout, sont destinés partie à nos amis, partie à quelques-uns de vos collègues du Corps législatif (je ne puis malheureusement pas en envoyer à tous), partie à la vitrine du libraire, à qui, aussitôt la livraison opérée par le ministère, on se propose d'en expédier de nouveau.

Depuis le 20 avril, je n'ai ni vent ni nouvelle de ces brochures. Ni Gouvernet ni Dentu n'ont pu rien obtenir; ils n'ont pas même été avisés de l'arrivage; bref, l'administration reste muette, et personne ne peut savoir quelle sera sa résolution.

Je présume que, selon les us et coutumes, les commis de la douane chargés de reconnaître les colis n'osent rien prendre sur eux, ni le chef de bureau non

plus, ni le chef de division, ni le directeur de la
librairie, ni le secrétaire du ministre, et, quant à
celui-ci, qu'il a bien autre chose à faire que de s'occuper de moi. Voilà ce que c'est que de vouloir tout
surveiller, tout réglementer, tout gouverner, d'attirer à
soi toute la besogne quand on n'a de capacité que pour
le dixième ou le centième de cette besogne.

Cependant, il me faut une solution, et, puisque vous
fréquentez les puissances, j'ai pensé que peut-être vous
serait-il possible de me venir en aide à cette occasion.

Dites donc à M. de Persigny ce qu'il en est de ma
brochure et qu'il me donne un *laisser-passer*, ce qui lui
fera plus d'honneur et à son gouvernement que le fameux décret du 24 novembre. Tient-il, par hasard, à
passer pour le protecteur de la coterie de cuistres pré-
sidée par Jules Simon, et qui a son centre chez Ha-
chette; ou bien est-il accaparé par la boutique à Guil-
laumin? Serai-je excommunié par le gouvernement
impérial parce que je sangle un peu dur quelques économistes, quelques bohèmes?

Je ne tiens pas du tout à commencer une attaque
contre le gouvernement de l'empereur, contre qui je
n'ai pas écrit une ligne depuis que je suis amnistié;
mais je ne pourrai m'empêcher de me plaindre et de
faire retentir la Belgique de mes sarcasmes, si je n'obtiens au moins l'honneur d'une réponse.

Dites cela, je vous prie, à M. de Persigny, qui, j'en
ai la conviction, aurait, dès le premier jour, donné son
exæquatur s'il s'était trouvé un homme de bon sens
pour lui dire ce dont il s'agit.

Je vous serre la main.

P.-J. PROUDHON.

P.-S. Au besoin, et pour vous donner pleine puissance d'agir, vous pouvez par la présente vous considérer comme destinataire des ballots, à la place de MM. Dentu et Gouvernet.

Ixelles, 14 mai 1862.

A M. BERGMANN

Mon cher Bergmann, tes réflexions sur la fuite de la
jeunesse et la pesanteur de l'âge, il y a longtemps que
je les fais, moi qui ne viens pas d'entrer dans ma cin-
quantième, mais qui suis, depuis quatre mois déjà,
dans ma cinquante-troisième année.

Comme toi, j'éprouve tous les inconvénients de mon
onzième lustre, et après avoir longtemps douté, protesté,
tant je me sentais de chaleur et de fougue, je suis forcé
de me rendre et de reconnaître que décidément je
vieillis. Comme toi aussi, tout en suivant la pente de
mes études, en obéissant à mes premières impulsions,
ajoutons en me jetant parfois dans les discussions du
jour, je songe à me résumer et à dire en peu de pages,
avec clarté et simplicité, ce que je veux, ce que je crois,
ce que je suis. J'ai bien travaillé, j'ai commis bien des
maladresses, bien des fautes; j'ai un peu appris et im-
mensément ignoré; je me crois un certain talent; mais
ce talent est incomplet, abrupte, inégal, plein de solutions de continuité, de négligences, d'intempérances, de
hors-d'œuvre. J'aurais mieux réussi, je crois, si j'avais
eu moins à faire du côté de mon éducation mentale; si

j'avais trouvé mes idées toutes faites, les problèmes ré-
solus; si je n'avais eu qu'à me poser en tribun et en
vulgarisateur. Libre du côté des principes, j'aurais pu
entrer dix ans plutôt dans la carrière, et dès 1840,
après 1848 surtout, mon impulsion eût été formidable.
Je n'aurai été, comme écrivain populaire et comme
penseur, qu'un demi-homme; je m'en soucie peu. Mais
j'ai été, je crois, un honnête homme; là-dessus, je me
mets sans façon au niveau de tous les maîtres.

Toi, en réfléchissant sur tes longs travaux, sur ta
science vraiment effrayante, et considérant la médiocrité des résultats que tu as obtenus, le peu de bruit
que ton nom a fait dans le monde, tu t'étonnes d'une si
modeste rétribution et tu me demandes naïvement :
qu'en penses-tu?

Ma réponse, cher ami, sera bien simple. Pour moi,
tu es dans le genre de tes travaux, un homme de l'espèce des Cuvier, des Élie de Beaumont, des Blainville,
des Léopold de Buch, des de Jussieu, des Burlach, des
Oken, des Carus. — Je ne doute point que tu ne finisses
par être classé comme tu le mérites; pour le public
français, tu n'existes pas. Or, dès que tu n'as pas eu la
chance, ou l'occasion de forcer l'attention du public,
isolé comme tu l'es à Strasbourg, également exilé de
France et d'Allemagne, n'ayant pour appréciateurs que
de rares confrères en philologie et en professorat, gens
peu admiratifs par tempérament, encore moins lau-
datifs, peu soucieux de la gloire du prochain; dans de
pareilles conditions, dis-je, tu devais t'attendre à passer
ignoré. Tout a conspiré contre toi : ta position; les influences politiques, cléricales; le tapage révolutionnaire, la corruption des lettres, l'imbécilité de la nation,
la toute-puissance des coteries. Es-tu saint-simonien,

évangéliste, jésuite, ou bien orléaniste, légitimiste, bo-
partiste? As-tu une influence politique, industrielle,
judiciaire, ou seulement de simple commérage? Non,
non, non! tu as épousé la science; tu as vécu avec elle
dans une chaste retraite; tu as écrit pour les initiés et
les élus : ceux qui ont pu boire à ta source se sont dé-
saltérés, et tout a été dit. *Pertransierunt cogitando, scri-
bendo*, voilà ton oraison funèbre, à laquelle, en place
d'un nom, il n'y a plus qu'à mettre des initiales. Tu as
lu l'épitaphe que s'était faite dom Calmet : *Hic jacet,
qui multa legit, scripsit, oravit : Utinam bene !* Quand
il se définit de la sorte, dom Calmet en était où tu en
es : sans la grosseur de ses in-folio, qui lui assurèrent
une certaine renommée, dom Calmet serait plus inconnu que toi.

Maintenant que je t'ai dit mon opinion sur toi-même,
passons à tes travaux. J'ai eu plus d'une fois l'idée,
et je n'y ai pas renoncé, d'écrire une brochure, dans
le genre des grands articles de la *Revue des Deux-Mondes*,
pour initier le public à tes études, je veux dire, non
pour lui apprendre la linguistique, que je ne sais pas
moi-même, mais pour lui expliquer ce que tu fais, où
cela tend, ce que cela prouve et à quoi cela peut servir,
toutes choses que je crois apercevoir assez clairement.
Tu comprends, sans que je te le rappelle, ce qui m'a
empêché jusqu'à présent de donner suite à ce projet.
Mes propres travaux, l'agitation de ma carrière, et, parfois, le sentiment de mon insuffisance et le besoin de
t'attendre plus loin. Franchement, cher ami, je crois que
les circonstances ont été telles pour toi que la science
pure n'a pas suffi à te donner ta place; il te manquait
le savoir-faire, l'art de la mise en œuvre, ce talent d'en-
cadreur, qui donnent parfois tant de relief à des mé-

diocrités. C'est par là qu'a brillé Arago, dont je ne veux
pas diminuer d'ailleurs le savoir réel; c'est par là
qu'obtiennent la réputation les Quatrefages, les Flou-
rens et d'autres dont je te laisse le soin de trouver les
noms. En science médicale, tu as connu les Broussais,
les Alibert, les Richeraud; crois-tu que leur mérite
scientifique eût suffi pour leur donner la haute position
qu'ils ont obtenue ?...

Tu nous donnes, dans tes brochures compactes,
l'histoire naturelle de la parole; tu fais de la métaphy-
sique une science presque concrète; tu nous décris,
comme une physiologie, le développement des religions;
tu nous fais suivre pas à pas la *filiation* des peuples,
ce qui est pour moi (pardonne-moi de le dire), sous une
forme historique, le système des autochthonies natio-
nales. Il n'y a pas, dans le savoir humain, de questions
qui intéressent et qui captivent davantage la pensée.
Or, qui veux-tu qui aille chercher tout cela dans le
Commentaire perpétuel de la fascination de Gulfi, dans
la traduction littérale des poèmes islandais et le glossaire
qui les accompagne, dans tes *Gètes*, tes *Scythes*, dans
toutes ces brochures sans physionomie, hérissées de
grec, d'arabe, de sanscrit, de norrain, de finnois, de
haut allemand ? Tu es un révélateur de mystères, un
interprète d'énigmes, un évocateur d'esprits, et tout
cela se fait chez toi par une sorte de mécanique aussi
attrayante pour le commun des hommes que le dictionnaire gréco-latin peut l'être pour un collégien.
Tu vis parmi les aigles, regardant fixement le soleil, et
tu demandes ce que pensent de toi les taupes ! Je ne
parle pas de ton style : dans les endroits qui l'exigent,
il est ce qu'il doit être, non-seulement clair et correct,
mais noble et puissant, à force de précision, d'exac-

titude et de réalité. Autre chose est le style proprement
dit, et autre chose ce que j'appelle l'encadrement, la mise
en scène, ou, comme disent les dramaturges, les *ficelles*.
Je voudrais prendre tes ouvrages, m'emparer de toute
ton érudition, puis les exposer, un peu à mon point de
vue révolutionnaire ; raconter ces grandes choses, en
citant, comme il convient, ces singuliers témoins qu'on
appelle des étymologies, des racines, des *thèmes*, et tu
verrais ! Eugène Burnouf, Abel Rémusat, que tu
nommes tes maîtres, savaient, quand il leur convenait,
échafauder l'homme d'esprit, l'écrivain, sur le savant ;
crois-tu donc que M. Eugène Burnouf eût obtenu sa
renommée pour ses livres comme le commentaire sur le
Yaçna? il serait resté fameux parmi ceux qui lisent le
sanscrit, comme Bopp ou William Jones ; il n'aurait
pas été au delà. Tu possèdes des trésors, tu remues des
perles et des diamants à la pelle ; au lieu de les arranger
en parures, tu les entasses dans des sacs, comme du
blé au grenier ou des pommes de terre à la cave.

Dans la *Fascination de Gulfi*, tu as fait et voulu faire
une interprétation générale des mythologies, et, partant,
comme je l'ai dit plus haut, *une histoire naturelle des
cultes*. Eh bien ! qui se douterait de cela en lisant ton
titre ? C'est à peine si tu glisses discrètement ta pensée
dans une épigraphe latine : *Mythologiâ ab unâ disce
omnes !*... Avec une race badaude, tu as pris trop à la
lettre le précepte d'Horace, sur la modestie du début.
Chez nous, il faut du tambour, du trombonne et de
la grosse caisse : *fortunam Priami cantabo, et nobile
bellum*.

Ou bien, si cette charlatanerie te répugne, cher ami,
il faut employer un moyen terrible, mais qui doit être
employé avec franchise, parce que sans cela il tue son

homme ; ce moyen, c'est la guerre. As-tu le tempérament belliqueux, l'énergie de tempérament, la fougue
de colère, les éclats d'éloquence et de bravoure qui font
les héros et les prophètes ? Alors, lance-toi, ne ménage
rien ; attaque l'erreur corps à corps ; saisis les réputa-
tions, les autorités, abats, tue, extermine ! Fais dans
ta sphère ce que par moments j'ai essayé de faire dans
la mienne. Je te réponds qu'alors tu seras connu, et
comme tu as ce qu'il faut pour soutenir une renommée
ainsi enlevée de vive force, je te réponds que personne
ne te démolira. Mais il t'en coûtera : on ne triomphe
pas sans verser son propre sang ; et, comme disait
Napoléon Ier : « Dans toute bataille, le vainqueur a son
compte. »

Mais je ne veux pas te laisser sur cette idée pénible
que l'obscurité est le lot des modestes et des paci-
fiques. Il y a en toi, à mon avis, encore une autre cause
du peu de succès dont tu te plains. On n'est bien
loué que par ses pairs, et il n'y a réellement qu'un
grand homme qui puisse faire dignement l'éloge d'un
grand homme. Or, qui veux-tu qui ose juger tes
travaux ? Tu sais quarante langues ; ton érudition est
écrasante ; les idées et les choses se pressent tellement
dans tes pages que le doute finit par saisir l'esprit,
faute de pouvoir juger soi-même. Je t'ai dit quelle idée
m'était venue sur tes publications ; eh bien ! je voudrais,
pour les bien analyser, les lire trois fois, la plume à la
main ; j'aurais ensuite besoin de vérifier par moi-même
pas mal de choses ; dis-moi donc, je te prie, où cela me
conduirait ? Avec toi, la critique est quasi-impossible,
tout simplement parce qu'on ne sait pas. Je suis un
amateur de philologie, d'étymologies, amateur zélé,
sincère, je puis le dire ; mais que sais-je ! J'ai trouvé

dernièrement dans la *fascination de Gulfi* quelques-unes de mes aperceptions confirmées par toi, et j'en ai été heureux comme un enfant à qui l'on donne un bon point. Or, combien as-tu seulement de lecteurs qui me vaillent ?

Cher ami, si tu éprouves le besoin de te résumer, je t'en félicite : cela m'annonce que désormais, ton œuvre faite, tu vas nous détailler un peu ta science et, au lieu d'en faire l'objet même de tes travaux, la prendre pour instrument. Qui sait si ce n'est pas à dater de maintenant que ta réputation va commencer ? Prends seulement ta position en patience et surtout ne doute pas de toi. Travaille toujours, et advienne que pourra !

Je suis attentivement les faits politiques et sociaux qui se déroulent de tous côtés; je trouve les hommes, comme les personnages de Hugo, misérables; l'état des mœurs, des esprits et des caractères, misérable et tout misérable. Mais le travail est profond; l'avenir se dégage et la transformation marche. Sans que tu le saches peut-être, avec ta linguistique, tu sers énormément le progrès ; tu es un des génies les plus étrangement révolutionnaires du siècle. Ah ! si tu avais passé sept ans au grand séminaire, et que tu fusses venu ensuite dans une séance solennelle nier la divinité de Jésus-Christ, quel grand homme tu serais pour la canaille ! Mais qui se soucie de la mythologie scandinave et des aventures de Thôr et de la halle des Occis ! Aie pitié, et vieillis en paix.

Bonjour à ta femme.

Ton ami sincère et fidèle,

P.-J. PROUDHON.

Ixelles, 18 mai 1862.

A M. GOUVERNET

Mon cher Gouvernet, je m'empresse de répondre à votre lettre d'hier, 17. Si je comprends bien ce qui vous a été dit par les employés du ministère, de deux choses l'une :

Ou bien le bulletin a été envoyé au facteur, qui néglige de vous le porter, et, dans ce cas, il faudrait peut-être s'adresser à l'Administration du chemin de fer, afin d'être au moins renseigné;

Ou bien le bulletin ne se livre pas, sans doute faute d'ordre supérieur, et, dans ce cas, il faut s'adresser au ministère. — C'est ce qu'a dû faire ces jours-ci le député Darimon, avec lequel il serait peut-être bien que vous vous entendissiez. Sur l'offre qu'il m'a faite de son entremise, je lui ai écrit une lettre ostensible, et il a dû agir auprès de M. Persigny, comme étant lui-même destinataire des deux ballots, celui adressé à vous et celui adressé à Dentu.

J'attends de savoir à quoi les démarches de Darimon ont abouti pour écrire moi-même au ministre.

N'est-ce pas un des efforts les plus déplorables du despotisme qu'un ouvrage. destiné à éclairer le pays et le pouvoir lui-même sur une question de droit, soit mis en interdit, malgré sa forme modérée et anodine? Encore une fois, voyez Darimon, car je ne puis écrire avant de savoir le résultat de son intervention.

Ce n'est pas moi qui vous ai envoyé l'*Office de publicité*, c'est M. Delhasse, que vous verrez sans doute dans quelques semaines à Paris.

Inclus une lettre pour Chaudey, dont je devine et comprends le chagrin. Je vous avoue qu'à sa place j'enverrais paître et le *Courrier*, et le journalisme, et le gouvernement. Jamais gouvernement ne s'est montré plus insolent vis-à-vis d'une nation. Ces gens-là mériteraient de pourrir dans un cul de basse fosse.

Mon ouvrage sur la Pologne embrasse tant de choses, et je tiens à le rendre si exact, si complet, si décisif, que le travail devient plus long de jour en jour. Je m'y attache avec passion; mais peut-être serai-je forcé d'interrompre et de faire mon voyage avant de l'avoir terminé, dans l'impuissance où je suis de finir pour l'époque que je vous ai indiquée. Au fond, je n'y perdrai rien, ni le public non plus.

J'oubliais de vous dire que, d'après Darimon, le projet de loi sur la propriété littéraire ne sera pas présenté cette année. Tant mieux, à tous les points de vue. D'abord, pour la vérité, qui aura plus de chance de se faire jour; ensuite, pour moi, qui peut-être trouverai moyen de rafraîchir mon ouvrage, et, en étant sur les lieux, de le faire imprimer à Paris.

Salut amical à tous les amis.

Tout vôtre.

P.-J. PROUDHON.

Ixelles, 22 mai 1862.

A M. ALFRED DARIMON

Mon cher Darimon, j'ai les deux vôtres des 18 et 21 courant.

Je vous remercie sincèrement du zèle que vous mettez à mon affaire, et c'est afin de vous bien renseigner sur ce qui se passe que je vous écris aujourd'hui.

Voici ce qu'écrit Dentu à Lebègue :

« L'entrée en France de la brochure de M. Proudhon « a été refusée *par la Commission.* Ces messieurs du « ministère ont pris *six* exemplaires : deux qui ont « servi pour l'examen, et quatre dont ils me demandent « facture. »

Quelle est cette *Commission* dont le ministre Persigny ne connaît pas les actes? Voilà sur quoi je voudrais être renseigné au plus juste. Il existe ou il a existé, ce me semble, une *direction* de la librairie, mais ce n'est pas une commission. Est-ce que le ministre Persigny expédie les affaires de son département par commission? Cela serait un peu turc.

Cette Commission, que cite Dentu, serait-elle la

même que la Commission formée par le ministre Walewski ? Cela serait violent. C'est impossible.

Quoi qu'il en soit, cette Commission, qui *n'autorise* pas ma brochure à entrer en France, aurait-elle quelque connivence avec la Commission Walewski?

Quels sont enfin les membres de cette Commission qui agit à la place du ministre? Leurs noms?...

Dernière observation à relever : Voilà des fonctionnaires impériaux qui, par raison d'État, de morale publique ou autre, repoussent une brochure, et qui commencent par s'en munir eux-mêmes, enfreignant la loi qu'ils imposent aux autres. Quel respect du pouvoir !...

J'ai ici à ma dévotion un petit journal hebdomadaire qui a près de 20,000 abonnés. Quand j'y écris, mes articles ne manquent guère d'être reproduits; en sorte que, pour peu que je le veuille, j'ai la faculté de parler à 100,000 lecteurs en Belgique. Autant dire le pays tout entier. Tâchez donc de me donner de bons renseignements, et je vous promets de tympaniser cette camarilla de manière à la mettre au plus mal avec le ministre et avec les Tuileries.

Sur ce qui concerne les *Sociétés d'agents de change*, mon opinion est un peu plus radicale que la vôtre, en ce sens que non-seulement je repousse l'association, mais que je voudrais la *liberté* de cette sorte d'office, sauf certaines garanties à exiger des entrepreneurs.

En faveur de l'interdiction des sociétés, vous pouvez alléguer qu'il y a *incompatibilité* entre la notion d'agent de change, tel que le gouvernement se plaît à le définir, et celle d'une société de commerce.

En effet, l'agent de change est comme le notaire, un officier ministériel, chargé de donner *sécurité, authen-*

ticité, garantie, moralité à des opérations qui par nature sont exposées à devenir facilement immorales. (*Voir* le système Mirès sanctionné par la cour de Douai.)

Otez ce côté MORAL de la fonction d'agent de change, côté que les rapporteurs du projet ont grand soin de faire valoir, il ne reste rien à dire en faveur du privilége. Mais justement ce caractère de moralité qu'on fait sonner si haut chez l'agent de change et sous le voile duquel on lui a sacrifié les courtiers, est inconciliable avec l'idée de *lucre* que suppose la société de commerce...

Vous comprenez mon argumentation, et vous n'avez besoin de personne pour la développer..... Elle est simple, claire, et vous aurez l'avantage de réfuter vos rapporteurs avec leur propre verbiage. Vous trouverez facilement dans cette antithèse de l'agent de change, représentant de la sécurité, de l'authenticité et de la probité des transactions, et de l'actionnaire cherchant un placement pour ses capitaux dans le trafic de Bourse, de quoi larder vos contradicteurs.

Soyez méchant et pointu, on ne vous en estimera que davantage.

Quant à la liberté absolue telle qu'elle est en Angleterre, je n'y vois pas plus de difficulté qu'à tant d'autres choses. Mais ce serait déjà un beau coup que d'obtenir la multiplication de ces sortes d'emplois.

Autoriser les sociétés pour les places d'agent de change, en un mot, c'est sortir du motif qui en a fait limiter le nombre, c'est les déclarer sociétés de trafic et d'agiotage, c'est en faire des compagnies d'usure, d'accaparement, etc., etc.

Par tous les côtés, le gouvernement impérial est

assailli de revenir à l'ancien régime, et la nation se laisse faire...

...J'attends des nouvelles de Chaudey relativement au *Courrier du Dimanche.*

Mais son ami Ganesco ne m'inspire pas confiance, et dès la première nouvelle de la vente du journal, je me suis dit que nos pauvres républicains étaient mystifiés.

Quant aux Polonais, ce n'est pas encore cette année qu'ils seront réinstallés dans leur Pologne, et je n'ai pas peur que ma réponse à Élias Régnault arrive trop tard. Je vous ai dit, à propos de mes *Majorats*, que je regardais cette brochure comme une escarmouche; mon travail sur la Pologne sera une attaque en règle. Vous verrez si, pour avoir interrompu la guerre aux vieux partis, j'ai cessé d'être l'homme de 1848.

Après le coup d'État, nous ne pouvions pas continuer, selon moi, sur les mêmes données et dans le même style. Puis il fallait laisser se passer quelque temps; le pays était fatigué, il ne nous aurait pas suivi. Maintenant, on nous trouvera aussi neufs et moins extraordinaires qu'en 1848. Et nous aurons quatorze ans de service !...

Je vous engage encore à ne pas craindre d'être un peu vert à l'égard des agents de change. Cela sera bien pour vous et pour nous tous.

Faites pivoter votre raisonnement sur ce que je vous ai dit, *l'inconciliabilité* des deux notions, ou mieux encore sur ce dilemme :

Si la fonction d'agent de change n'est qu'un commerce, une manière de trafic comme le banquier, qu'on la laisse libre.

Si, au contraire, c'est une fonction de garantie, d'authenticité, de moralité, il faut en écarter tout ce qui sent le gain, le trafic, l'agiotage. Cela est facile à faire saisir, et vous avez de quoi *embêter* vos adversaires.

Je vous serre la main, et attends vos derniers renseignements pour savoir ce que je dois faire.

P.-J. PROUDHON.

Bruxelles, 23 mai 1862.

A M. FÉLIX DELHASSE

Mon cher Delhasse, votre lettre, datée du 19, m'a été remise hier 23.

A la lecture que j'en ai faite, ma femme s'est écriée : « Je l'avais prévu ! M. Delhasse ne finira pas son deuil sans éprouver quelque chose. » Vous voyez que vous étiez deviné : il n'y a que les cœurs sympathiques qui aient de ces prévisions. Puisque la crise s'est déclarée, et que vous voilà catarrhisé, faisons en sorte que tout se passe bien, et que vous sortiez de cette épreuve plus solide qu'auparavant.

Votre lettre, cher ami, se sent un peu de votre tristesse. Malgré tout ce que M. Assolant nous raconte dans les journaux français, de l'ennui qu'il éprouve à Londres, je ne me puis persuader que les choses soient telles que cet artiste les voit et que vous me le dites. Il faut, cher ami, quand on est hors de chez soi, oublier le chez-soi, la patrie, et se faire philosophe cosmopolite. Les Anglais sont, on le reconnaît, la nation qui jouit de la plénitude du *self-government*. Vous devez penser que pour en être arrivé là, non pas précisément par le seul effet d'une raison, d'une humanité supérieure,

mais par l'énergie du *tempérament*, il faut que ces Anglais soient un peu autres que les Français, les Italiens,
les Allemands. Il y a une certaine personnalité qui n'est
pas la même que la nôtre, et qui, dans la pratique de
la vie, entraîne certaines allures, qui, au premier coup
d'œil, nous paraissent déplaisantes. Ces traits s'adou-
ciront avec le temps, à mesure que la raison prendra en
Angleterre la place du tempérament. Voilà ce qu'il faut
vous dire, cher ami, afin de prendre par le bon côté
cette société qui ne ressemble point à la nôtre, et au
milieu de laquelle nous sommes saisis de nostalgie.

Eh quoi! vous êtes quatre personnes, vous pouvez
sans cesse vous communiquer vos observations, vous
avez tous les secours pour bien voir, les soins de l'hospita-
lité ne vous manquent point, et déjà, pour un misérable
catarrhe, vous voilà tout sens dessus dessous! C'est à
vous, cher ami, de fortifier ces dames et de commander
aux imaginations. Vous voilà dans la belle saison, gué-
rissez-vous, prenez, s'il le faut, quinze jours de retraite, réglez vos affaires et voyagez. Ne revenez pas
sans avoir bien vu Londres, puis Liverpool, Birmin-
gham, Manchester, Portsmouth, le canal Saint-Georges
et, enfin, Édimbourg. Allez voir l'Écosse, le pays des
Highlanders, la patrie d'Ossian. Tenez, cher ami, je
suis sûr que si, l'an passé, à nous deux, nous avions
visité la Grande-Bretagne, nous ne nous serions pas
ennuyés un instant. Prenez votre philosophie à deux
mains, et faites pour ces dames ce que nous eussions
fait pour nous-mêmes.

Est-ce que Mlle Julie, qui aime tant à observer, à
réfléchir, à comparer, ne trouvera rien qui attire son
attention en Angleterre? C'est impossible, et il y aurait,
cher ami, de votre faute. Donnez l'impulsion à son

esprit; elle, à son tour, vous entraînera tous, et vous reviendrez tels que nous souhaitons de vous revoir. J'insiste sur mon idée de tout à l'heure : ne revenez pas sans avoir vu l'Écosse, et prenez votre temps pour ce voyage. Une fois le premier ennui surmonté, vous vous acclimaterez, et vous finirez par sentir que la vie peut se supporter en Angleterre.

Vous avez tort de revenir sur le mérite très-mince de mon article, mais je vois là une preuve de la pensée qui vous préoccupe, qui est toute à l'homme de bien que nous avons perdu. A cet égard, je m'applaudis de ce que j'ai fait. Je me disais : Il est à souhaiter que le chagrin de M. et de Mme Delhasse se change en une mé-lancolie douce ; c'est dans cette pensée que j'ai écrit. Pour cela, je n'avais à saisir que certains traits géné-raux, et, en frappant d'abord le public, réagir par là sur votre propre cœur. Eh bien ! cher ami, suivez le mouvement. La plupart de ceux qui ont lu cette nécro-logie ont été touchés et en même temps ils ont éprouvé un mouvement de fierté. Je puis vous faire cette con-fidence à présent, car, après tout, j'ai écrit comme je pensais moi-même. Restons donc dans ce courant, dans cette atmosphère du bon souvenir et des doux regrets. Pour moi, je vois toujours M. d'Hauregard avec cet œil limpide et ce demi-sourire qui constituait le fond de sa physionomie. C'est une figure qui ne me quitte plus. Le genre de mort qu'il a tant souhaité est bien cruel pour les survivants; mais le moment de la grande dou-leur passé, j'aime mieux l'image qui m'est restée de lui que celle qu'aurait faite une longue maladie. Un ami nous quitte, pensons à lui, nous aussi qui survivons, et aimons-nous-en davantage. Vous savez ce qui arrive dans un bataillon dont le boulet emporte la file :

Serrez vos rangs ! crie le capitaine. Serrons-nous, c'est le plus bel éloge à faire de nos morts.

Les derniers mauvais temps m'ont valu une petite rechute. Je tousse et crache depuis quelques jours. Ce mois de mai, si délicieux dans mon pays du Jura, a ici des retours de fraîcheur dangereux. Hier soir, il faisait très-froid... Cependant je travaille; j'ai commencé de nouvelles et amples lectures pour un livre sur la Pologne, puis je suis assailli de livres nouveaux et de correspondances. A cette heure, je ne sais pas si j'attendrai la fin de mon travail pour aller à Paris, ou si je devancerai ce terme.

Le gouvernement français, à ce qu'il paraît, si l'on peut appeler gouvernement la commission qui parle en son nom, refuse l'entrée en France de ma brochure. Mais elle a porté coup : on retire le projet de loi. J'attends, du reste, de nouveaux renseignements.

En Belgique, rien de nouveau dont vous ne soyez instruit. La maladie grave du roi a *saisi :* ce symptôme des dispositions du pays prouve une fois de plus que les Belges tiennent à leur nationalité. Mais, d'autre part, l'affaire d'Anvers prend une mauvaise tournure. La ville s'opiniâtre; on parle de démissions. Il est fâcheux que le pays se soit montré si indolent alors que l'on discutait la question, et qu'aujourd'hui elle soit gâtée par des intérêts particuliers. Les apparences sont toutes contre les opposants; malheureusement il ne fait pas bon pour un gouvernement d'avoir raison contre tout le monde.

M. le docteur Hyttorhaven, votre ami, m'a envoyé un gros volume de sa façon, dont je ne l'ai pas encore remercié.

L'année 1862 me semble devoir s'écouler dans des

intrigues. Le vide des idées et l'impuissance sont partout. La force des choses qui est identique à la raison des choses, fait son œuvre. C'est cette œuvre que je m'efforce de pénétrer.

Bonjour et santé, cher ami; prenez du *confort*, puisque vous êtes dans le pays. Dites de ma part à Mlle Julie que je l'engage à vous sortir de temps en temps, ainsi que Mme Delhasse, de votre engourdissement. Elle en a le droit d'ailleurs. La visite de l'Angleterre et de l'Écosse doit former une page curieuse de son éducation. Qu'elle ne revienne pas à Paris sans avoir dans sa mémoire de quoi comparer.

Et présentez à Mme Delhasse, ainsi qu'à l'excellente Mlle Félicie, mes salutations les plus affectueuses.

P.-J. PROUDHON.

P.-S. J'ai voulu relire ma lettre; je la trouve bête et je n'ai pas le courage d'aller jusqu'au bout. Je vois que je ne sais pas parler aux malades et aux affligés. Je réussirais mieux s'il s'agissait de ce que le Code sur la *presse* nomme excitation au mépris et à la haine du gouvernement.

Ixelles, 23 mai 1862.

A M. GOUVERNET

Cher ami, vous connaissez peut-être déjà ce qui
m'arrive : après quinze jours d'hésitations, de consul-
tations, d'ajournements, de réflexions, l'imprimeur des
frères Garnier, le nommé Simon Raçon, refuse décidément d'imprimer. Ce ne sont plus les libraires cette
fois qui ont peur, c'est le typographe. Le sieur Raçon,
ancien ouvrier, chef d'association en 1848, soi-disant
républicain, maintenant gros bourgeois, s'est fait le
censeur de mon œuvre, et il exige la suppression de
nombreux passages essentiels à ma pensée ou que je
ne puis sacrifier sans indignité. De délit, il n'y en a
vestige; vous pouvez en croire les frères Garnier qui,
eux, sont prêts à mettre en vente!

Je vais donc imprimer à Bruxelles et faire encore un
tour de mon métier : le pouvoir n'est de rien ici ; c'est
la lâcheté bourgeoise, c'est la couardise des Simon
Raçon que j'ai devant moi, aussi ne douté-je guère
que le gouvernement ne laisse passer mon travail, à la
circulation duquel il aurait tout profit.

En tout cas, j'ai besoin de savoir à quoi m'en teni
r

sur la doctrine du gouvernement en matière de presse.
C'est ce que je saurai bientôt.

Voyez Chaudey; je le prie de me rendre en cette circonstance le service de s'entendre avec Garnier frères
pour faire signifier une *mise en demeure* au sieur Raçon
ou Rasson; comme il est énormément affairé, vous lui
direz que vous venez de ma part prendre le mot d'ordre,
afin de me transmettre ses impressions et lui épargner
le temps d'une correspondance. Je prie notamment
Chaudey de prendre des renseignements sur l'imprimeur Raçon et de s'assurer si ce que je vous en dis ici
est exact. Vous me le ferez savoir. Je le demande aussi
aux frères Garnier.

Certes, je n'espérais guère que mon travail ferait
revenir le gouvernement sur sa résolution; mais, enfin,
la chose n'était pas impossible, l'opinion publique une
fois saisie. Et s'il le faisait, il en aurait eu devant le pays
tout l'honneur. Voilà donc qu'il dépend d'un imprimeur d'arrêter la manifestation d'une vérité de grande
importance; je ne parle pas des résultats financiers de
la publication désormais annulés par le retard. A cette
heure, la presse entière s'est prononcée et ne se déju-
gera plus. L'opinion, ennuyée, n'y reviendra pas
davantage.

Personne désormais ne voudra s'occuper de la propriété littéraire. Ma publication est *moutarde après
dîner!* Voilà au milieu de quel monde nous vivons. Et
l'on crie, il m'arrive à moi-même parfois de déclamer
contre l'Empire!... En vérité, ce n'est plus une question de gouvernement, c'est la génération tout entière
qui est gangrenée. Ah! il faut croire que les hommes
qui sont au pouvoir savent mieux que nous à qui ils
ont à faire. Depuis trois semaines, les débats du Sénat

et du Corps législatif me le prouvent. Quelle société!
quel peuple!

Si vous voyez R***, vous lui direz que j'ai traduit
son vers de Ménandre du premier coup, à livre ouvert,
sans dictionnaire; que j'avais bien prévu le fait auquel
ce vers fait allusion, mais qu'il est des moments où
j'ai besoin de me soulager par une effusion de sentiment
et une oraison jaculatoire. Qu'il ne s'effraye pas, moi
seul je pâlis et je ne suis pas à la fin.

En attendant, j'ai repris mon travail sur la Pologne,
qui va au mieux. Si je n'avais pris une sorte d'engagement, je supprimerais ce travail et je m'arrêterais.
Tant que les choses resteront ce qu'elles sont, je vois
trop que le métier d'écrivain m'est interdit.

Je ne puis pas le continuer à l'étranger, et comment
le soutenir en France, où je m'occupe sérieusement de
rentrer?

Si j'avais vingt mille francs d'économies, de quoi
vivre cinq ou six ans, je m'enterrerais pour ce temps
et j'attendrais. A défaut de cette ressource, je songe à
retrouver une position où je serai du moins affranchi
des dégoûts de la vie d'auteur et de la vue de tant de
bassesses.

Bonjour au docteur Cretin; je vous recommande
l'incluse pour Massol.

Tout vôtre.

P.-J. PROUDHON.

Bruxelles, 8 juin 1862.

A M. MADIER-MONTJAU

Mon cher ami, je commence par vous ma correspondance, au crochet depuis huit jours. Ce n'est pas
petite affaire. Le dimanche est mon meilleur jour de
travail ; j'en fais le sacrifice à l'amitié. Plût à Dieu que
parmi les amis il ne se faufilât pas parfois des impos-
teurs.

J'ai été heureux que vous fussiez content de ma bou-
tade ; elle vous aura prouvé que, le cas échéant, nous
retrouverions les ardeurs et inspirations de notre vieux
Peuple. Mais aujourd'hui il n'y a rien à faire, et plus
que jamais nous sommes au rancart. Brave nation !

Vos observations à l'endroit de Darimon ne sont pas
acceptables. D'abord elles viennent de votre humeur
chagrine et manque de justice. Songez donc qu'à cette
heure il n'est pas une notabilité ou médiocrité démocratique, à Paris, qui ne brûle de prêter serment et de
devenir représentant ; les Carnot, les Simon et toute la
séquelle en sont là. De quel droit Darimon sera-t-il
plus maltraité que les autres, et où en serions-nous s'il
fallait guillotiner tous les sots ?

Mais j'ai d'autres considérations à faire valoir auprès

de vous; car il faut que vous sachiez que ce n'est pas sans réflexion que j'ai rendu à Darimon, dans un journal imprimé à l'étranger, le titre d'ami.

D'abord, il s'est efforcé depuis quelque temps de le mériter par toutes sortes de bons offices. — Mais passons.

En second lieu, il s'est montré jusqu'à présent moins maladroit, moins courtisan, il a donné moins de prise à la malveillance qu'aucun des Cinq, et il s'est signalé par une opposition beaucoup plus intelligente, plus sérieuse et mieux motivée. Tandis que ses collègues abandonnent la partie sur les questions les plus difficiles, où leur faconde n'a rien à faire, lui seul soutient la lutte, et de manière à se faire respecter, malgré l'exiguïté de sa taille, du Corps législatif tout entier; ceci devait déjà vous toucher davantage. Mais, par pitié pour votre rigorisme, je n'insiste pas.

Ce qui m'a décidé vient de deux causes : 1° la malveillance démocratique s'attache à la personne de Darimon, et, par lui, retombe sur nous. Ici, je dis halte-là! Que l'on critique le bonhomme, qu'on jase de sa vanité, de ses visites au Palais-Royal, bien plus désintéressées que celles de pas un démocrate de l'opposition, bien moins significatives que les entrevues de M. *** avec Sa Majesté, je garde le silence. — Mais dès qu'il s'agit de notre considération, de notre existence, de la valeur de nos idées, je sors de mon indifférence, et, à moins que des *faits* positifs ne rendent Darimon tout à fait indigne, je le prends sous ma protection. La haine des rouges, des bleus, des blancs, des tricolores, ne cesse de nous poursuivre; elle s'en prend à tout ce qui nous a appartenu. Je ne serai pas assez sot, pour lui plaire, de me couper le ventre, car

tain que je suis que mon défi ne serait pas accepté, ou
de balayer la place où l'on s'apprête à dresser notre
échafaud. Ainsi, cher ami, trève à l'avenir, et sauf plus
ample informé, sur ce chapitre. Vous ne connaissez pas
nos ennemis.

2° Une autre considération, que je veux bien ici vous
confier, à condition que vous n'en parlerez à aucun
Français, pouvant la redire, est que je m'apprête à
causer à Darimon le plus grand chagrin qu'il puisse
éprouver; il espère bien être réélu, et moi, sans combattre aucunement sa candidature, je m'apprête à prêcher avec une énergie redoublée, l'*abstention*.

Oui, très-cher, l'abstention : voilà la seule conduite
que nous et nos amis, et non-seulement nous et nos
amis, mais la démocratie tout entière, si elle se res-
pectait, mais le parti orléaniste lui-même, s'il lui reste
une ombre de pudeur, ayons à tenir..... je ne veux
point ici vous donner les motifs de conduite, que vous
approuvez, si je ne trompe. — Mais, pour revenir à
Darimon, vous sentez parfaitement qu'il me convient
infiniment mieux de soutenir ma thèse en approuvant
sa conduite à la Chambre, en déclarant que je ne voudrais pas choisir un autre, que si je paraissais le blâmer,
et le désavouer, et le renier : une telle scission ferait le
plus mauvais effet, et me ferait soupçonner d'un sentiment qui, j'ose le dire, m'est étranger. Vous comprenez
également dans quelle fausse position va se trouver
notre pauvre ami, obligé de me réfuter, tout en conser-
vant, comme j'entends le faire avec lui, les formes de
l'affection.

Cette affection, je vous en préviens, il ne tiendra
qu'à lui qu'elle redevienne sérieuse, car, au fond, je
n'eus jamais à lui reprocher que des misères. Qu'il se

montre homme ou qu'il démontre que je me trompe, et je m'incline.

En voilà assez sur ce sujet. Vous êtes assez artiste, assez intelligent des convenances sociales et de la tactique politique, pour me comprendre. Et si vous voulez être tout à fait bon et sage, vous ferez comme moi; oubliez de petits travers d'esprit, des faiblesses inhérentes à la nature humaine, pour ne vous souvenir que de l'antipathie qui nous assassine, du but que je dois poursuivre, et de votre ancienne amitié pour ce pauvre garçon, heureux à cette heure, mais à qui, selon la tournure que prendront les choses, il est possible que je cause un vif déplaisir. — Il le faut, pourtant, sans quoi nous partagerions la complicité d'une nature devenue lâche et crétinisée. Or, je suis las de cette solidarité, et, à aucun prix, je ne veux rester dans l'équivoque.

Je travaille, comme vous, à mort; j'espère que mon manuscrit sur la Pologne sera terminé vers le 15 d'août. J'irai alors le porter à l'impression à Paris, et je chercherai en même temps un domicile. Croyez-vous que je n'aie pas quelque chance d'être fourré pour trois mois à Mazas, comme mon ami Greppo? — Moi, oui; mais cela ne m'empêchera pas d'aller : je veux régulariser cette position.

Outre que le marché belge ne suffisait point à me faire vivre, je commence à regretter de moins en moins la *liberté* de ce pays hospitalier. Quand je vois les *libéraux* voter des lois de restriction contre la liberté des prédicateurs, et cela à la porte de l'Empire, sans motifs, pour faire acte de violence à l'Église, je perds toute confiance à la bourgeoisie belge, et m'intérese de moins en moins à sa nationalité. Comme dit ce misan-

thrope d'Altmeyer : « Le libéralisme belge ne subsiste
plus que de la panse des capucins et des vices des
jésuites. »

Otez cela, en effet, à votre collègue B*** et dites-
moi ce qui reste de ce grand orateur !... Eh bien ! c'est
B*** qui, à cette heure, représente le libéralisme
belge.

Marchez donc, cher ami, dans votre voie, qui est la
bonne. Et croyez que je ne suis pas encore si poule
mouillée qu'il semble, et que je tire mes plans de longueur.

Mille hommages, et salutations bien affectueuses de
la part de ma femme à Mme Madier.

Tout vôtre.

P.-J. PROUDHON.

12 juin 1862.

A M. ALFRED DARIMON

Mon cher Darimon, je vous remercie de votre dernière démarche auprès de M. Imhaus et de la note que vous m'avez envoyée sur les passages dont cet honorable directeur demande la suppression et l'adoucissement. . Ces passages sont les mêmes que ceux dont l'imprimeur Raçon demandait le retranchement, d'où je conclus que ledit Raçon avait consulté la direction avant de se résoudre à imprimer. Quoi qu'il en soit, voici ma conclusion :

Je voudrais que vous allassiez une dernière fois voir M. Imhaus; vous lui diriez que je prends en bonne part ses observations et que je me réserve d'y faire droit, de façon à calmer ses scrupules pour le cas où je ferais une seconde édition française de mon travail, ce qui pourra avoir lieu l'année prochaine, si le projet de loi amendé ou non amendé se remontre.

Dites-lui surtout que j'ai été heureux d'apprendre que, selon M. Imhaus, le gouvernement verrait avec plaisir la circulation de ma brochure dans le public français, et que je prends acte de cette bonne parole.

En' attendant, comme il n'y a à la douane qu'une

soixantaine d'exemplaires à destination D'AMIS, ayez l'obligeance d'en demander main-levée, ces soixante exemplaires ne pouvant évidemment faire mal à l'ordre et contrarier la politique du gouvernement. Cet acte, dont l'analogue s'est passé en 1854 lorsque j'ai publié à Bruxelles mon opuscule sur la *Philosophie du progrès*, et obtenu remise de *cinquante exemplaires*, serait un encouragement à mes espérances et me prouverait, ce que j'ai besoin de croire, que la malveillance de l'administration à mon égard n'est pas aussi grande que je le crains.

J'ai reçu votre dernier discours au Corps législatif ; peut-être ce discours est-il moins bien réussi que ceux que vous débitez sans manuscrit.

Ce serait, comme vous voyez, un encouragement pour vous de risquer l'improvisation, sauf préparation et réflexion, bien entendu. La facilité et l'abondance de votre style lui communique une certaine lenteur qui naturellement disparaît dans *l'impromptu*. Nous avons toujours, vous le savez, les défauts de nos qualités. Osez donc, puisque ce n'est ni la timidité, ni le manque d'idées qui vous retiennent.

Mais, d'où vient que dans cette circonstance vos collègues de la gauche sont restés muets comme des poissons ?

J'ai remarqué déjà que les questions d'Économie et de finance ne leur vont pas. Duchêne m'a conté le fiasco d'Ollivier, pour qui il avait fait un travail, et qui, au lieu de se pénétrer de son sujet, se mit à apprendre son discours par cœur. Il en résulte qu'il resta court à la première objection, ce qui est mortel pour un avocat.

L'affaire du Mexique devient déplorable : on ne peut l'attribuer qu'à la manie de se mêler de tout, d'intervenir partout, de primer sur tout. Tantôt la Turquie, tantôt la Syrie, tantôt l'Italie, tantôt la Chine et la Cochinchine, puis l'Amérique, puis Mexico!..... C'est une vraie fringale !

L'affaire du Pape, en revanche, se raccommode un peu, non-seulement au point de vue de la papauté, mais à celui de la politique impériale. La manifestation épiscopale a plus d'importance que la *Presse* et le *Temps* ne l'avouent; en même temps, la conduite des Piémontais ministériels et jacobins, le désarroi de Garibaldi, les conspirailleries ampoulées de Mazzini, l'impuissance universelle des Italiens, tout cela est peu fait pour rallier les sympathies à la soi-disant émancipation de l'Italie. Il saute aux yeux qu'il n'y a dans tout cela de la part de l'empereur des Français qu'une tentative d'ambition, de la part de Cavour une rouerie, de la part de Garibaldi un mouvement patriotique, de la part de Mazzini, enfin, une contrefaçon de nos vieilles idées jacobiniques. Rien de profond, de spontané, d'universel, de *génial*, comme disent les Allemands. C'est de l'utopie, de l'intrigue, de la chimère, des châteaux en Espagne, parfois de l'enthousiasme, beaucoup de palabre, et, en résultat, zéro. Si ce monde-là savait administrer, organiser, développer, gouverner, produire, est-ce que depuis trois ans l'Italie ne serait pas dans un tel progrès que Français, Autrichiens et papalins en seraient étouffés ? Ils ne peuvent rien sans Rome ! Mais Rome n'est qu'un musée et une église.

Quel est donc cette superstition pour la vieille capitale des Césars et des Papes ? J'aimerais autant qu'un jardinier me dît que pour planter un chou il lui faut un hectare de terre. Est-ce que Victor-Emmanuel a besoin de cet oratoire ?

Tout cela est misérable, ridicule, et nos démocrates ont prouvé en tout ceci leur profonde ignorance et incapacité. Ils n'en verront pas de sitôt le péché fini, et puisque l'occasion se présente de marquer notre séparation, je ne manquerai pas.

Je vous serre la main.

P.-J. PROUDHON.

P.-S. Je ne pense pas pouvoir aller à Paris avant la deuxième quinzaine d'août, peut-être même avant septembre. Je tiens à terminer mon ouvrage sur la Pologne et à en suivre moi-même l'impression en France. Or, c'est ce qui n'aura pas lieu avant août ou septembre.

Bruxelles, 12 juin 1862.

A M. THÉODORE DE FIRKS

Mon cher Firks, votre lettre, écrite de Saint-
Pétersbourg, mais sans date, m'a fait grand plaisir
non pour la gloriole de savoir que ma photographie se
débite chez les libraires de votre capitale, qui l'ont reçue
de Paris ou de Bruxelles, mais pour tout ce que vous
me dites des *bonnes intentions* de votre gouvernement.
Combien elles deviennent rares les bonnes intentions
parmi les chefs d'États et leurs ministres, si tant est seulement qu'on puisse leur attribuer des intentions quel-
conques ! Me sauriez-vous dire au juste, par exemple,
quelles sont les intentions de S. M. le roi de Prusse ou
de S. M. l'empereur Napoléon ?... Je vois bien encore
que Victor-Emmanuel, le roi galant homme, a l'intention de devenir roi de toute l'Italie, y compris Rome et
Venise ; que, sous ce rapport, son intention vaut celle
de Mazzini et de Garibaldi ; mais dois-je appeler cette
intention bonne ou mauvaise ?

Mais laissons la critique. Mon travail sur la Pologne
avance tous les jours ; je ne néglige rien pour en faire
un *bon* livre, utile non-seulement aux Polonais et aux

Russes, mais encore et surtout à mes chers compatriotes. Comme si j'avais deviné votre pensée, je n'ai pas voulu faire de ce travail un plaidoyer pur et simple contre les prétentions polonaises et leurs rêves d'outretombe ; je me suis efforcé d'y répandre force considérations de politique, d'histoire, de droit, d'Économie politique, etc., applicables à toutes les circonstances de la vie des nations. Bien des questions ont été traitées, et, je l'espère, résolues d'une façon décisive ; à l'aide de ces solutions, un jour tout nouveau a été répandu sur la situation de l'Europe et les causes qui l'ont créée. Malheureusement, on ne lit guère en France et l'on réfléchit encore moins. Aussi compté-je principalement sur les Polonais et les Russes, principaux intéressés à la question qui sert de cadre à mon travail, et si je pouvais redresser le jugement des premiers, donner plus de foi en eux-mêmes aux autres, j'aurais obtenu la moitié des succès que je désire.

Mon travail ne sera pas terminé avant septembre, et ne paraîtra, en conséquence, que courant octobre; ainsi, vous avez tout loisir de rassembler vos notes et de m'en faire part.

Vous souhaitez que le gouvernement de Saint-Pétersbourg puisse tirer quelque bonne inspiration de mon travail. Je serais heureux moi-même qu'il en fût ainsi, mais, sans compter que je n'aurais jamais la présomption de m'ériger en conseiller d'un grand État que je ne connais point, — comme fit Rousseau à l'égard de la Pologne, — vous sentez que j'ai dû me tenir dans les généralités historiques et les principes du droit des gens. Ce n'est qu'incidemment que je parlerai de l'administration et de l'Économie politique de l'ancienne Pologne, à plus forte raison n'irai-je pas me jeter dans des considérations sur le commerce, les finances, etc., de la Russie moderne.

Quoi qu'il en soit, je le répète, si de mon livre il sort une pensée heureuse pour le monde slave, j'en serai, je le répète, on ne peut plus flatté; en attendant, permettez-moi de vous dire ici que si je suis d'accord avec vous, qu'en fait de gouvernement mieux vaut un système que rien; je fais néanmoins des vœux sincères pour que la Russie se puisse garder de tout système comme de toute espèce de désordre. Une des maximes les plus profondes, à mon avis, qui ressortira de mon livre, c'est que les nations, je veux dire les gouvernements, en tant qu'ils sont l'expression authentique de la pensée des nations, n'ont pas de système ; ils ne suivent que le droit, qui admet et coordonne toutes les idées, toutes les forces, toutes les existences, n'exclut rien, et des simples formules du sens commun sait tirer toutes les solutions nécessaires à la prospérité des nations et à la gloire des États...

Merci de ma vie! Voilà une tirade qui finit comme un *Gloria patri*. Excusez ce moment de verve ; j'ai la tête échauffée par huit heures de travail.

Je vous serre la main, cher monsieur Firks, bien affectueusement.

Tout vôtre.

P.-J. PROUDHON.

P.-S. On parle d'une alliance franco-prusso-russe. Qu'y a-t-il de vrai là-dedans? En 1857, on en parlait déjà bien fort; le Palais-Royal la vantait; depuis, on a forniqué avec l'Angleterre, grande dame qui fait payer cher ses faveurs et ne se livre pas. L'Angleterre et la papauté furent les deux pierres d'achoppement du premier Empire, qui les mena rudement et fut vaincu; elles ne sont pas moins favorables au deuxième, qui les caresse et en est consumé.

Bruxelles, 14 juin 1862.

A M. DARIMON

Mon cher Darimon, j'ai reçu la vôtre du 11 courant; plus une lettre de Rolland, qui me conseille, de votre part, de vous faire écrire par Lebègue, afin que vous puissiez réclamer au ministère les exemplaires de ma brochure dont il a été expédié, à Dentu et Gouvernet, deux ballots.

Je trouve plus simple encore que ce soit moi qui vous écrive cette lettre, attendu que c'est moi-même qui ai ordonné les envois. Agissez donc, présentez-vous à la douane ou chez le ministre, à votre choix. Puisque vous avez lu ma brochure, et que vous savez de quoi il s'agit, je n'ai pas besoin de vous faire la leçon.

Votre lettre contient une foule de choses intéressantes; dans le nombre, ce qui regarde J. Simon et le comité des gens de lettres m'était tout à fait inconnu. Outre que je n'avais pas de raison personnelle d'attaquer J. Simon plus que je n'ai fait en le désignant, vous voyez que j'étais loin de soupçonner ses relations avec les *littératuriers* et tous ses petits projets d'aspirant aristocrate. Je sais par les journaux, les revues, les livres, les correspondances, beaucoup de choses ; mais je ne sais pas tout. Ainsi ne soyez pas injuste.

Je suis heureux d'apprendre par vous qu'il n'y a pas autant de danger que je le croyais à l'égard de la perpétuité littéraire ; mais cette sécurité obtenue, je n'en serais pas plus satisfait que si ma brochure pouvait être lue en France par quelques centaines de personnes, de manière à servir de déclaration de guerre à nouveau à la clique jacobine, bohémienne et malthusienne. Je n'ai pas voulu me montrer trop vert ; mais soyez sûr que j'ai réuni avec intention tous les noms qui figurent dans mes pages. Ce sont pour moi autant d'adversaires, intrigants, charlatans, faux démocrates, à qui je saurai dire à l'occasion tout ce que je pense. Pour le moment, j'ai besoin encore d'aller piano, d'autant plus que nous sommes astreints à d'excessifs ménagements envers le pouvoir.

Le prince Napoléon en parle à son aise, quand il me reproche de tarder si longtemps à rentrer. Sait-il que mon déménagement m'a coûté 1,500 francs ; que mon remménagement ne me coûtera pas moins ; que, dans l'intervalle, j'ai éprouvé de graves embarras, et que je ne commence à revenir sur l'eau que depuis quelques mois ! Et puis, qui donc m'aurait tant pressé d'accourir ? Serait-ce par hasard l'agrément de vivre sous la discipline impériale ?

J'ai toujours pensé sur la question d'Italie, ou plutôt de Rome, et sur la conduite que suivrait l'empereur, comme vous vous exprimez dans votre lettre.

Cependant je vois aussi que cette politique s'use à la longue, aussi bien que la papauté, et qu'il faudra bien imaginer ou subir une solution. Cette politique à bascule, qui s'expliquait il y a deux ans, qui était excusable

encore l'an passé, finirait par devenir immorale et
odieuse à tout le monde, à l'Italie, à l'Église, à la Révolution. Dès à présent, c'est un thème sur lequel on
ferait trembler l'Empire, s'il était permis de parler.

Rien ne vous empêche de m'écrire, et vous me faites
tort si vous supposez que je tienne vis-à-vis de vous
à économiser les ports de lettres. J'ai désiré que Rolland
vous connût et que vous le connussiez ; c'est ainsi qu'a
commencé son entremise. Il aime à écrire, et je puis
ajouter qu'il aime aussi ma personne ; c'est ce qui fait
que notre correspondance est aussi suivie. Mais vous
savez bien que mon correspondant ordinaire, celui que
je charge de mes petites affaires, et à qui j'envoie quelquefois six lettres sous le même pli, est papa Gouvernet.

Je vous serre la main.

P.-J. PROUDHON.

P.-S. Qu'est-ce qu'un comité polonais, ou une co-
lonie polonaise, qui veut, dit-on, acheter le *Courrier
du Dimanche*, et dont me parle Rolland.

Ixelles, 22 juin 1862.

A M. X***

Cher ami, votre lettre du 14 courant m'a mis en verve; cependant, je ne vous ai pas répondu; les préoccupations du travail et les dégoûts de toute espèce ne me permettent pas de me livrer aux joies de la correspondance, je prends vacance aujourd'hui.

La conduite de nos *Cinq* à propos des 15,000 hommes à envoyer au Mexique m'a peu satisfait. Ils se sont comportés en cette circonstance avec l'étourderie chauvinique de nos compatriotes. Comment! pas un mot de réserve au sujet de l'utilité et de la justice de cette guerre! *Nos soldats sont engagés*, crie le *Temps*, qui blâme l'expédition cependant; il n'y a pas à hésiter, il faut les délivrer; *c'est à Mexico même que nous traiterons!* Et les représentants démocrates raisonnent de même! Il ne leur vient pas à l'esprit que si la guerre est injuste, ils n'ont qu'une chose à faire, c'est de demander qu'on envoie l'ordre du retour, plus ce qu'il faudra pour racheter les prisonniers. M. Ollivier, à ce qu'il paraît, avait bonne envie de disserter sur l'expédition; ce qui ne l'a pas empêché de voter d'enthousiasme. Par ce vote, la démocratie française s'associe à la pensée de l'expédition et se rend complice du fait, si, comme elle le donne suffisamment à entendre, ce fait est un acte de pur arbitraire.

Autre chose : ces gens qui votent, qui ne doutent de rien, qui commencent par dire : *Allons à Mexico*, ne prennent pas seulement la peine de regarder la carte, d'étudier la position, de calculer le temps et les distances. C'est le 5 *mai* que nos soldats ont été repoussés, c'est le 16 ou 17 juin que le gouvernement parle d'envoyer des renforts; pour cet envoi, il faut compter 5 ou 6 jours au moins d'embarquement; 25 jours de traversée (2,500 lieues du Havre à Vera-Cruz); 8 jours de débarquement et de marche jusqu'à Puebla; total : 38 à 40 jours, plus 42 jours déjà écoulés depuis l'échec; soit ensemble 80 jours du moment de la défaite à l'arrivée des renforts!... Personne ne réfléchit que si nos soldats, au nombre de 5 à 6,000, sont *engagés*, ils sont perdus; que le plus heureux pour eux serait qu'ils eussent le temps de faire retraite jusqu'à Vera-Cruz, et là de les rembarquer au plus vite. Maintenant, comment se fera cette retraite, si elle peut s'opérer? Autre affaire à laquelle on ne songe pas davantage. De Vera-Cruz à Mexico, la distance est de plus de 50 lieues, l'une par un chemin direct, mais détestable, sentier à travers la chaîne des Cordillères, vrai coupe-gorge enfin; l'autre, plus long, par *Orizaba*, où nous avons un dépôt et des malades, et *Puebla* : c'est le chemin que l'armée a suivi; et c'est avant d'arriver à Puebla qu'ils ont rencontré l'ennemi. Or, de Puebla à Orizaba, 25 lieues; d'Orizaba à Vera-Cruz, 30 lieues; je calcule d'après la carte, le compas à la main, à travers un pays aride, déboisé, desséché, et sans habitants. L'empire du Mexique, qui a 110,000 lieues carrées de

superficie, quatre fois autant que la France, n'a pas
plus de 10 millions d'habitants, à peu près 40 habitants
en moyenne par lieue carrée. (La Belgique en a 1,200,
la France 1,000.) Quelle peut être une retraite de
6,000 hommes d'infanterie devant un ennemi deux ou
trois fois plus nombreux, tout de cavalerie, et qui,
entre autres armes, compte deux bataillons de lanceurs
de lasso? Mais c'est une retraite de Baylen; si les
généraux de Juarez savent leur métier, tous les Français doivent poser les armes sans combat. Actuelle-
lement, les dernières nouvelles de New-York disent
que nos hommes sont en retraite sur Vera-Cruz, à la
suite d'un second échec. Ceci indiquerait qu'ils n'ont
pu se maintenir à Orizaba, où étaient leurs malades,
et qu'ils se retirent à marches forcées vers Vera-Cruz,
où les attendent et l'ennemi, qui sans doute les aura
devancés, et la fièvre jaune.

Et c'est pour conjurer ce désastre, accompli à
cette heure depuis deux mois, que nous envoyons
15,000 hommes! Mais, au point où en sont les choses,
ce n'est plus 15,000 hommes qu'il faudrait envoyer,
c'est 50,000; c'est la conquête du Mexique qu'il nous
faut opérer, conquête d'autant plus difficile, qu'à l'arrivée des Français tous les Mexicains, divisés depuis
un demi-siècle, se sont tous trouvés d'accord. Attendez
quelques semaines encore que la défaite des États à
esclavage soit accomplie, et vous aurez devant vous
l'Amérique du Nord, victorieuse, et vous défendant
impérativement de faire un pas en avant.

En échange de vos communications sur ce M. de
Saligny, je puis peut-être vous transmettre quelques
renseignements, non pas sur l'intrigue Almonte, qui a
amené cette belle entreprise, mais sur l'intrigue Prim

et Isabelle qui l'a en partie provoquée. Je les tiens d'un Espagnol, écrivain démocrate, en ce moment à Bruxelles. Il paraît que ledit Prim est un scélérat, traître de profession, qui a fait sa fortune par la trahison et à qui Isabelle II a promis sa faveur s'il exécutait ses ordres dans cette affaire du Mexique, commencée en compte à tiers avec la France et l'Angleterre. Vous avez sans doute entendu parler des explications embarrassées du ministère espagnol à propos de la retraite de Prim. Or, il paraît que ce ministère y allait bon jeu bon argent, et ne demandait mieux que de conquérir le Mexique avec les Français. Isabelle, au contraire, était décidée à se retirer. Prim, donc, ayant les ordres des ministres, les instructions de la reine, la confiance de Napoléon, d'accord du reste avec les Anglais, nous a tout à coup plantés là, après avoir écrit à l'empereur cette belle lettre qui lui a valu en Espagne une popularité immense. Le fait accompli, les ministres de la reine ont dû faire volte-face, et voilà comment nos soldats sont *engagés* devant Puebla. Rappelez-vous les souhaits ironiques du *Times*, et dites-moi si toute cette aventure ne ressemble pas à un vrai guet-apens !

Quand à Juarez, c'est le premier ministre non militaire qu'ait le Mexique; franc républicain, honnête homme, à ce qu'on assure, et décidé à réunir le Mexique aux États-Unis plutôt que de se laisser imposer un archiduc autrichien et aucune influence étrangère. On criait contre le désarroi de son gouvernement, contre l'anarchie arrivée au comble sous sa présidence. Voilà qu'on lui prépare la consécration de la victoire : il aura sauvé son pays de l'invasion étrangère !

La vieille haine des Espagnols contre les Français, qui s'était un peu calmée sous Louis-Philippe, s'est ravivée depuis le coup d'État; la France est abominée, insultée chaque jour en Espagne, au théâtre, dans les brochures, partout. Cette haine subsiste au Mexique : c'est le lien par lequel cet État tient encore à la métropole.

Il faut voir maintenant l'air de satisfaction qui règne sur tous les visages allemands, belges, anglais, depuis ces déplorables nouvelles. Nous voilà dans l'embarras avec de la besogne sur les bras; on respire. De même que nos soldats en retraite sont placés entre la fièvre jaune et l'ennemi, le gouvernement impérial est placé entre la nécessité de mettre les pouces ou de conquérir le Mexique. Aimables dilemmes qui deviennent aujourd'hui un principe de sécurité pour l'Europe.

Est-ce donc que maître Ollivier aurait compromis sa popularité en disant au Corps législatif : Il ne s'agit plus de secours à cette heure; nos soldats sont morts ou prisonniers, et vous ne pouvez persister dans une guerre sans motifs. Je demande qu'on expédie un ordre de retour, s'il en est temps encore, ou qu'on entre en négociations avec le gouvernement mexicain, si nos soldats ont succombé. Une pareille proposition aurait honoré son auteur; on aurait tout rejeté sur un malentendu, et, le lendemain, l'aventure était oubliée; au lieu de cela, nous voilà de plus en plus *engagés*, et je vous le prédis, nous ne nous dégagerons sans y laisser nos hauts-de-chausses.

On vient de faire à Turin une manifestation antipapale, pour contre-balancer l'effort de la déclaration des évêques. Triste ressource! L'Italie unitaire ne peut vivre. Cavour a voulu doter la Péninsule du gouvernement constitutionnel bourgeois. A cette fin, il aura compris, ce qui me paraît évident, que le gouvernement constitutionnel bourgeois ne peut exister qu'à la condition de disposer d'une grande force, que l'unité seule peut procurer. A un autre point de vue, Mazzini ne voyant que l'étranger, rêvant la dictature, et dominé par ses idées jacobiniques, poussait aussi à l'unité ; c'est ainsi que ces deux hommes se sont trouvés réunis dans une pensée commune. Quant à Garibaldi, instrument de de l'un et de l'autre, ce n'est qu'une vieille ganache, incapable de voir clair dans sa route, et tout au plus bon à faire le coup de sabre et à débiter des *speechs* sur la borne du coin. Mais, pour avoir l'unité, il faut prendre Rome et Venise ; la première au pape, soutenu par tous les catholiques du globe ; la seconde à l'Autriche, en vertu du traité de Villafranca. Ce n'est pas tout : supposez que le Piémont ne doive plus compter sur l'amitié de la France, et demain tout est perdu. Naples retourne à François II, la Lombardie et la Toscane ressaisissent leur indépendance, et nous revenons au *statu quo ante bellum*. Que me parle-t-on donc du mouvement italien ! Je ne vois que des conspirateurs, Cavour, Mazzini, et pas de nation vraiment autonome. Et, pour conjurer cette fatalité, Mazzini et Garibaldi jettent feu et flammes contre la France, s'allient aux Hongrois, aux Polonais, à tous les aventuriers de l'Europe ; traitant les Français de *nation lâche*, et menaçant le monde de la Révolution !... Pauvres myopes, qui ne s'aperçoivent pas qu'ils sont enlacés dans un réseau de contradictions ! Combien la situation serait différente cependant si, en recouvrant leur indépendance, en se donnant des gouvernements constitutionnels, les Italiens avaient conservé leur fédération, sous le protectorat de l'empereur, à peu près comme celui-ci le demandait à Villafranca.

Mais c'est la condition des despotes que leurs meilleures idées sont méconnues et qu'on applaudit en eux que les côtés misérables. Le traité de Villafranca sauvait tout, l'Unité a tout perdu. Voilà en deux mots le résumé de la politique de Cavour, Mazzini, Garibaldi et de leurs bons amis de France.

Je vous serre la main.

P.-J. PROUDHON.

Bruxelles, 23 juin 1862.

A M. GUSTAVE CHAUDEY

Cher ami, depuis longtemps j'attends une lettre de
vous : elle n'arrive pas. Ce n'est pas que vous me la
deviez, ni que j'aie une raison positive de l'espérer ; mais
c'est que vous avez dit à quelqu'un que *vous alliez
m'écrire*, parole imprudente, et qui m'a mis en désir.
En attendant, je prends l'avance, et viens vous dire ce
que j'ai sur le cœur :

Je vois que décidément le *Courrier du Dimanche* vous
échappe. Plus rien de vous, ni de Morin ; MM. Weiss
et Paradol trônent à la première page ; viennent ensuite
les tartineurs, Horn, Ulbach, etc. ! Depuis trois
semaines, l'affadissement est sensible ; on ne s'y reconnaît plus.

Le numéro d'hier contenait une déclaration de
guerre aux *Cinq*, c'est-à-dire, en leurs personnes, à la
démocratie tant rouge que socialiste. Il est clair, pour
moi, que le parti des *Débats*, jugeant le moment
opportun, s'apprête à faire main basse simultanément
sur la République et sur l'Empire. Quels pleurs de
chauvin, Paradol (ou Weiss) répandent sur nos pauvres soldats, qui se battent, *sans savoir pourquoi*, au
Mexique !...

Pour conjurer cette réaction des classes bourgeoises et conservatrices, qui s'apprêtent à la démolir, que fait le gouvernement de l'empereur? Il fait le procès Miot et Greppo; il refuse l'entrée à ma brochure sur les *Majorats littéraires;* il salit les journaux et les journalistes, et joue de la bascule à mort! Société du prince impérial, etc., etc.

Que dites-vous des révélations de la *Presse* concernant les affaires du Mexique, le prêt de 750,000 dollars, pour lesquels on demande remboursement de 15 millions?

Que dites-vous du *Temps*, de la *Presse*, du *Siècle* et des *Cinq* qui, tout en blâmant l'entreprise, *dont ils ne connaissent pas les motifs*, déclarent néanmoins, attendu que nos soldats *sont engagés*, qu'on doit leur envoyer du renfort, et que la France ne doit traiter qu'à *Mexico!*

J'ai une idée, pour laquelle je viens vous demander votre entremise. Il me semble que la situation serait bonne pour une publication périodique de ma façon, et je me propose d'adresser à cet effet une demande conçue en bons termes, à M. Persigny. Vous chargeriez-vous de la déposer et d'y solliciter réponse? Je vous déclare qu'en voyant ce qui se passe, je perds confiance, et je ne me croirais plus en sûreté à Paris. Il me faut une garantie. L'autorisation de publier un journal en serait une. Alors, cher ami, nous aurions le plaisir de faire un peu chanter MM. les bourgeois bleus et rouges. Car enfin, vous devez être de mon opinion; la situation est telle, que la question dynastique n'est plus que secondaire, et que la chose importante aujourd'hui, si l'Empire doit tomber, c'est qu'un gouvernement nouveau ne s'établisse pas sans conditions.

Je vous ai demandé si vous pensiez que les élections

dussent se faire cette année? Depuis les événements du Mexique, je ne m'y attends plus.

Enfin, *quid? quid? quid?* Donnez-moi des cancans, dites-moi ce que vous sentez, afin que je sente au moins un cœur à l'unisson du mien.

J'ai publié ici deux articles qui ont fait sensation : l'un sur la mort du beau-frère de M. Delhasse ; l'autre sur la conduite du ministère à mon égard, à propos de mes *Majorats*. Les avez-vous lus?

Je vous avoue, entre nous, que ce serait malgré moi en ce moment que je ferais la guerre à l'Empire. Le péril n'est plus là. J'aimerais mieux serrer le nez à MM. du *Siècle* et des *Débats*. Voilà pourquoi je voudrais être à Paris. Sinon, bonsoir.

Je vous serre la main et vous embrasse.

P.-J. Proudhon.

Bruxelles, 27 juin 1862.

A. M. GOUVERNET

Cher ami, inclus une petite lettre pour notre ami Chaudey. Histoire de lui faire une visite, de causer avec lui, et de me rapporter son dire, à moins qu'il ne se décide à m'écrire.

La rue Jacob, 18, étant sur votre chemin, j'y en joins une autre pour Hetzel.

J'écris, d'ailleurs, par ce même courrier, à *** et à Darimon.

Croiriez-vous que le petit homme vient de me faire une semonce à propos de mon dernier article, inséré dans l'*Office de publicité?* Il me reproche de m'être servi de lui comme d'un *instrument*, de l'avoir compromis, bref, de m'être comporté malhonnêtement et sans délicatesse. Aussi me dit-il qu'il n'ira pas chez Imhaus réclamer, comme je l'en avais prié, les soixante exemplaires. Et là-dessus, une longue épitaphe de plaintes et de remontrances. Il n'a pas assez de présence d'esprit pour comprendre que si j'ai fait part au public de ses démarches sans le prévenir, c'est que j'ai précisément voulu lui laisser la ressource de dire à qui de droit, et en tant que besoin serait, que j'avais outre-

passé les bornes de la fidélité épistolaire; en un mot,
que j'avais agi à son insu, ce qui suffisait pour l'excuser; que, du reste, cette confidence au public ne peut
lui faire que du bien, en révélant ses vrais sentiments
et l'intimité qui est entre nous. Ce garçon-là n'est
qu'un bambin. Sa missive était cachetée à la cire, avec
sa fière devise : *Non Serviam !* Pauvre mioche !   ·

Il y a du bon dans Darimon; je le connais mieux
qu'il ne se connaît lui-même. Il est intelligent, travailleur, probe, et, j'en suis sûr, jusqu'à présent nullement
inféodé au pouvoir.

Mais il manque de tact; il suit son humeur vani-
teuse; abandonné à lui-même, il est flasque et incolore.
Décidément, nous n'en ferons rien tant qu'il sera dans
les honneurs.

Mon travail avance lentement ; mais c'est solide.

Au surplus, je songe à une chose, si les temps ne
deviennent pas moins durs pour les écrivains, je me
bornerai à préparer mes manuscrits, et j'attendrai pour
publier que le ciel se montre moins sévère. Je trouverai
au besoin des gens qui me prêteront pour vivre sur
ce gage !

Vous ai-je dit qu'un éditeur de Bruxelles me demandait à traiter pour une *édition complète* de mes œuvres?
Complète, c'est trop; ai-je répondu. La moitié ne vaut
plus rien. Puis, je ne suis pas certain d'avoir le marché
français.

A vous de cœur, cher ami.

P.-J. PROUDHON.

Bruxelles, 1er juillet 1852.

A M. GOUVERNET

Mon cher Gouvernet, j'ai la vôtre du 27 juin, que m'a apportée R***.

J'ai aussi des lettres de Darimon, de Chaudey, d'Hetzel, de Duchêne. J'ai besoin de vous dire quelques mots à propos de ces diverses lettres.

A propos de Darimon, après avoir haussé les épaules à ses jérémiades, j'ai jugé à propos de lui parler raison et de lui dire que je n'acceptais sa déclaration de rupture que s'il me la confirmait. Je n'ai pas cité les *expressions* de sa lettre, ce qui le mettait tout à fait à l'aise; je ne l'ai pas prévenu, afin qu'il pût dire, sans mentir, qu'il ne savait rien de ce que j'ai fait. Les faits m'appartenant, du reste, autant qu'à lui, je m'en suis emparé et les ai habillés à ma guise. Bien loin que mon article ait pu lui nuire, je sais qu'il lui a fait du bien, et la preuve, c'est qu'il y a des gens qui me reprochent de l'avoir traité en ami. Mais, que voulez-vous ? Le pauvre petit homme est très-susceptible; il croit toujours qu'on se moque de lui et qu'on l'exploite; cela l'ennuie et ne lui permet pas de voir plus loin que son nez, qui n'est pas petit, il est vrai.

Je réponds à Chaudey, avec de plus amples détails, sur mon projet de publier un journal à Paris. Peut-être vous fera-t-il part du contenu de ma lettre. Mais il est un point sur lequel je vous prie d'insister auprès de lui. Je voudrais savoir à quoi m'en tenir au sujet d'une je ne sais quelle loi qui permet au gouvernement impérial de poursuivre un écrivain pour une publication faite à l'étranger, et jusqu'à quel point un article comme le dernier que j'ai fait insérer dans l'*Office de publicité*, tomberait sous le coup de cette loi.

Du reste, je reviendrai sur mon projet de journal dans une lettre que j'adresserai soit à vous, soit à Chaudey, et qui sera lue. Dites-le à notre compatriote, et répondez-moi quand vous aurez obtenu votre consultation.

Hetzel a du tintouin ; il me demande la *préférence* une publication de mes œuvres complètes, que je n'ai nulle envie de faire, et pour deux raisons : 1° parce que ce n'est pas le moment; 2° parce que je suis décidé à ne pas réimprimer beaucoup de choses. — Cependant cette offre d'Hetzel m'a fait plaisir. R*** m'assure, de son côté, que je suis plus lu que je ne suppose : tant mieux. Cela prouve que le pays, las d'intrigues, de promesses, de blagues, se décide à s'adresser à la raison et au droit.

La lettre de Duchêne m'a surpris.

Vous avez dû lui porter dans ces derniers temps une ou deux lettres de ma part ou les lui faire passer. Dans une de ces lettres, je lui parlais d'une dame Binet, rue Frochot, près de la barrière Pigalle, chez laquelle dame il se trouvait un paquet de brochures, d'expédition du docteur, et dont on demandait à être débarrassé.

Dans l'autre lettre, sinon dans la même, car je ne

sais plus si j'en ai écrit deux, je faisais part à Duchêne
du règlement de ses droits de collaborateur pour mon
ouvrage de l'*Impôt*. Non-seulement il ne m'accuse pas
réception de ma ou de mes lettres, mais il me parle du
règlement de compte comme s'il n'avait rien reçu.

Sa lettre aurait-elle été supprimée? cela se pourrait,
puisqu'on ouvre tout, et qu'en vous l'adressant sous
pli, j'aurai peut-être oublié d'en faire mention dans
celle que je vous adressais. Après cela, Duchêne est si
fantastique, si négligent en fait de correspondance; il a
si peur de son papier, de son encre et de ses paroles,
qu'il est encore possible qu'il ait oublié ce que je lui ai
écrit. Si vous le voyez, priez-le donc un peu de s'expliquer. Lors de son voyage à Bruxelles, je l'ai trouvé
beaucoup trop engoué du docteur ***; est-il toujours
dans le même état? R*** vous remettra un numéro de
l'*Office de publicité* pour Chaudey.

Inclus plusieurs lettres, dont quelques-unes pourront sans nul inconvénient être jetées à la boîte. A cet
effet, je joins à la présente, puisque l'occasion m'en est
fournie, 50 centimes pour les timbres. J'aurai probablement à vous en adresser deux ou trois autres
pareilles.

Je vous serre la main.

P.-J. PROUDHON.

Ixelles, 17 juillet 1862.

A M. GOUVERNET

Mon cher ami, eh quoi ! vous aimez mieux user pour trois francs de chaussures que de dépenser *quarante centimes* en port de lettres !

C'est une étrange économie que la vôtre ! A l'avenir, cher ami, je ne vous chagrinerai plus de pareille commission. Songez donc que les 50 centimes que je vous ai envoyés représentaient pour moi 2 francs et que je gagnais ainsi 1 fr. 50 cent.

Vous pouvez acheter des cigares avec ces 50 centimes et les fumer à nos santés, car je ne vous permettrai pas de m'en reparler.

Merci de ce que vous me dites de la part de Chaudey. J'attends sa lettre... Son avis amical ne contribuera pas peu à mon voyage.

Il y a eu certainement une lettre de moi à Duchêne égarée ou supprimée. Est-il sûr de sa portière ?

L'année est déplorable en Belgique. Il n'y a pas destruction de récolte ; il y a manque de chaleur et de cuisson. Figurez-vous que nous n'avons pas encore eu une journée de chaleur. Hier, à quatre heures après midi, je me promenais dans l'avenue de la Cambre, et je présentais avec délices mon dos au soleil.

Je travaille tant que je puis, et je vais entrer dans la partie narrative, relativement facile, de mon travail. Je crois toujours que ce sera un bon livre; mais que de cris!... Pologne, Hongrie, Italie, Jacobins, Saint-Simoniens, etc., etc., m'agoniseront. Je les attends, et, s'ils font les mauvais, je ne serai pas en reste.

Que dites-vous de ces Italiens, qui refusent le service militaire, sont incapables de discipline, et qui déjà se posent en conquérants, attendu, dit Bixio, qu'ils sont *un grand peuple!*... Il leur faut non-seulement Rome et Venise, mais le Tessin, la Corse, la côte occidentale de l'Adriatique; il leur faudra bientôt la Moldo-Valachie. Quels singes!... Tenez, Mazzini et Garibaldi commencent à m'ennuyer, et tôt ou tard il faudra que je m'échappe et que je leur dise le fond de ma pensée.

Tout vôtre.

P.-J. PROUDHON.

Bruxelles, 21 juillet 1862.

A M. ALFRED MADIER-MONTJAU

Mon cher Madier, avez-vous lu l'article du *Moniteur* français sur la bataille de Richmond? Je ne serais pas étonné que Napoléon III, qui se pique de stratégie, n'y eût mis la main. J'ai cru reconnaître sa griffe. On sent le plaisir qu'a l'auteur à parler de *l'écrasement* de l'armée du Nord, et on peut prévoir que l'affaire du Mexique va se compliquer bientôt d'une reconnaissance des États du Sud. Si Lincoln était plus un politique qu'un enthousiaste, il entrerait en arrangement avec les *rebelles* et irait prendre sa revanche au Mexique sur les 50,000 Français que nous allons y envoyer.

Tout va à l'unisson dans les revues et journaux sur cette question du Mexique : *Débats*, *Presse*, *Siècle*, *Opinion nationale*, *Courrier du Dimanche* (Chaudey n'y est plus). On reconnaît l'entreprise absurde, mais *nous ne devons traiter qu'à Mexico*. Oh! la démocratie! le chauvinisme! les faux libéraux !...

Bonjour et santé.

P.-J. Proudhon.

Ixelles, 28 juillet 1862.

A M. ALFRED DARIMON

Mon cher Darimon, R*** me mande, de votre part, que vous seriez disposé à me communiquer l'ouvrage de M. Gustave Lambert, sur *l'Organisation administrative des États*, in-8° de neuf cent dix-huit pages, au cas où je ne l'aurais pas reçu.

Je viens vous dire que je n'ai aucune connaissance de cet écrit, et que si rien ne vous empêche de me l'envoyer, je vous en rendrai bon compte. Cet ouvrage ne saurait m'arriver plus à propos.

Je crois vous avoir écrit déjà qu'à propos de la Pologne, qui ne sera pour moi qu'une occasion, je tâche de tirer au clair diverses questions politiques auxquelles on songeait peu en 1848, et dont la solution complétera nos études et nous rendra aussi forts sur la politique que nous avions la prétention de l'être sur l'Économie politique. En même temps, je lancerai le manifeste à tous nos vieux adversaires. Je suis las d'entendre tant de niaiseries, et de voir de soi-disant publicistes, qui font leurs études entre deux chopes, mener le monde. Ce sont bien des contrariétés que je me prépare; mais je compte toujours sur vous, sur tous nos amis ; nous serrerons nos rangs, et pourvu que ma pauvre cervelle ne devienne pas trop mauvaise, je ferai encore un chef de file passable.

Je viens de résumer les principes fondamentaux des États et je les accompagne d'une théorie complète sur la propriété, c'est-à-dire que je comble cette immense lacune qu'avait ouverte ma critique de 1840 à 1848, et que j'avais toujours laissée béante.

Enfin, c'est terminé ; j'aurai peut-être un peu condensé ma pensée, mais je suis satisfait. Avec ces nouvelles parties, l'ensemble de nos idées se présente, je vous assure, d'une manière très-respectable.

Pour commencer à secouer les esprits, je viens de scandaliser les jacobins par un article sur Mazzini, article que vous connaissez sans doute. Je l'ai envoyé à tout hasard à R***, qui a dû vous le communiquer. A l'avenir, je vous adresserai directement les articles que je ferai et qui ne seront d'ailleurs pas nombreux. Si vous tenez à les réunir, je vous enverrai la collection. Ce sont des escarmouches à droite et à gauche, pour tâter le terrain et mettre en goût les amis.

J'ai la cervelle dans le même état qu'en 1856. Je vais aller pour huit jours à Spa, après quoi je viendrai mettre la dernière main à mon livre et je partirai pour Paris courant septembre.

Je vous serre la main.

P.-J. PROUDHON.

Bruxelles, 29 juillet 1862.

A M. MATHEY

Mon cher Mathey, je m'empresse de répondre à votre dernière, datée du 24 courant. J'avais déjà songé à vous écrire à propos du dernier envoi de Lebègue; je ne l'ai pas fait, parce que je ne fais plus que la moitié de ma besogne. Je suis accablé, et ma tête est redevenue aussi mauvaise qu'en 1856, ce qui va m'obliger d'aller passer chez un ami, à Spa, quelques jours.

Lebègue a dû vous envoyer, non pas *huit*, mais DOUZE exemplaires, avec une remise sur le prix, ce qui vous permettra de rentrer dans la dépense que vous aurez faite.

Ci-joint la déclaration que vous me demandez concernant la non-existence d'un contrat de mariage entre ma femme et moi. Si quelqu'autre démarche devenait nécessaire, soyez assez bon pour me le dire. Je ferai ce qu'il faudra; il est entendu, d'ailleurs, que les frais qui pourront s'ensuivre sont à la charge du solliciteur.

Vous ne vous êtes pas trompé sur l'effet des *Majorats*; la brochure n'est entrée en France qu'en très-petit nombre, mais j'ai lieu de croire le projet de loi enterré.

D'abord, on l'a renvoyé à l'année prochaine, la commission a été dissoute, et parmi les quelques hommes du pouvoir qui ont lu ma brochure, il n'y a eu qu'un cri contre la loi. Toutefois, si on la représentait l'année prochaine, j'en serais quitte pour faire réimprimer à Paris ma brochure avec quelques petites corrections accordées aux susceptibilités du gouvernement.

Voici ce qui est arrivé: J'ai attendu longtemps la réponse du ministre de l'intérieur, puis, comme il ne me disait rien, j'ai prié Darimon, avec qui je suis rentré en relation, de lui faire une visite. Du ministre, Darimon a dû aller au directeur de la librairie; finalement on a refusé d'autoriser l'introduction. C'est alors que j'ai écrit dans un journal belge un article ayant pour titre : *l'Empire et la Bohème*, dans lequel je tympanisais un peu tout le monde. L'effet de cet article a été qu'on a regretté d'avoir empêché la publication de mon travail ; mais on a prétendu que cet empêchement avait eu pour cause l'article même où je me plaignais, et que, sans cela, le gouvernement eût été *heureux* de cette publication. C'est la cour du roi Pétaud. Désormais, je suis bien décidé à ne plus rien publier en Belgique; j'irai de ma personne à Paris soigner mes affaires, et, s'il le faut, j'attendrai dans le silence des temps meilleurs.

Je mets à la poste le numéro de l'*Office de publicité* dont je parle, avec deux autres qui contiennent aussi des articles de moi. Ce journal, un journal de rien, se tire à 17,000 exemplaires; il va partout, c'est, en dehors de la France, le meilleur organe que je pouvais trouver. J'espère que ces numéros vous parviendront ; il y en a deux, en tous cas, fort innocents.

Dans l'un de ces articles, qui a pour objet Mazzini et l'unité italienne, j'ai commencé à escarmoucher contre les rouges, dont la politique devient chaque jour plus absurde, et qu'il est temps d'abattre. C'est un prélude à mon ouvrage sur la *Pologne*, qui sera un manifeste complet et une déclaration de guerre. Quand je dis la Pologne, ce n'est que pour rappeler le titre de ce livre, dont le fond est général, et intéresse tous les pays et toutes les époques. Vous trouverez dans cet ouvrage la théorie complète de la propriété, c'est-à-dire que je vais combler enfin la lacune ouverte par ma critique de 1840. Cette théorie me paraît, à moi, quelque chose de magnifique : elle est la conclusion logique de mes premiers mémoires ; elle les continue et les couronne. Puisque vous avez lu les *Majorats*, vous avez dû remarquer en quels termes j'annonce cette théorie ; j'ose dire que la publication ne trompera pas votre attente. Toute notre politique va au diable ; l'absurdité du journaliste n'est égalée que par la stupidité de la nation. Ah ! que vous jugez bien cette plate bourgeoisie, et combien elle a besoin d'être châtiée ! Une chose qui achève de désoler, mais qui rend moins poignante chez un Français la honte de sa nation, c'est que partout autour de nous la bêtise est la même ; les tendances, la corruption, le gâchis intellectuel et moral les mêmes. Aussi ne doutez pas que si jamais l'orage se lève à Paris, il s'élèvera sur toute l'Europe ; ce sera une débâcle universelle. C'est comme cela que la révolution se généralise, et que les idées marchent.

Je compte aussi, mon manuscrit terminé, fin de septembre ou commencement d'octobre, aller à Paris pour surveiller l'impression. Je pousserai probablement jusqu'à Dampierre-sur-Sâlons et Fraisans. Mais, n'était vous, Maurice, Félix et deux ou trois autres personnes, je vous assure que je ne désire point m'arrêter dans ma ville natale. A Paris, je jugerai la situation, et je verrai s'il convient que je déménage avant l'hiver, ou si je ferai mieux d'attendre au printemps.

Saluez Félix et Abram. Dites au premier qu'après avoir reçu les lettres de C*** qu'il m'a envoyées, j'ai écrit à M. Chaudey, notre compatriote et mon ami, qui se trouvait justement être l'avocat de C***. Chaudey avait pris fort à cœur l'intérêt du père; il avait intéressé à sa cause le tribunal, il comptait sur un jugement favorable qui terminerait tout sans séparation ni scandale; quand tout à coup la catastrophe arriva et le surprit lui-même plus que personne. De fait, après les démarches qu'il avait faites, il se trouvait compromis aux yeux des magistrats. Il avait remarqué déjà l'exaltation fiévreuse de C***, et, tout en blâmant l'intervention du clergé dans le malheureux ménage, il avait dû reconnaître que si C*** était irréprochable, dans ses mœurs et sa probité, sa raison n'était pas tout à fait saine. Ces considérations ont fait que je me suis abstenu à mon tour d'appeler l'attention publique sur cette tragédie. J'ai assez connu C*** pour savoir combien par moments il devenait ennuyeux, et je me suis dit qu'il avait dû parfois se rendre fort insupportable à une femme, qui d'ailleurs ne l'aimait pas. Il avait commis aussi une grave imprudence en quittant, comme il l'avait fait, la Chaux-de-Fond; on peut lui imputer à juste titre la mort de sa première fille. En deux mots, et malgré ma bonne volonté, il n'y avait rien à faire, et j'ai cru que le mieux, pour les survivants et pour les morts, était de garder le silence.

C***, à plus de quarante ans, a cru que la fortune l'attendait à Paris; il s'est bercé d'illusions; après une vie déjà pénible, il est venu mettre le comble à la misère de ses enfants par ce déplorable voyage; c'est un tort qu'une mère de famille ne pardonne guère, et il faut avouer que si en cela une femme n'est pas tout à fait dans le droit, elle est dans sa nature.

Adieu, cher ami, faites à première occasion mes amitiés les plus vives à Guillemin et à sa femme.

Tout vôtre.

P.-J. PROUDHON.

Bruxelles, 30 juillet 1862.

A Mme ROUILLARD

Ma chère cousine, une de nos parentes à tous deux, la nommée Eugénie Meunier, que tu connais, m'a écrit dernièrement que tu étais blessée de ne pas recevoir de mes nouvelles, et que ce ne serait de ma part qu'un simple acte de politesse de me remettre en rapport avec toi.

Elle me recommandait fort de ne pas te dire qu'elle avait pris sur elle de faire cette commission; elle eût voulu que la chose vint spontanément de moi. Comme je ne trouve pas que ce qu'a fait Eugénie soit blâmable, et comme aussi, tu peux m'en croire, ce n'est pas à son invitation que je t'adresse ces quelques lignes, j'ai cru ne pas commettre une indiscrétion en t'informant d'une chose que tu ne peux attribuer qu'à un bon sentiment, et qui me sert à moi d'occasion ou de prétexte, comme tu voudras.

D'abord il faut vider la question des torts, puisque, d'après le dire d'Eugénie Meunier, tu prétends que je suis en tort avec toi. La dernière fois que j'ai eu le plaisir de te voir, c'était à Paris, en compagnie de ton mari, près du Panthéon, il y a bien vingt-cinq ans de cela. Depuis cette époque, je n'ai eu de tes nouvelles qu'indirectement par ma mère, par mon frère, qui les tenaient de ton excellent père, Jacques Carmillet. Tu assures m'avoir envoyé une lettre de faire part de la mort de ton mari; je ne doute pas de ta parole, mais tu peux aussi en croire la mienne quand j'affirme n'avoir rien reçu.

Où m'as-tu adressé cette lettre?

C'est depuis quelques mois seulement que j'ai su par cette parente que tu étais revenue à Besançon; c'est elle qui, m'écrivant à propos de son fils, me dit qu'elle t'avait vue, et comme je lui fis savoir la cause de mon silence à ton égard, je crus bonnement que tu allais prendre l'initiative, en m'informant toi-même de ta situation, et en me donnant ton adresse. Mais rien : ma chère cousine Angélique Carmillet se montre sévère, elle n'écrit pas, elle boude probablement parce qu'elle suppose qu'on la boude; et si une tierce personne ne venait pas de m'apprendre enfin que tu demeures rue Saint-Vincent, n° 28, je serais dans l'incapacité la plus absolue de t'envoyer un mot, et tu m'accuserais de mourir dans l'impénitence finale. Allons, ma chère cousine, n'ayons pas de ces susceptibilités, et puisque je te donne l'exemple, fais comme moi et embrassons-nous de tout cœur.

Te voilà donc revenue au pays; je t'en sais gré. Est-ce pour toujours? Je craignais, je te l'avoue, qu'en épousant le capitaine Rouillard, tu n'eusses épousé sa famille, et je ne comptais plus te revoir. L'ai-je rêvé où l'ai-je entendu dire? J'avais dans l'esprit que tu avait fait donation de ton bien à ton mari, chose dont je t'aurais blâmée et lui encore plus. Comme tu sais fort bien que je ne puis prétendre à ta succession, tu trou-

veras mon sentiment désintéressé et inspiré par le pur
esprit de justice, de convenance, et aussi par affection
pour toi. Bon sang ne peut mentir; je m'irritai à l'idée
qu'ayant fait donation de ton avoir, et ton mari mourant
le premier, tu pouvais te trouver dépouillée par des
étrangers. Heureusement, je présume qu'il n'est rien
de tout cela, et j'en suis heureux. Mais dis-moi donc ce
qui a pu me mettre dans la tête cette idée saugrenue ?

Quelle longue séparation entre nous! Qu'as-tu fait
pendant tout cela? Quelles garnisons as-tu parcourues?
Ton mari a-t-il quitté son emploi de trésorier pour
monter en grade, ou l'a-t-il gardé jusqu'à la fin? Où et
de quelle maladie est-il mort? Donne-moi quelques
détails si tu as assez bonne opinion de moi pour penser
que tout cela m'intéresse. Je suis encore le meilleur
parent qui te reste, et, si je me trouvais un jour rapproché de toi, tu le reconnaîtrais bientôt. .

Depuis vingt-cinq ans, j'ai assez fait de bruit, et tu
as entendu parler de ma mauvaise fortune. Ce n'est pas
avec toi que je veux parler politique. Tu seras plus
curieuse de savoir de quelle manière je vis, et dans
quelle situation je me trouve. J'ai épousé, j'avais quarante ans et j'étais en prison, une jeune parisienne sans
fortune, mais honnête, vaillante, et qui a déjà bien
regagné par son travail la dot qu'elle n'avait pas. Quelle
femme eût voulu de moi en 1849 ? Elle est donc venue,
elle m'a soigné en prison, elle m'a suivi en exil; j'en ai
eu quatre filles, dont deux seulement existent; l'aînée
a douze ans, la seconde huit ans. Nous vivons sans
domestique, et je gagne ma vie avec le bec de ma plume.
Cela irait assez bien si le gouvernement se montrait
moins difficile; j'espère pourtant encore me tirer de
misère et faire honneur à mon nom, et, je puis le dire,

à ma réputation. Maintenant tu sais tout. Si nous allons
nous établir à Besançon, comme j'en ai parfois le désir,
Paris me déplaît, je te présenterai à ma femme, et je
crois qu'elle te plaira plus que moi. Elle n'a pas encore
quarante ans, j'en ai cinquante-trois et demi; comme
nous étions jeunes quand tu t'es mariée, tu croiras revoir
le ménage de ton parrain Claude-François et de sa femme
la Grosse.

Que te dirai-je de plus, ma chère Angélique?

J'éprouve que l'âge nous amortit, nous enlaidit, mais
qu'il ne change pas le fond des caractères. Tu me
retrouveras peu différent, sous ce rapport, de ce que tu
m'as connu; je m'attends, de mon côté, à te retrouver
aussi la même. Tu étais une jeune fille. gentille, vertueuse, mais fière; du moins tu nous paraissais l'être,
parce que nous étions de mauvaise humeur. Tu ne te
plaisais pas dans la compagnie de ton père, en quoi je
trouve que tu avais parfaitement raison. Tu as saisi la
première occasion favorable d'en sortir : tu as bien fait;
j'ai seulement regretté pour ton père, que j'aimais
beaucoup, qui nous aimait aussi, et qui t'idolâtrait, que
tu n'eusses pas choisi un mari qui t'éloignât moins de
lui. Mais toute femme aspire à s'élever, c'est dans la
nature du sexe, et tu étais femme, chère cousine, ni
plus ni moins qu'une autre.

Pardonne-moi de te parler si peu de Rouillard, que
j'ai à peine connu, mais qui m'a paru être un bon mari.
Je partagerai tes regrets, ton estime, ton affection pour
celui qui n'est plus, dans la mesure que tu me don-
neras.

Que deviens-tu? Es-tu désolée? Je n'ai pas entendu
dire que tu aies eu des enfants, ni qu'il t'en restât. J'en
serai fâché, un enfant bien né, dans ta position, serait

un bonheur. Je crois me rappeler que Rouillard n'en souhaitait pas ; à suivre un régiment de garnison en garnison, pensait-il, cela n'est pas commode pour élever une famille. J'en tombe d'accord, mais il serait plus simple alors de ne pas se marier du tout.

J'espère, ma chère cousine, que tu ne me tiendras plus rigueur, et que tu vas m'honorer d'une bonne et convenable réponse. J'ai grande envie d'aller faire les vendanges prochaines en Franche-Comté ; je désire beaucoup te revoir et t'embrasser, mais je n'irai que sur ton invitation formelle.

Ton affectionné cousin,

P.-J. PROUDHON.

Bruxelles, 6 août 1862.

A M. FÉLIX DELHASSE

Cher Delhasse, me voici enfin disposé à vous aller voir, si de votre côté vous êtes présent au poste et que, suivant nos conventions, vous m'en donniez le signal. Mon intention étant de passer par le chemin du Luxembourg (Namur, Puy, Liége), je m'arrangerai pour partir à l'heure qui vous conviendra le mieux, soit que vous m'attendiez à la gare de Spa, soit que vous ayez envie de venir à ma rencontre n'importe où.

Si rien ne vous empêche, je me mettrai en route après demain *vendredi*.

Ce qui m'a retardé est un grand diable d'article que j'ai fait pour Lebègue ; d'abord, je désirais être débarrassé pour quelque temps de l'*Office de publicité;* puis mon article ayant pour sujet le procès Miot, je tenais à arriver avant l'appel, afin que mon travail pût servir à la défense, au cas où elle jugerait utile d'y prendre des inspirations.

Ajoutez à tout cela que ma tête est si mauvaise depuis quelque temps, que j'ai été trois jours sans pouvoir ni lire ni écrire, ce qui m'a fait vivement regretter de ne pouvoir partir.

Mon article anti-unitaire a fait vacarme. De toutes parts on en a demandé à Lebègue, qui a tiré un supplément de 500, et qui en manque encore. A Paris, la démocratie jacobinique commence à perdre terriblement de terrain. On s'aperçoit qu'elle n'aboutit qu'à servir la politique impériale; on est fatigué des blagues italiques; les gens qui ne savent jamais que prendre le contre-poids des gouvernements abandonnent Victor-Emmanuel, du moment qu'ils le voient *reconnu* par la Prusse et la Russie. Enfin, c'est un revirement dont mon article est le signal.

Ce qu'il y a de plus singulier, c'est que la presse officieuse m'a cité avec complaisance : Grandguillot a fait, dans le *Pays*, trois grands articles avec le mien, que j'ai reçus; il ne s'est pas aperçu, dans son antipathie pour l'unité italienne, que mon argumentation tombait d'aplomb sur le système impérial. En vain M. Imhaus, qui ne me pardonne pas de l'avoir mis en scène dans un autre article, a voulu signifier à M. Grandguillot de se taire; celui-ci, appuyé par M. de Morny, est allé de l'avant, et voilà comme, avec un carré de papier, un homme qui a raison et qui saisit l'à-propos, remue, en un instant, toute l'opinion d'un pays. Ceci prouve qu'il y a désir de s'instruire, sans doute; mais cela prouve aussi que les têtes sont terriblement pauvres.

Puisse mon prochain article obtenir un semblable succès! Miot et consorts s'en trouveraient mieux, et tout le monde aurait profité d'une leçon bien autrement imposante que ma critique mazzinienne.

J'ai rencontré ce matin le docteur Watteau. Il m'a appris que Blanqui était de mon avis sur toute cette affaire italienne, et qu'il me recommandait les élections prochaines, sur lesquelles il partage également mon opinion.

En ce moment, l'adhésion de Blanqui vaut quelque chose.

Comme nouvelle de la place, je ne sais rien, sinon que Mme *** vient d'accoucher à l'âge de quarante ans, après douze ans de mariage, d'un premier-né. Elle a eu soixante heures de travail, consultation, forceps. Enfin, elle est délivrée, mais n'en vaut guère mieux. J'ai oublié de demander ce que faisait le petiot... Voilà qui prouve une fois de plus qu'il ne faut pas attendre à *quarante ans* pour engendrer. A quoi diable songeait donc P*** ?

M. Maertens m'a fait part de votre dernière lettre. J'y ai remarqué que vos affaires d'Angleterre sont en bon état, ce dont je me suis réjoui.

Mes respects à Mme Delhasse, et mes amitiés à toute la famille.

Tout vôtre.

P.-J. PROUDHON.

Spa, 9 août 1862.

A M. GUSTAVE CHAUDEY

Cher ami, je vous ai adressé, il y a quelque temps, deux ou trois exemplaires de mon article sur Mazzini. Vous qui m'écrivez que vous êtes décidé à rompre avec les *vieux blagueurs*, vous devez être aux trois quarts de mon avis sur le grand citoyen italien.

Demain dimanche, ou ce soir, Lebègue doit vous adresser cinq exemplaires d'un nouvel article de moi relativement au procès Miot, article sur lequel j'appelle votre attention. C'est quelque chose de neuf et qui porte loin. Si vous jugiez que vos collègues de la défense Miot et consorts soient hommes à profiter de mes observations, je vous saurais gré d'en faire la proposition; je n'ai pas besoin de vous dire que ce n'est pas dans l'intérêt de ma vanité que je parle; il s'agit ici de bien autre chose. Au surplus, vous lirez et vous jugerez. Je m'en rapporte à vous.

Le bruit court ici que Pelletan se propose de s'exiler volontairement, ne pouvant plus écrire en France avec sécurité; est-ce vrai? Je crois, quant à moi, qu'un homme qui est demeuré dix ans en France sans avoir eu la pensée de sortir, aurait tort de s'éloigner aujourd'hui. Ce qui eût été rationnel en 1851 n'est plus qu'un accès de découragement et de faiblesse en 1862. Qu'en pensez-vous ?

Voilà Garibaldi lancé ; j'ai peur que cela ne finisse mal pour lui. Les Polonais jouent du pistolet, ils n'y gagneront rien. Les Américains du Nord s'obstinent à vouloir PUNIR ceux du Sud !... Le roi de Prusse est aussi absurde dans sa politique que le fut son père ou aïeul en 1806 ; il finira par se faire congédier. Partout, en ce moment, la politique est guindée sur des *mots*, des *phrases*, des *blagues*, voire des mensonges. Mais remarquez, à travers ce gâchis, la supériorité pratique des Anglais : Victoria déclare nettement que l'intention de son gouvernement est de rester neutre dans les affaires américaines.

M. Delhasse, chez qui je me trouve à Spa, me charge auprès de vous de ses salutations.

Est-ce que vous irez en Franche-Comté cet automne?... Faites-donc part de vos intentions à Gouvernet.

Je vous serre la main.

P.-J. PROUDHON.

18 août 1862.

A M. GOUVERNET

Mon cher Gouvernet, j'ai la vôtre du 11 courant.

Je ne suis pas encore en mesure de vous dire à quelle époque je partirai pour Paris; je vous en informerai plus tard.

Si vous voyez le docteur Cretin, dites-lui, par provision, que je le remercie de sa dernière lettre; qu'il m'a fait, sans s'en douter, apercevoir une omission dans le travail qui m'occupe en ce moment; mais qu'il n'a pas besoin de se préoccuper des clabauderies que soulève mon article sur Mazzini; j'ai fait ce que j'ai voulu. On a crié, c'est bien; on criera, je l'espère, bien davantage encore, ce qui sera encore mieux. Et moi j'aurai raison, tandis que Mazzini n'est qu'un sectaire et Garibaldi un cerveau vide.

Ce qui est plus triste, c'est que la France devient la plus sotte et la plus lâche des nations, et que nul ne peut prévoir quand elle se relèvera.

Je n'y crois plus et je pense même que j'en aurais bientôt fait mon deuil, si je lui découvrais quelque part

un remplaçant. Mais je ne vois personne ! Mon Dieu, l'humanité serait-elle donc abandonnée ? *Eli, eli, lamma sabachtani?*

Je vous serre la main.

P.-J. PROUDHON.

Bruxelles, 22 août 1862.

A M. AUGUSTE DEFONTAINE

Cher monsieur, j'ai deux lettres de vous, et vous devez vous faire un étrange idée de mon caractère en voyant mon peu d'empressement à vous répondre. Aussi vous sais-je un gré infini de ne pas trop prendre mon indiligence en mauvaise part et de ne vous pas décourager pour si peu.

Ce n'est pas seulement la multitude des correspondances et l'excès du travail qui peut m'excuser, c'est aussi, il faut que vous le sachiez, la fatigue, l'épuisement, je dirai même la maladie. Le peu de temps que je puis donner à l'étude, en comparaison de ce que j'ai à faire, commence à m'effrayer. Il y a une quinzaine de jours, ne pouvant plus lire, ni écrire, ni marcher, tant j'ai le centre nerveux fatigué, je pris le parti d'aller passer quelques jours à Spa, chez un ami. Mais j'ai bientôt trouvé dans cette ville de dissipation et de plaisir une autre source d'ennui, et je m'en suis revenu avec plus d'impatience que je n'étais allé.

A mon retour, j'ai trouvé votre dernière.

Je dois d'abord vous fixer sur ma situation, au point de vue de mon retour en France et de mes publications.

En vertu d'une amnistie particulière, qui date de près de deux ans, je puis rentrer dans mon pays. Je l'eusse fait déjà, si mes occupations, mes études et mes intérêts l'avaient permis.

En ce moment, je suis parfaitement décidé à aller à Paris, courant octobre, porter un manuscrit à l'impression et soigner les épreuves. C'est un ouvrage qui n'aura pas moins de deux volumes. Je comptais l'avoir terminé en juillet; qui sait si j'aurai fini en septembre?

Depuis que j'ai commencé ce travail, j'ai publié mon travail sur l'*Impôt;* un opuscule sur la *Propriété littéraire*, dont le ministre n'a pas permis l'introduction en France; plus quatre grands articles, insérés dans un petit journal hebdomadaire de Bruxelles, qui se tire à près de dix-huit mille exemplaires. Un de ces quatre articles est celui dont vous avez vu des articles sur *l'Unité de l'Italie et Mazzini.*

Vous n'êtes pas le seul qui m'ayez reproché une certaine sévérité à l'égard du célèbre agitateur : de Bruxelles, de Liége comme de Paris, il m'est arrivé, avec un certain nombre d'adhésions, passablement de représentations. Du reste, ces réserves n'ayant d'autre but que de sauvegarder la personne et l'honorabilité de Mazzini, que je n'ai pas entendu mettre en question, j'ai parfaitement accueilli les critiques, satisfait de voir qu'on ne discutait pas mes raisons.

Je vous dirai donc que mon intention est de revenir sur le même sujet dans un nouvel article où, en donnant, si je puis, moins de vivacité à mes reproches, j'examinerai à son tour la politique de Garibaldi.

J'attendrai pour cela que l'on sache à quoi s'en tenir sur le résultat de sa nouvelle aventure.

Certes, cher monsieur, mon chagrin est grand quand

je vois la politique de la démocratie, tant en Italie
qu'en France et en Amérique; dans mon opinion, cette
politique nous met en retard peut-être de cinquante
ans. Le moral de notre nation s'était assez bien soutenu, après le coup d'État, jusqu'en 1856 ; la campagne
de Crimée servait de palliatif à la rétrogradation.
Depuis 1858, la décadence est allée au pas accéléré, et
l'on se demande s'il existe encore un peuple français?
Après avoir proscrit comme d'abominables utopies
toutes les études de réforme sociale, nous nous sommes
mis à caresser les idées les plus absurdes en politique
et en histoire, celle notamment de la restauration des
nationalités déchues, de l'unité italienne, des frontières
naturelles, etc. Après l'Italie, on nous promet la
Pologne; après la Pologne, la Hongrie; entre temps, la
conquête du Mexique, l'indivisibilité de l'union amé-
ricaine, la dispute sur le temporel du Pape, etc.

Que Mazzini conspire contre le Pape et Victor-
Emmanuel, ce n'est pas ce qui m'intéresse, mais j'ai
bien le droit de lui dire, ce me semble :

1º Qu'en se ralliant au mouvement italien de 1859,
après avoir d'abord déclaré son abstention, il a fait
preuve de légèreté et d'imprévoyance dans une circonstance des plus graves ;

2º Qu'ensuite, en poussant à l'unité, coûte que coûte,
il a manqué essentiellement au principe républicain
qu'il a professé toute sa vie, et aux tendances socialistes de l'époque dont il se dit partisan après les avoir
combattues de toutes ses forces.

Je sais que Mazzini répond qu'il s'occupe avant tout
de l'*Italie* et que le moyen d'affranchir cette nation,
c'est, selon lui, de grouper tous les Italiens dans un
État unitaire. Mais cela même est à mes yeux un troi-

sième grief aussi grave que les deux premiers. Nul démocrate socialiste en Europe ne peut ni ne doit s'isoler et agir dans l'intérêt d'une nationalité exclusivement, sans manquer à toutes les données de la révolution moderne qui est universelle. L'égoïsme possède les Italiens et tuera, dans son germe, leur unité. Déjà ils parlent de reprendre, avec Rome et Venise, la Corse, le Tessin, le Tyrol, Trieste, et toute la côte occidentale de l'Adriatique; ils rèvent de *l'apostolat* de l'Europe, traitent la France de nation lâche et déchue, les Allemands et les Slaves de barbares, etc.

Et ceux qui représentent chez nous le progrès et la liberté ne trouvent rien à dire à ces impertinences; chaque matin ils sont en admiration devant les circulaires de Mazzini et les *speechs* de Garibaldi.

Faisons donc moins de sentimentalité et un peu plus de saine politique. L'Italie, avec son unité, marche à une tyrannie et à une corruption comme elle n'en vit jamais; et quand, par toute l'Europe, cette démocratie imprévoyante aura mis aux mains des rois et des bourgeois une puissance formidable, quand les gouvernements unifiés et monarchisés seront devenus tous solidaires, quand le suffrage universel les aura tous consacrés, alors nous serons embarqués dans une reculade sans fin, et ce ne sera peut-être pas le siècle suivant qui verra un autre régime. Est-ce que vous ne voyez pas que notre siècle est l'analogue de celui qui vit la chute de la République romaine et inaugura le règne des Césars. N'apercevez-vous pas l'analogie si frappante entre les Gracchus, les Marius, les Catilina, précurseurs du césarisme, et les Mazzini, les Garibaldi, les Kossuth, les Ledru-Rollin et consorts?

En 1848, nous avions posé la question sur le vrai

terrain. Vous savez quelles colères nous avons soulevées dans la république rouge. L'Empire nous a fermé la bouche, mais il laisse parler les rouges, ses vrais fauteurs, ses amis. Aussi depuis dix ans les rouges nous ont-ils fait voir du chemin. Je ne sais si Napoléon se rendra aux injonctions de Garibaldi, mais on peut le prévoir.

Or, quand cela sera fait, la question sociale sera ajournée en Italie pour plusieurs générations, et le contre-coup de cette défaite de notre cause se fera sentir en France et en Allemagne pendant de longues années. L'empereur, amoindri du côté du sud-est, cherchera des compensations ailleurs, et nous voilà embarqués dans une série d'entreprises qui ne laisseront au pays, déjà si affaissé, ni intelligence, ni vertu, le détourneront peut-être pour toujours des réformes : ce sera la déchéance de la nation française.

Je vous écris, cher monsieur, avec une grande faiblesse de tête et un vrai serrement de cœur. J'aurais trop à dire pour pouvoir me faire entendre en quelques pages, et je n'ai pas la force de me condenser. Depuis les journées de mars 1848, je n'ai cessé de voir fuir devant moi la révolution économique et morale à laquelle je me suis dévoué ; je m'en trouve plus éloigné aujourd'hui que jamais.

Me persuader que c'est moi qui me trompe et que nos démocrates de *l'unité* et de tant d'autres belles choses sont dans le vrai, je le voudrais; malheureusement, l'histoire, la philosophie, l'Économie politique, la désorganisation croissante, la misère et l'immoralité qui se multiplient, les désillusions qui se succèdent, tout enfin me prouve le contraire.

Et si j'essaie un mot de critique, si je pousse le cri

d'alarme, on me dit de prendre garde, que les hommes que je contredis sont de·grands citoyens auxquels je dois commencer par ôter mon chapeau !

Je vous supplie, cher monsieur, de recevoir avec indulgence ces lignes désolées et de me pardonner mes retards. Vous n'êtes pas plus maltraité que mes plus anciens amis.

Adieu, cher monsieur, je vous serre la main.

P.-J. PROUDHON.

Bruxelles, 22 août 1862.

A M. J. BUZON

Cher monsieur Buzon, vous êtes en avance sur moi
de trois lettres; mais si je vous dis que je suis d'accord
de tout avec vous, que je partage vos tristesses, que
mon cœur déborde de votre amertume, que la désolation, causée par l'absurdité de nos démocrates, m'ac-
cable encore plus que le travail et la maladie, vous
comprendrez ma négligence à vous répondre, et vous
vous direz qu'au moins pour une part, mon impolitesse
est excusable.

Je n'ai publié depuis six mois qu'un opuscule, intitulé : *les Majorats littéraires*, que l'imprimeur parisien
n'a pas osé faire tirer, et qui, imprimé à Bruxelles, n'a
pu obtenir l'autorisation d'entrer en France. C'est une
petite vengeance de M. Imhaus, directeur de la librairie;
car, quant à M. Persigny, il ne lit rien et ne s'occupe
même pas des affaires de son ministère. A la suite de
cette brochure, j'ai inséré, dans un journal hebdomadaire, *l'Office de publicité*, qui se tire a 18,000, quatre
grands articles, dont l'un sur *l'Unité italienne et Mazzini*. Il est certain qu'en coupant adroitement certains
passages de cet article, et les isolant du reste, catho-

liques, légitimistes et impérialistes pouvaient en tirer un certain parti pour leur cause; je l'avais prévu, mais je ne pouvais l'empêcher. Je regrette fort de ne pouvoir vous envoyer ces articles que l'on saisit invariablement à la poste. Mais si une occasion se présentait, je vous ferais volontiers passer tout cela.

Quelques républicains, ou plutôt amateurs de démagogie, ont été scandalisés de mes critiques; pour toute explication, je vous dirai que je me propose de revenir à la charge, aussitôt que nous connaîtrons le résultat de la nouvelle promenade militaire de Garibaldi. Ah! cher ami, nous avions bien établi la discussion en 1848; nous avions mis le débat sur son vrai terrain, et si nous avions conservé la parole, ou si les journaux de la démocratie, censurés par l'Empire, avaient continué notre tâche, les choses seraient bien avancées aujourd'hui. Grâce à eux, nous sommes reculés d'un demi-siècle. Or, parmi les hommes que j'accuse, l'un des plus considérables est Mazzini.

Quoi! je n'aurais pas le droit de lui dire qu'en se ralliant au mouvement italien de 1859, après avoir protesté de son abstention, il a fait preuve d'autant de légèreté que d'imprévoyance.

Que son système d'unité ne peut aboutir à autre chose qu'à un nouveau despotisme, à un despotisme comme l'Italie n'en avait pas reçu depuis les Césars;

Qu'en ne tenant aucun compte des intérêts généraux de la liberté en Europe, et en se concentrant dans la la question italienne, il fait acte d'égoïsme, de machiavélisme, presque de trahison;

Et qu'une fois l'Italie unitaire constituée, le contre-coup s'en fait sentir par toute l'Europe, que la solidarité s'établit entre tous les gouvernements, entre tous les potentats; et que la question sociale, la vraie question émancipatrice est ajournée pour quelques générations!...

Je ne vous en dirai pas davantage; vous qui courez toujours au devant de ma pensée, vous me comprenez du reste.

Comme vous, je vois tout en noir, tout gauche, tout ridicule, tout absurde. Au reste, la lecture des journaux, des brochures, la connaissance que je prends de temps en temps des œuvres de notre littérature, ma correspondance, enfin, ne sont pas pour me détromper. La vieille société est affolée, signe de sa prochaine dissolution. *Quos vult perdere*..... Vous savez le reste; vous, du moins, vous avez la force de rire, mais moi, je suis désolé, frappé.

Pour le quart d'heure, je travaille à l'achèvement de mon Étude sur la *Pologne*. Quand je dis la Pologne, ce n'est guère qu'un cadre ou une étiquette; au fond, c'est un essai, d'après l'expérience historique, d'exposition des principes qui régissent la vie des nations, et qui forment la base de la science politique, si tant qu'il y ait ici science.

J'ai profité de la circonstance pour faire la critique de la morale suivie par nos démagogues, depuis les dix dernières années; ce sera donc une espèce de manifeste. Mais à quoi bon? La démocratie ne le lira pas, ne s'en occupera point, fera le silence autour de mon nom. Si je publie quelque chose qui puisse fournir une citation aux écrivains oficiels ou à nos adversaires des anciens partis, on me le reproche perfidement et on me dénonce comme faux frère; si je fais un travail en dehors des passions et des questions du jour, mais d'une haute importance pour le progrès, comme la *Théorie de l'Impôt*, ou les *Majorats littéraires*, on garde le silence comme si l'ouvrage n'existait pas. Qu'a-t-on dit de mon ouvrage sur *la Guerre et la Paix?* Rien : on a goguenardé sur le droit de la force, et l'on s'est amusé à me tympaniser comme sophiste.

Je suis las, bien las. — Tantôt je songe à chercher un emploi et à briser ma plume; d'autres fois, j'ai envie d'aller à Paris recommencer la polémique, *unus contra omnes.* Il est certain que si je pouvais vivre de mes publications à l'étranger et me passer du marché français, je n'écrirais plus un mot pour mon pays, contre lequel j'irais, à la frontière, secouer la poussière de mes souliers.

Mais je ne rencontre que des difficultés partout, et je me laisse entraîner au courant.

Pourquoi ne me dites-vous jamais un mot de M. Ballande, que vous connaissez cependant? Êtes-vous en froid avec lui? Saluez-le, s'il vous est possible et permis, bien affectueusement de ma part, et dites-lui bien que, lui aussi, il a sa place dans mon souvenir.

Si vous avez occasion de voir M. Larramat, dont j'ai pu apprécier le bon esprit, l'amitié pour moi et la moralité, vous m'obligerez encore! Je devais lui écrire; je suis en reste avec lui comme avec vous; mais j'espère qu'un mot de vous, dit à ma recommandation, me dispenserait d'écrire; car, vraiment, je ne puis plus suffire à la correspondance, et mon travail exigerait le double de temps que je lui donne.

Je vous serre la main, cher monsieur Buzon, et suis bien heureux de voir que votre amitié ne se refroidit pas, grâce à toutes mes négligences.

Tout vôtre.

P.-J. PROUDHON.

Bruxelles, 10 septembre 1862.

A M. GOUVERNET

Cher ami, R*** m'a fait part de votre dessein de quitter Paris et d'aller en Franche-Comté prendre vos vacances, du 12 courant jusqu'à la Toussaint.

Vous êtes bien heureux! J'avais le projet de vous accompagner, mais mon livre n'est fait qu'aux trois quarts, et il faut à tout prix que j'en voie la fin. Aurais-je fini pour le 15 octobre, ou seulement pour le 1er novembre? Je n'en puis rien dire. Ce qui est sûr, c'est que je marche à grands pas, que je suis content de ma besogne, et que j'en attends un grand fruit.

Avez-vous reçu mon dernier article sur Garibaldi? R*** a dû vous dire que j'en avais mis plusieurs exemplaires à la poste, et qu'il y en avait un pour vous, de même que pour Chaudey.

Ce qui est drôle, une de ces choses qui n'arrivent qu'à moi, c'est que cet article, très-favorable à la Belgique, a soulevé une tempête parmi les Belges. Ces braves gens sont lourds; ils ne savent pas comprendre, et m'accusent d'appeler sur leur pays les *hordes françaises!*....Il va falloir que je m'explique et que j'éreinte encore quelqu'un. Le journalisme m'ennuie fort.

Dites-moi si le raisin est bon, mûr, et pas trop cher?
Je chargerais quelqu'un, en votre absence, de la même
commission que vous avez bien voulu faire pour moi
l'an passé. — Catherine s'est distinguée cette année à
l'école ; je lui ai déjà acheté quelques livres, et je veux
lui faire manger du raisin.

Vous embrasserez pour moi le docteur, chez qui
j'avais bien compté faire vendange et passer une belle
quinzaine d'automne. Mais je suis dans le feu, et il
faut brûler. Cette fois, je vous le jure, c'est bien le
dernier gros livre que j'entreprends ; désormais, je ne
fais plus que des bluettes, ou si je vais jusqu'au volume,
je prendrai mon temps.

Bonjour, cher ami ; chassez bien, buvez bien, mangez
bien, dormez bien ; prenez du plaisir pour nous deux :
je vous affirme que j'en serai content. Et dites à Maguet
que j'ai une fière soif de son vieux rouge. Mais, du
reste, comme il est quelques recherches que je ne puis
faire qu'à Paris, il n'est pas encore dit que je ne vous
répondrai pas à Dampierre.

Tout vôtre.

P.-J. PROUDHON.

Spa, 12 septembre 1862.

A M. FÉLIX DELHASSE

Cher ami, vous êtes aussi brave de cœur qu'avisé d'intelligence. Vous avez compris qu'en présence de cette levée de boucliers, je pouvais avoir besoin d'un peu de réconfort, et vous êtes venu à la rescousse. Merci.

Je fais une courte réponse à l'*Écho du Parlement*, et que vous approuverez, je crois. Tout en laissant voir griffes et dents, j'ai cru qu'il ne convenait pas d'abord de me fâcher à l'exemple de mes adversaires, et qu'il valait mieux leur donner un avertissement. Mais soyez sûr que je ne me laisserai pas écraser. J'ai de quoi dire. Vous avez admirablement saisi le sens de mon article : tout ce qui regarde la Belgique, mêlé de quelques petites vérités, m'a été inspiré par le désir, aussi vif que sincère, de la voir entrer dans une meilleure politique et porter haut sa nationalité. En cela, je crois avoir servi les vrais intérêts de mon pays et de la démocratie tout entière. Mais il paraît que vous avez chez vous des gens qui prétendent à l'infailli- bilité.

J'ai eu la visite de votre brave Polonais. Je sais tout

ce qu'il peut me dire, et je connais la philosophie de l'histoire de Pologne mieux que lui. Je ne l'ai pas moins accueilli avec amitié et nous nous reverrons. Comme tous ses compatriotes, il fait de l'algèbre politique en vue de la restauration de son pays : innocente manie que je suis loin de blâmer.

Garibaldi est dangereusement blessé : on craint un tétanos qui l'emporterait. Ce serait un grand malheur. Sa mauvaise politique ne m'empêche pas de lui rendre toute justice, et de lui souhaiter longue vie et santé d'esprit. Mais voyez la conséquence d'une fausse démarche ! Le voilà qui proteste, et il dit vrai, qu'il a voulu empêcher l'effusion du sang ! C'était donc un essai d'embauchage de l'armée italienne qu'il voulait faire. Autrement, à quoi bon ce rassemblement de volontaires ? Si le colonel Pallacicini s'était mis à parlementer, la partie était perdue pour Victor-Emmanuel : voilà toute l'excuse de Garibaldi ! Rien n'est si terrible que les sophismes qui troublent la raison d'un honnête homme.

J'ai reçu des propositions du *Courrier du Dimanche.* M. Weiss, rédacteur en chef, un homme des *Débats*, me fait demander, par M. Alfred Assolant, deux articles par mois. Je me suis excusé, me fondant sur l'impossibilité physique ; ce qui est vrai.

Je mets à la poste six numéros de l'*Office de publicité* pour vous.

Je vous serre la main.

P.-J. PROUDHON.

P.-S. Je rouvre ma lettre pour vous dire que je viens de recevoir votre seconde d'hier, 11. — J'ai lu l'*Étoile*. Ma réponse à l'*Écho* vous expliquera ma ligne de conduite. Je suis habitué à ces sortes de lâchetés, et ne m'en émeus point. Je compte sur une rétractation spontanée; sinon, comme vous dites, j'aviserai. Il faut voir venir cette canaille et la laisser s'enferrer. N'ayez peur de rien. La vieille démogogie, le libéralisme parlier, doctrinaire, s'en vont; tandis qu'il font du révolutionnarisme à bon marché avec la question italienne, à Paris, ils font du nationalisme avec la Pologne et de la guerre civile en Amérique. Vous n'êtes pas sans savoir que le comte de Paris fait ses premières armes contre les *esclavagistes*, et que le *Journal des Débats* est allié à Montalembert et à Peyrat pour la restauration de la Pologne.

Allez, allez, mes petits, nous nous verrons bientôt.

Spa, 12 septembre 1862.

A M. FÉLIX DELHASSE

Cher ami, calmez-vous, je vous prie, dans l'intérêt de votre santé, qui m'est précieuse autant qu'à votre famille, et ayez confiance en la justice éternelle, qui est plus haute que celle des hommes. Maintenant que le coup est porté, c'est en vain que vous voudriez en conjurer l'effet : il faut attendre la réaction qui ne peut manquer de se faire.

Je me suis borné, comme je vous l'ai dit, à témoigner à mes adversaires encore plus de dédain et de pitié qu'ils n'ont de colère ; j'ai saisi l'annonce de la brochure de Boniface pour ajourner ma défense, accordant ce terme aux journalistes pour revenir de leur sottise : peut-être trouverez-vous que je n'ai pas été assez vert ; mais, encore une fois, dans mon opinion, je ne le pouvais pas, après m'être posé — sous une forme détournée, il est vrai — comme un des champions de la nationalité belge. J'ai usé de calme, de modération, de longanimité, non en homme qui a peur, mais en homme patient et sûr de sa conscience comme de sa raison.

Ces sortes d'accidents, voyez-vous, sont inévitables

dans la carrière du polémiste. Vous le reconnaissez vous-même, la bêtise humaine est grande, c'est pourquoi nous, qui aspirons au titre de sages, nous devons ne pas être trop prompts à nous irriter. Puis-je songer à flageller cent mille lecteurs qui liront les platitudes des journaux belges? Non; il faut donc laisser passer la marée, dormir sur les deux oreilles et attendre. Boniface et quelques autres payeront pour tous.

Hier soir, on a aperçu ledit Boniface, montagne de la Cour, l'*Office de publicité* à la main, marquant des passages au crayon rouge et préparant son épître. Tant mieux, le voilà engagé; quelques coups d'éperon que je compte lui administrer ne peuvent manquer de le pousser à consommer la sottise qu'il prépare.

Ensuite, ma réponse, telle qu'elle est, ne peut manquer d'amener de nouvelles déclamations; je connais mon monde. Eh bien! tout cela va à merveille, et soyez sûr que je donnerai cette fois, sans figure, une bonne leçon au peuple belge. Je lui apprendrai ce que c'est que la politique et le journalisme.

Plus que jamais le passage à la frontière est fermé à l'*Office de publicité*. Là-bas, on ne se trompe pas sur le sens de mon article. Aussi R*** m'écrit qu'il n'en faudrait comme cela qu'une demi-douzaine pour mettre le feu aux poudres. Mais les Belges, quand on prononce devant eux le mot d'annexion, sont comme des taureaux, ils voient rouge.

13 septembre. — Boniface vient de publier son épître dans l'*Écho du Parlement*. Cette publication a nécessité de ma part une apostille que vous trouverez dans l'*Office de publicité*, à la suite de ma lettre.

C'est une petite mise en demeure que j'adresse à mes dénonciateurs avant de m'occuper de leur répondre.

Si je ne me trompe, vous verrez à la suite de mon article, on ne peut plus calme, l'embarras s'emparer de nos gens; ils se douteront qu'ils ont fait une bévue, et leur figure sera drôle. Déjà le *Journal catholique* d'Anvers se moque d'eux et les traite de *mystificateurs*. L'*Économiste*, de Molinari, va en faire autant. L'*Indépendance*, qui voit l'unité italienne lui échapper, traite mes opinions anti-unitaires de *fantaisie*, et sur le reste garde la neutralité. Tout cela va se dissiper comme une bulle de savon, et qui sera penaud, ce sera Boniface.

Maertens, Molinari et quelques autres personnes ont été indignée et sont demeurée solides. Van Bemmel, si j'en crois Altmeyer qui, lui-même, a eu une venette affreuse, a montré de l'hésitation. Ce n'est pas un garçon à présenter jamais la poitrine à l'émeute. Au total, tout ce bruit aura fait du bien au public belge et très-peu de mal à l'auteur.

Le père Lebègue a été dans une émotion extraordinaire qui m'a fait lui rire au nez. Ce n'est pas qu'il hésite à mon endroit, mais ce vacarme le dépasse. Ah! lui ai-je dit, le métier vous entre au corps. Vous ne saviez pas encore ce que c'est que le journalisme, et vous avez voulu que je vous donnasse des articles.

Erudimini!

Suivez bien l'attitude des journaux à partir de lundi. Je les accuse carrément de *calomnie*, s'ils ne se rétractent. Dans ce cas, tout finira de ma part par quelques joyeusetés; dans le cas contraire, ce sera une volée de bois vert dont on se souviendra longtemps. Je garde jusque-là ma colère.

Bonjour à ces dames et aux amis. Dites à tous que je ne suis ni fou, ni ingrat, ni absurde, que je sais très-bien ce que je fais, et que dans mes plus grands emportements il y a derrière moi une Minerve qui me gouverne.

Adieu, cher ami; plus tôt je vous verrai, plus je serai heureux.

P.-J. PROUDHON.

Spa, 15 septembre 1862.

A M. FÉLIX DELHASSE

Mon cher ami, les choses vont bien. Boniface fait la bête, l'*Écho du Parlement* répond pour lui ; au lieu de dire carrément oui ou non, il recommence ses citations, et s'en réfère à l'opinion publique. Ils ont l'air de dire, d'un côté, que je faiblis et que mes réponses sont *embarrassées;* de l'autre, ils sont furieux que je prétende avoir *bien mérité* de la Belgique, et que j'ose les *défier.*

Cet homme-là, je vous le dis, passera par mes mains. J'ai maintenant mes coudées franches.

Ne pourriez-vous me donner quelques mots de notice sur *Boniface.* Vous qui avez fourni à Quérard des matériaux sur la *presse anonyme* de Belgique, vous devez mieux qu'un autre connaître le sujet. Je possède quelques-unes de ses rapsodies, mais je ne les veux pas lire. Vingt lignes de notice m'iraient mieux.

La figure d'Altmeyer est du dernier comique. Vous savez que Boniface me reproche de fréquenter des *esprits chagrins,* qui m'induisent en erreur sur le pays. Maertens n'a pas manqué de dire au professeur qu'il s'agissait de lui. — Moi, répond Altmeyer, ce n'est pas de moi qu'il s'agit, c'est de Delhasse. Et de trembler. Je lui ai fait dire que je relèverais d'importance la dénonciation de Defré, mais sans désigner personne.

J'ai fait le relevé de la presse belge.

Trente-deux journaux ont emboîté le pas après l'*Écho du Parlement*. *Sept* ont osé me défendre; *deux* s'abstiennent. J'ignore quelle a été la pensée du *National* et de l'*Écho de Bruxelles*.

Je suis mécontent de Van Bemmel, qui, dans la *Semaine universelle*, par un grand effort d'amitié, me demande des explications. Je me réserve de lui dire qu'il n'est pas de taille à faire front à une émeute, et qu'il fera bien de renoncer au journalisme.

Le *Phare de la Loire*, à qui un numéro est parvenu, combat mon opinion sur l'unité italienne, mais n'ose pas citer la harangue à Napoléon. En France, personne ne s'est trompé sur le sens de ma parabole. Aussi l'*Office* n'est pas entré, si ce n'est par contrebande.

Rien autre à vous dire, si ce n'est que ce sera un beau jour pour moi que celui où je vous serrerai la main.

Tout vôtre.

P.-J. PROUDHON.

Bruxelles, 15 septembre 1862.

A M. MADIER-MONTJAU

Cher ami, je n'ai reçu qu'hier soir votre bonne lettre datée du même jour. Je vous avoue que si je ne doutais pas de votre approbation *après lecture*, je ne croyais pas pouvoir compter sur votre appui avant information. Il faut que votre amitié pour moi soit robuste, ou votre méfiance des hommes bien profonde.

Je mets à la poste les deux numéros de l'*Office de publicité*, de dimanche dernier 7 et d'hier 14. Le second fait suite au premier; c'est toujours la question italienne, mais avec un surcroît de coups de cravache à la presse soi-disant libérale de France et de Belgique.

Lisez d'ailleurs et jugez.

Le deuxième numéro est une mise en demeure à Boniface et consorts de renouveler leur accusation. J'ai vu que, m'étant porté en *défenseur* de la nationalité belge, je ne devais pas d'abord montrer de colère envers les borgnes qui disent que je la trahis. J'ai donc été d'une modération exemplaire, tout en laissant voir un peu mes crocs.

Je viens de voir la réponse de l'*Écho*. Boniface fait le sot; il barguigne sous le couvert du journal. Cet homme-là maintenant est à moi. Il me faut au moins une victime, et je vous promets pour dimanche une exécution. Si je ne tiens parole, reniez-moi.

Les amis ne m'ont pas fait défaut dans la circonstance, Nouzé, Learch, Leclerc, etc., et quelques Belges. Delhasse est furieux; il *m'écrit* à cor et à cri de casser la *gueule* à cette meute.

En attendant, le scandale est énorme ; il y a bien vingt ou trente journaux dans la cabale. Figurez-vous cent mille lecteurs que l'on vient brusquement agiter, en leur disant que M. Proudhon appelle l'empereur. Si les Belges avaient la vanité des Français, je serais à cette heure assommé.

Puis-je en vouloir à ce pauvre public?

Il y a là-dessous un mélange de bêtise et de mauvaise foi. J'aurais tout pardonné devant une rétractation loyale; j'aurais même consenti à ce que tout le malentendu fût rejeté sur mon diable de style, dont je n'ai pas conscience, et qui produit, il faut le croire, un effet terrible, pour peu qu'on le prenne de biais. Mais à la calomnie on joint à cette heure la malveillance, le manque de franchise : c'est cela surtout qui m'exaspère.

Conservez-vous, chez ami, baignez-vous, prenez des forces, et ramenez-nous Mᵐᵉ Madier avec un visage de florissante jeunesse. On est allé hier, avant le reçu de votre lettre, savoir si vous étiez de retour; nous savons maintenant que vous ne revenez que dimanche.

Tout vôtre.

P.-J. PROUDHON.

P.-S. Je vous félicite de vos croissants succès, je m'en rapporte pour cela au jugement de Mᵐᵉ Madier.

J'ai très-envie, en répondant à Defré, de vous prier, vous et Bancel, de donner quelques conférences sur les *Propos* de Dumarsais. Il faudrait expliquer aux Belges que quand on dit, en français, qu'un homme a bu deux ou plusieurs bouteilles de vin, il est bien entendu qu'on parle du liquide; on ne veut pas dire qu'il a avalé le verre.

Mercredi, 17 septembre 1862.

A M. LEBÈGUE, DIRECTEUR DE L'*OFFICE DE PUBLICITÉ*

Mon cher directeur, les circonstances ne me permettent pas de vous donner cette semaine la réponse que j'ai promise à M. Defré. Ce sera pour votre prochain numéro. Voici ce qui m'arrive :

Hier soir, mardi, vers neuf heures et demie, un groupe d'hommes et de gamins, portant un drapeau et chantant la *Brabançonne*, est venu s'arrêter devant la maison que j'habite à Ixelles, et là s'est mis à crier, d'une façon significative : *Vive la Belgique! A bas les annexionistes!* Mais presque aussitôt ce rassemblement s'est dissipé, à l'apparition de deux sergents de ville, et la nuit s'est écoulée dans le plus grand calme. Je sais d'ailleurs que nombre d'individus se sont mis à ma recherche; j'ai même été accosté par quelques-uns, à qui vous pensez bien que je n'ai pas eu de peine à faire sentir leur méprise.

Mais je ne puis entreprendre de convertir ainsi une à une cinquante mille personnes, et il m'est impossible de travailler dans une alerte perpétuelle. Je ne doute pas non plus que le gouvernement belge, qui doit savoir à quoi s'en tenir sur mes opinions en général, et sur mes sentiments envers la Belgique en particulier, n'ait la force de me protéger, comme il en a certainement la volonté. Or, c'est justement pour éviter à l'autorité belge le déplaisir d'une intervention en faveur d'un étranger signalé comme un ennemi de la nation, que j'ai cru devoir ajourner ma réponse, et attendre un moment plus calme. Laissons s'apaiser cette animation, et puis comptez sur moi. Car, je le répète, j'ai droit à une satisfaction, et puisqu'elle m'est refusée, je me ferai, comme on dit, justice de mes propres mains.

Je vous serre la main.

P.-J. PROUDHON.

Paris, 18 septembre 1862.

A M. LEBÈGUE

Mon cher monsieur Lebègue, vous avez d'autre part la lettre dont l'insertion a été convenue entre MM. Brouvais, Imhaus et moi, dans l'*Office de publicité*.

Vous aurez à voir si vous devez dire de votre côté que ma réponse ne paraîtra pas dans l'*Office*, mais seulement en brochure. La chose me semble assez sérieuse pour mériter votre examen. Il est bien entendu que je n'entends pas que vous vous sacrifiiez pour moi. Je l'ai dit à ces messieurs. Vous ne pouvez pas non plus m'abandonner à la légère, ce qui serait presque reconnaître que vous vous rangez à l'opinion des malveillants, après avoir déclaré, si j'ai bonne mémoire, que vous avez publié mon article, parce que, suivant vous, il était utile à la nationalité belge.

Si donc vous croyez devoir renoncer à la publication de ma réponse dans l'*Office*, il faut que vos lecteurs sachent que vous *cédez malgré vous à la pression d'une population égarée*, et uniquement afin de ne pas vous mettre en conflit trop violent avec vos confrères. Dites que l'*Office de publicité* vise surtout à rester fidèle à son titre, que chez vous les opinions ont la faculté de se produire, que du reste vous n'êtes pas journal de parti, pas plus qu'annexioniste, que vous déplorez l'étrange usage qu'on vous oblige à faire de la liberté belge.

Tenez-moi au courant de ce qui arrivera; tâchez de me faire parvenir, par Borrani, les pièces les plus curieuses qui paraîtront; que je sois surtout informé du mouvement de la presse, et tout ira bien.

Je vous serre les mains, du Faubourg-Montmartre, 64. A vous.

P.-J. PROUDHON.

P.-S. — Je suis censé n'être pas même absent de Bruxelles. Envoyez-moi sous enveloppe la partie de l'*Office* qui m'intéresse.

Paris, 21 septembre 1862.

A M. FÉLIX DELHASSE

Cher ami, je ne veux pas rester plus longtemps sans vous répondre.

Je suis à Paris depuis mercredi, 17, au soir ; je ne savais pas la veille que je devais partir le lendemain, et j'ai profité du retour de plusieurs convives du banquet Hugo pour faire un tour dans mon pays.

Mardi et mercredi soir, il y a eu deux tentatives d'émeute à Ixelles, à mon intention. La première a été peu de chose ; des hommes, des gamins, portant drapeau et chantant la *Brabançonne*, sont venus devant mes fenêtres crier : *Vive la Belgique ! A bas les annexionistes !* Deux sergents de ville ont suffi pout dissiper cette bande, qui, après être venue deux fois à la charge, a fini par se retirer.

Le lendemain, après mon départ, une seconde tentative a eu lieu ; l'émotion était très-grande ; la rue du Conseil a dû être barrée aux deux extrémités ; toute la police sur pied, proclamation aux habitants, etc.

Dans cette situation, j'ai dû ajourner de nouveau ma réponse, et Lebègue s'est cru obligé de déclarer qu'il renonçait à ma collaboration. Je ne publierai pas mon troisième article.

La sottise n'est pas ici la seule cause de l'animation ; il y a de la malveillance, et sous cette malveillance, un plan.

Ce plan—vient-il d'en haut ou d'en bas?—consiste : 1º à ce que l'on n'est pas fâché de faire une démonstration de nationalité ; 2º en ce que mes articles sur Garibaldi tendaient à dévoiler la marche de l'intrigue anglo-belge, ayant pour but de forcer la main à Napoléon III, afin de lui arracher l'évacuation de Rome. Les loges maçonniques sont aussi dans le complot ; leur prétexte est la démolition du pouvoir temporel. Certes le gouvernement de Léopold n'aura garde de se commettre, en laissant apercevoir qu'il fait cause commune avec l'Angleterre ; mais la coïncidence des démonstrations de Bruxelles avec les meetings anglais en faveur de Garibaldi, me prouve du reste qu'en tout ceci la Belgique entraînée n'est plus neutre. Or, vous sentez combien je devenais gênant, surtout si j'allais publier un troisième article ; ce que d'ailleurs je suis résolu de faire. Rappelez-vous d'ailleurs les quelques mots de M. Rogier. Pourquoi diable, me disait-il, ne voulez-vous pas de l'unité italienne?... Que serait-il arrivé si ma réplique, se tirant à 20,000 exemplaires, était venue démontrer que l'on pousse la Belgique à une catastrophe, par les moyens mêmes qu'on emploie pour la sauver. Donc, il fallait du tapage, me faire déguerpir, quitte à ne pas me laisser assommer, et rejeter le fait sur un malentendu.

Pendant huit jours, officiers de la garnison, ouvriers, etc., m'ont traqué dans Ixelles, chez Carter, etc. Mon rôle de pacificateur, essayant d'arrêter la Belgique sur une pente funeste, devenait gênant. Defré lui-même, avec son infâme brochure, n'était qu'une marionnette.

Me voilà donc obligé de rentrer en France plus tôt que je ne l'eusse peut-être voulu, car vous sentez bien qu'après cette esclandre, après la satisfaction que je prétends obtenir ou prendre, la situation n'est plus pour moi tenable. Et voilà, cher ami, comment les peuples sont le jouet des intrigants, comment les caractères les plus énergiques, les volontés les plus fermes, les intelligences les plus sérieuses, deviennent de simples bilboquets aux mains des jongleurs de l'époque. Je sais bien que la réaction a déjà commencé à se faire en ma faveur; mais cela n'est rien. On accordera volontiers qu'il y a eu *quiproquo*; en attendant, le peuple belge, enfiévré, comme le nôtre, de garibaldisme, est tout à la dévotion de ses hommes d'État. Les carabiniers belges ne doutent pas qu'ils n'aient facilement raison de nos zouaves, etc. Enfin, on a obtenu ce que l'on voulait : les esprits sont montés, la population belge est à la guerre. Croyez-vous, cher ami, que j'en veuille le moins du monde à vos concitoyens? Ce que je vous écris vous prouve que ce sentiment est bien loin de ma pensée. J'essaierai une dernière fois d'éclairer mes lecteurs belges, tout en me taisant sur leur gouvernement, mais en frappant sans pitié sur les journaux. Pauvre peuple! le plus calme de la terre, le plus aisé à gouverner, et que l'on fanatise, dont on use d'avance l'énergie avec ces agitations ridicules. On vous mènera loin avec ce système !

Je prépare lentement ma réponse, car j'ignore encore si je trouverai à Bruxelles un éditeur, puisque Lebègue me renvoie aux calendes grecques. On ne conçoit rien en France à cette aventure, que l'on met simplement sur le compte de la sottise belge. Mais déjà la réaction commence à se faire contre l'unité italienne, et je vous avoue que je ne voudrais pas que l'on crût ici à cette connivence du gouvernement belge. Je ne veux accuser que les meneurs et tâcher d'indiquer une voie de sagesse à notre bourgeoisie, en même temps que je la disculperai aux yeux de ma nation. La belle chose, n'est-ce pas, que de fomenter la haine du Belge contre le Gaulois !

Au reste, je compte bien retourner à Bruxelles, sous huit à dix jours, afin d'opérer mon déménagement. Nous causerons de tout cela à loisir, et je ne doute pas que vous soyez, jusqu'à la fin, content de moi. La Belgique tout entière, un jour, me rendra elle-même justice.

Soignez-vous, ne vous laissez plus aller à l'irritation; songez, cher ami, à ce que nous avons dit tant de fois, que le vieux monde s'en va et que les convulsions ne font que se dessiner. Il est à croire que nous en verrons bien d'autres.

Mes respects à ces dames et mes meilleurs sentiments à tous les amis qui vous paraîtront n'avoir pas douté de moi.

Je suis, pour cinq ou six jours encore, *Hôtel de la Paix*, 64, rue du Faubourg-Montmartre, à Paris. Plus tard, je compte visiter la Franche-Comté; écrivez-moi alors chez R***, rue *Fontaine Saint-Georges*, 9.

Adieu, cher ami, je vous parlerai une autre fois de mes appréciations et de mes projets.

Je vous serre la main.

P.-J. PROUDHON.

Paris, 21 septembre 1862.

A M. ALFRED MADIER-MONTJAU

Mon cher ami, vous aurez appris, en rentrant à Bruxelles, l'histoire de mon départ de Belgique et les causes qui l'ont amené. Je suis un des rares Français qui repoussent, par principe de droit et raison politique, l'annexion de la Belgique à la France; et, pour cette opinion exprimée à ma manière, je suis expulsé du territoire belge, non plus cette fois par une ordonnance de la police, mais par la clameur du haro des soi-disant libéraux et patriotes.

Actuellement, j'ai à vous parler d'autre chose.

Vous allez assister au Congrès où je me proposais de me trouver à côté de vous. Sans tous les tracas de la semaine précédente, j'avais eu l'idée, que je vous lègue, de faire un très-petit speech disant en substance :

Que pendant trente ans, de 1820 à 1850, le socialisme avait attiré sur lui tous les anathèmes, toutes les excommunications, toutes les foudres de la raison publique.

Que, de 1840 à 1848, une polémique acharnée avait été faite contre lui ;

Qu'après février, il était devenu à la fois un objet de terreur et de ridicule ;

Qu'en juin, une grande bataille lui avait été livrée, bataille d'autant plus malheureuse qu'il avait combattu avec des faux frères (les bonapartistes) ;

Qu'enfin, un coup d'État sanglant, suivi d'une réaction formidable et de la suspension de toutes les libertés publiques, l'avait, pour ainsi dire, refoulé dans la nuit ;

Et qu'aujourd'hui, à Bruxelles, en 1862, il revenait à la lumière, il sortait de son tombeau, plus fort, plus vigoureux que jamais, sous le patronage d'un congrès européen et sous le titre très-peu équivoque de SCIENCE SOCIALE.

Qui a mis ce nom de *science sociale* en circulation ? Qui a eu l'idée de la chose ? Qui a mis en avant les premières *hypothèses ?*

Je finirai en disant que, puisque le monde honnête, modéré, savant, non utopiste, etc., prend la science sociale en main, nous n'avons plus à faire, nous socialistes, qu'à prendre acte de cette réparation et d'écouter religieusement.

Chaudey, R***, etc., entrent dans ma chambre et vous souhaitent le bonjour.

Tout vôtre.

P.-J. PROUDHON.

Paris, 26 septembre 1862.

A M. ALFRED MADIER-MONTJAU

Mon cher Madier, j'ai quitté Bruxelles, parce que, jugeant èn présence de ce qui se passait qu'il se cachait là-dessous une intrigue, j'ai voulu *attendre*, et qu'en attendant je n'avais rien de mieux à faire qu'à m'aller promener. Je savais bien que le gouvernement belge n'avait pas l'envie de me laisser assommer.

Maintenant, tout va bien. L'*Office de publicité*, sur le conseil d'H***, me désavoue et vient de me refuser ses colonnes; je publierai donc à Paris mon *troisième article*. Vous y trouverez tout ce que vous pouvez souhaiter; mieux, plus complet que je n'eusse fait à Bruxelles, mais peut-être moins emporté et moins véhément.

Je sais sur quel terrain je marche, à cette heure, et je ne faisais que le soupçonner là-bas. Ne vous impatientez point, l'occasion n'est pas envolée. Je répondrai à tout, et je ferai voir au bon peuple belge, à l'honnête bourgeoisie belge, des choses qui lui donneront à réfléchir.

Quant à ma rentrée en France, vous savez qu'elle était résolue et que je ne m'arrêtais qu'à cause de l'ennui que cause un déménagement. Pour le 15 octobre, j'espère être installé à Passy et avoir repris mes occupations.

J'ai trouvé la situation ici dix fois pire qu'on ne me l'avait faite. La défection est partout, la démocratie est en plein désarroi, le ralliement marche et l'immoralité monte comme le flux. On peut se croire à un prélude de la fin du monde. C'est justement pour cela que je rentre ; j'ai fait le diagnostic, je crois avoir le remède. La France est bien bas, je vous assure, mais l'Europe le sait, et rien ne se peut produire qu'au sein même de cette Babylone.

Le gouvernement lui-même ne sait quel langage tenir, quelle politique professer, quel principe avouer. Mais il ne s'agit pas de le vaincre ; il ne fait que ce qui lui plaît : il s'agit de remettre sur pied la raison du peuple français, la conscience de notre pays, et d'allumer un phare dans ces ténèbres jésuitiques, doctrinaires, bancocrates et militaristes. Voilà toute mon ambition. Je laisse à d'autres le soin de balayer l'écurie.

Vous voyez que déjà je ne songe plus à la Belgique : un incident de ma carrière. Mais attendez huit jours, et quand vous m'aurez lu, vous pourrez vous poser hardiment, avec moi, en véritable ami du peuple belge, et tenir en bride toute cette racaille.

Je vous serre la main, et vous prie de saluer de ma part Mᵐᵉ Madier, que je charge mes filles d'aller embrasser.

Tout vôtre.

P.-J. PROUDHON.

Paris, 2 octobre 1862.

A M. MADIER-MONTJAU

Cher ami, il est dur, pour un esprit aussi orgueil-
leux que le mien, d'avoir à retirer ou expliquer ses
paroles ; mais enfin je m'exécute. Je ne sais plus ce
que je vous ai écrit, mais je comprends à votre lettre,
que m'a remise tantôt Mme C***, que si vous avez le
premier porté sur moi un jugement téméraire, je me
suis rendu coupable à mon tour envers vous de paroles
inconsidérées. J'ignore ce que vous voulez dire avec
vos *tréteaux*. Peut-être est-ce une allusion que j'ai faite
à nos fameux clubs de 48. Pour vous, c'était *tribune*
qu'il eût fallu dire ; pour la racaille qui nous écoutait,
tréteaux était encore trop noble.

Puisque nous voilà en train, vidons notre sac. Il y
a dans votre lettre un mot qui me peine fort. Vous
m'annoncez que Mme Madier se propose de me dire que
*j'enseigne mal les femmes, qui ne veulent être que ména-
nagères, à respecter leurs maris.* Je n'ai pas pu deviner
ce que cela signifie. S'agit-il de quelque nouveau
manquement de ma part ? Je baisse l'oreille, je subis
la correction sans honte, certain que la main de
Mme Madier est pleine de charité et d'indulgence,

comme son esprit de raison. Avez-vous voulu parler
de ma femme, la pauvre ménagère ? Aurait-elle manqué, en mon absence, à ce qu'elle doit à son mari ?....
Ceci me pénètre jusqu'à l'âme. De grâce, cher ami, ne
m'envoyez plus de ces énigmes qui m'agitent comme
un damné, ou je serais capable de vous retourner votre
lettre. Je me garderai de rien marquer de ceci à ma
femme. Toute pécheresse qu'elle est, elle serait capable
de vous aller trouver, et de vous demander une explication. Encore une fois, parlez clair, lorsque vous
m'écrirez : l'obscurité me brûle.

Maintenant que je suis confessé, amendé, et j'espère
absous, parlons affaires sérieuses :

Je respecte sincèrement votre répugnance à rentrer
en France ; je vais jusqu'à penser que vous faites bien,
mais accordez-moi que je puis avoir des raisons d'en
user autrement que vous ; et, puisque je me suis
réservé lors de mon amnistie particulière cette faculté,
que le moment est venu pour moi de rentrer. Croyez,
en tous cas, que si je me trompe, c'est de bonne foi ;
car, comme je ne sépare pas mes amis de mes projets,
j'ai déjà trouvé votre mission et votre rôle pour le jour
où, à votre tour, vous reviendrez servir votre pays et
la Révolution.

Je réfléchis profondément sur la situation actuelle ;
j'observe hommes et choses, et plus j'avance, plus je
me confirme dans mes sentiments. De quelque manière
que la chose arrive, par une catastrophe ou une tran-
saction, l'ordre de choses fondé en 1852 approche de
sa fin. Dans trois ans, dans cinq au plus, le mouvement en avant recommencera. Or, savez-vous quelle
sera votre place dans ce mouvement, ou votre fonction,
pour mieux dire ? Ce sera une fonction d'instituteur de

droit; on aurait dit, il y a dix-huit cents ans, une fonction d'apôtre !

Oui, cher ami, la *religion du droit* est en train de se former ; bientôt elle germera, et rien ne pourra lui résister. Ce dont elle aura besoin, ce sera de missionnaires. Il y a là pour vous un avenir immense, et que je vous prie d'envisager sérieusement. Continuez vos leçons de littérature, en vous inspirant toujours de l'idée de justice : c'est une préparation excellente. En France, il ne s'agira plus pour vous de littérature, si ce n'est par forme d'excursion, de digression ou d'incident ; il s'agira de la justice même, dans toutes ses grandes applications politiques, économiques, littéraires, esthétiques ; de la justice, considérée non plus seulement comme idée ou notion de l'entendement, mais comme passion, comme religion.

Notre pauvre société se meurt ; la misère serpente, se glisse, étreint tous les cœurs ; la tristesse marche à la suite, avec le désespoir et le crime. Accoutumez-vous à l'idée que l'Empire, la dynastie, etc., ne sont plus que chose secondaire, un accident au milieu d'une crise de transformation épouvantable. En vous pénétrant de ce principe, vous retrouverez un calme dont vous ne jouissez plus depuis longtemps; sans cesser de mépriser et de haïr ce qui doit être méprisé et haï, vous jugerez mieux la profondeur du mal et l'immensité de l'œuvre à accomplir. Vous êtes prédestiné, vous dis-je, à cet apostolat d'un nouveau genre. Vous avez la véhémence, la vigueur, le zèle, l'élocution, tout ce qu'il faut. Ce n'est plus ici l'éloquence de Bossuet, de Massillon, de Mirabeau, etc., c'est quelque chose de plus fort que tout cela, plus fort que Rousseau et Pascal, plus fort que le Portique et le Forum....

Je vais plus que jamais me plonger dans la recherche des principes, puisque rien autre ne serait permis.
Je vais tâcher de former un premier groupe ou noyau
d'hommes libres, le reste ira tout seul. Pour ne pas
perdre de temps, j'ai décidé que la réimpression de
mes deux lettres sur Mazzini et Garibaldi, suivies d'une
troisième beaucoup plus longue, sur la même question, et servant de réponse aux Belges, servirait de
début au mouvement de réforme que je veux inaugurer.
Vous recevrez cela fin de la semaine prochaine. J'ai un
peu négligé les D*** et consorts : écrivant pour Paris,
ces intrigants ne pouvaient plus tenir une si grande
place dans mes préoccupations et mes colères.

Suivez-moi de loin en loin, cher ami ; je vous le
demande, non pour la satisfaction de ma vanité d'auteur, mais parce que chaque mouvement que vous me
verrez faire répondra à un fait de situation. LES TEMPS
APPROCHENT ; tenez-vous cela pour dit. La société est
au plus bas : elle ne saurait descendre davantage sans
s'en aller par lambeaux. Le pouvoir est décidé à se
montrer impitoyable ; aussi personne ne songe à l'attaquer. L'ouvrier et le bourgeois sont démoralisés ; le
sabre est maître, maître, maître ! Et c'est pour cela que
je vois la déconfiture prochaine.

On reparle des élections dans un délai rapproché ;
elles se feront *ex abrupto ;* un nouveau triomphe pour
l'Empire est assuré ; espérons que ce crève-cœur sera
le dernier. La démocratie est si bête !...

Mme C*** m'a dit tantôt qu'elle avait vu votre père
ce matin ; qu'il avait parlé beaucoup de moi, disant
qu'il était fort content de ma ligne de conduite : si bien
que je n'ai pu m'empêcher de dire intérieurement
qu'il était plus sage que vous. Mais cette pensée d'orgueil

pour moi, de mésestime pour vous, a expiré sur mes lèvres ; je ne sais pas d'ailleurs ce qui en moi a pu rendre votre père si joyeux. On n'a rien compris à ses discours.

Je vous serre la main, cher ami, et je m'humilie devant Mme Madier. Souvenez-vous seulement que j'ai décidé de faire de vous un Bridaine révolutionnaire.

Tout vôtre.

P.-J. PROUDHON.

Paris, mercredi, 15 octobre 1862.

A M. DENTU

Cher monsieur, je sors de l'imprimerie, où j'ai achevé
la révision de ma dernière épreuve. Je crois avoir corrigé à votre satisfaction tous les passages dangereux ;
le prote de M. Tinterlin m'en a du moins donné l'assurance.

A présent, j'éprouve le besoin d'aller chercher mon
ménage, et mon intention est de partir demain jeudi
par le train de neuf heures du matin.

Si vous avez besoin de ma présence pour quelque
remaniement, soyez assez bon pour me faire avertir
sur-le-champ, rue du Faubourg-Montmartre, 64 : je
retarderai mon départ.

J'ai fait la même recommandation à M. Tinterlin.

Maintenant que mon œuvre de rédaction est terminée, oserais-je vous adresser une prière :

M. Hetzel a l'habitude, ainsi qu'autrefois MM. Garnier, de me remettre 60 *exemplaires* de chacun de mes
ouvrages. Ces exemplaires sont destinés, presque tous,
à des gens qui n'achèteraient pas ce livre.

Si vous ne trouvez pas ma demande exorbitante,
ayez l'obligeance de partager ces 60 exemplaires en

deux paquets : l'un, de 35 exemplaires, pour M. R***, rue Montholon, 37; l'autre pour moi, à l'adresse de M. Bouvet, *Office de publicité*, à Bruxelles, à qui, je suppose, vous enverrez une pacotille.

Je vous demande pardon de mon écriture, il m'est impossible de tenir une plume d'acier.

Je vous salue sincèrement.

P.-J. PROUDHON.

Paris, 24 octobre 1862.

A Mlle FÉLICIE DELHASSE

Vous me demandez un souvenir, mademoiselle, souvenir que vous avez tout droit d'exiger et que je suis fier que vous me demandiez. Comment se fait-il cependant que ce mot de souvenir, si gracieux dans votre bouche, n'éveille en mon âme que des pensées de mélancolie?

Ah! c'est que vous, mademoiselle, qui êtes tout sentiment, toute charité, tout dévouement, vous n'avez pas besoin d'un aide-mémoire pour vous rappeler ceux que vous avez honorés de votre amitié, c'est que la tendresse de votre cœur est comme la vérité et comme la justice, éternelle.

Tandis que moi, pauvre penseur! pauvre polémiste! être livré à toutes les distractions d'une vie guerroyante et pleine de contradictions!..

L'homme est ordinairement oublieux, même des objets qu'il aime le mieux et qu'il estime le plus, c'est pour cela qu'il est obligé de recourir à des signes, à des inscriptions, à des monuments!

On a attribué l'invention de l'écriture tantôt à l'amour, tantôt à l'intérêt. On serait peut-être plus dans

la vérité si l'on disait que le premier qui s'avisa de
coucher sa pensée par écrit et de prendre vis-à-vis de
lui-même et des autres cette espèce d'engagement, fut
un philosophe surchargé de ses pensées et dont l'entendement, percé comme un crible, perdait autant qu'il
acquérait. Souviens-toi, se disait-il, et il écrivait. —
L'amoureux vient ensuite ; qu'est-ce que la cérémonie
des fiançailles, sinon une promesse de se souvenir ? —
Le spéculateur s'empara à son tour du merveilleux
talisman, et sa mémoire devint plus âpre encore que sa
cupidité.

A travers les agitations d'une existence absorbée par
la politique, d'une vie en dehors, où toutes les affections sont mises au rang des choses secondaires, puis-
je promettre à qui que ce soit de me souvenir !... Hélas !
mademoiselle, il m'est arrivé depuis mon mariage,
d'oublier, ou plutôt de ne pas retrouver sur-le-champ le
nom de ma femme, de mes filles, que j'aime de tout
mon cœur cependant. Jugez de ce qui arriverait si
j'avais le malheur de les perdre !... Ceux que j'aime,
j'ai donc pris le parti, pour les avoir toujours présents
à ma pensée, de les aimer dans ma propre pensée, dans
mes aspirations politiques, dans mes rêves de réforme.
C'est ainsi que j'aime M. Delhasse votre père, pardonnez-moi ce triste aveu, mademoiselle, et que je
réponds à coup sûr de ne l'oublier jamais. C'est ainsi,
par conséquent, que j'aime à son tour votre digne
mère, et votre aimable sœur, et vous-même, et cet
oncle que j'ai pleuré avec vous, et que je garderai à
toujours le souvenir de tant de personnes si chères.
Sans doute il vaudrait mieux n'avoir pas besoin de tout
cet effort pour aimer et se souvenir : c'est le privilége
des âmes calmes, égales, tendres et pures que les oura-

gans de la vie extérieure ne troublent pas. Pour les autres, au nombre desquelles je suis forcé de me ranger, je réclame l'indulgence. Si le pécheur qui s'humilie est pardonné d'avance et assuré de son salut, pourquoi l'infortuné qui se méfie de sa mémoire serait-il traité d'ingrat? C'est à ce titre, mademoiselle, que je réclame votre amitié; vous promettant, par la présente, de me souvenir par le cœur alors même que par l'intelligence je ne me souviendrai plus, ce que du reste en ce moment tout me défend de supposer et de prévoir. Nous ne serons jamais si éloignés l'un de l'autre qu'un mot expédié par la poste ne vienne me rafraîchir la mémoire, et M. Delhasse m'a promis de me compter désormais au nombre de ses correspondants; qu'il vienne me secouer de temps en temps; qu'il me donne une ou deux fois l'an signe de vie; qu'il daigne me faire part de tout ce qui peut vous arriver d'heureux; qu'il fasse plus encore, qu'il entre parfois dans mes préoccupations ardentes, dans mes travaux et mes lettres, et j'ose vous garantir de n'oublier jamais.

Écrire son nom dans un *album*, cela signifie presque toujours pour l'écrivain, qu'à dater de ce moment il ne se soucie plus du propriétaire et qu'il l'oublie. Pour moi, au contraire, mademoiselle, je veux que d'aujourd'hui datent mes meilleurs sentiments pour vous; ce n'est pas un *adieu* que j'écris sur cette page, c'est un bonjour. Vous, si bonne, venez en aide à ma mémoire, et vous verrez si je suis fidèle.

Que je vous serre donc une dernière fois les mains avec toute l'effusion dont je suis capable.

P.-J. PROUDHON.

Passy, Grande-Rue, 10, 30 octobre 1862.

A M. FÉLIX DELHASSE

Cher ami, je vous écris dans tout le désordre d'un aménagement; Catherine malade, après sa sœur, la mère épuisée, et moi, dans une égale impuissance d'aider au rétablissement de l'ordre et de travailler. Mais nous finirons par nous arranger, et je crois que j'aurai à Passy l'intelligence tout aussi bien disposée qu'à Ixelles.

La publication de ma brochure à Paris n'a guère produit moins d'émotion en France que mon article sur Garibaldi n'avait fait en Belgique. La presse soi-disant libérale me *tombe dessus* en masse; le mot d'ordre a été donné, m'assure-t-on, de l'ambassade turinoïse. En revanche, il y a jubilation chez leurs confrères du journalisme dynastique et clérical; très-peu de gens se résignent à me prendre selon le sens très-clair de mes propositions et seulement pour ce que je suis. Je suis bien décidé à faire une courte réplique, ce qui ne sera pas difficile; mais auparavent je tiens à opérer une petite reconnaissance des hommes et des choses. Je crois que je vais dévoiler une immense intrigue qui, sous prétexte d'unité italienne, s'apprête, de compte à demi avec le ministère piémontais, à mettre en coupe réglée peuples et pays. En un mot, la soi-disant unité italienne n'est autre chose qu'une *affaire* à millions et milliards, organisée par les intrigants affamés de la Péninsule et les prétendus libéraux du crédit mobilier, etc., etc. C'est ainsi qu'on dupe les peuples avec des mots et des apparences ; il n'y a que notre siècle pour inventer de pareilles machines. Mais patience, il existe maintenant à Paris un homme décidé à tout dire, et qui, du premier coup, a divisé l'opinion et la démocratie. Croyez que je ne m'arrêterai pas en si beau chemin.

Pendant que je vais aux renseignements et que je forme mon dossier, n'aurez-vous, cher ami, rien à me communiquer? Je vous attends avec impatience. Envoyez-moi tout ce qui vous parviendra, joignez-y vos propres observations, vos impressions; songez que je vais tirer maintenant en cause M. Frère-Orban et faire danser en vis-à-vis la presse libérale belge et la presse libérale française. Ne me laissez rien ignorer ; il faut que ma réplique porte coup partout.

Aujourd'hui, je vais commencer le dépouillement de mon dossier ; demain je prendrai quelques notes et arrêterai mon plan ; samedi 1er novembre, je dîne avec un de nos bons amis, M. Verdeau, en tête-à-tête, ce qui veut dire que je vais avoir une foule de confidences à recueillir. Dimanche, si je puis, je vais me mettre au travail et préparer une brochure de 36 pages. On m'injurie, on m'agonise, on me plaisante, mais j'ai le beau rôle et je suis dans le vrai ; je ne serai pas vaincu.

En attendant, vos journalistes doivent être dans la joie de me voir maltraiter par la presse française; quelle bonne aubaine pour eux ! me citeront-ils, comme ils vont citer sans doute mes adversaires. Vous surveillerez tout cela.

Permettez-moi, cher ami, de vous charger de quelques petites commissions pour ma femme :

1º Examen fait avec toute la diligence possible, nous nous trouvons redevoir au successeur de Nadoun, photographe, Montagne-de-la-Cour, la somme de un franc, que ma femme n'a pas eu le temps de porter, comme elle s'était proposé de le faire. C'est la seule dette que nous ayons laissée à Bruxelles. Serez-vous assez bon, cher ami, pour payer ce franc dont vous nous débiterez jusqu'à prochaine occasion;

2º Inclus un billet pour le marchand de meubles de la rue de Louvain, 5, qui a vendu le lit à ma femme, et lui a promis deux coulisseaux, que nous n'avons pas eu le temps de prendre chez lui. C'est une chose due. Vous nous apporterez ce petit objet, très-peu embarrassant et très-peu lourd, à votre premier voyage.

Je ne vous écris aujourd'hui rien qui vaille. Je n'ai pas la main sûre, et mon esprit est troublé; le tracas où je suis depuis près de deux mois en est cause. Mais laissez-moi retrouver le calme du corps et de l'esprit, et je vous dirai de quelle manière j'apprécie la situation générale. Je me réjouis d'avance, en entretenant une petite correspondance avec vous, de contribuer pour un peu à vous faire participer, au moins indirectement, à l'action politique que je me propose incessamment d'engager.

Mes salutations les plus affectueuses, s'il vous plaît, à Mme Delhasse et à ces demoiselles.

Tout vôtre.

P.-J. PROUDHON.

Passy, 31 octobre 1862.

A M. GUSTAVE CHAUDEY

Cher ami, j'ai quitté Paris précipitamment, le 16, sans dire adieu à personne, laissant mes épreuves entre les mains de Dentu qui devait m'écrire s'il lui restait quelques scrupules. Rien n'étant venu, on a passé au tirage sans autre forme de procès.

A Bruxelles, j'ai procédé de suite à mon déménagement, et j'ai assisté pendant dix jours à l'effet de ma dernière publication, qui n'a pas manqué de soulever de nouvelles clameurs. J'ai même pu juger que si la réaction était puissante en ma faveur, l'animation était loin d'être calmée. — On m'annonce de nouvelles réponses des Boniface et consorts : l'ami Delhasse est chargé de recueillir tous les imprimés, tous les *on dit*, enfin tout ce qui peut intéresser la question.

Entre temps, on convient généralement que j'ai touché juste dans ma note sur la presse belge, et que la question sur l'unité italienne est tuée en Belgique.

Je suis arrivé à Paris avec mes deux filles malades, ma femme éreintée, et moi écervelé, le 25 au soir; nous avons passé quatre jours à l'hôtel de Saxe, boulevard

Magenta, plus occupés de médication que d'affaires; enfin, nous avons emménagé à Passy, le 27 au soir, le mobilier, et nous y avons couché tous le 28. Je vous écris entre le menuisier et le poêlier-fumiste, sans livres, sans papiers, dans un chaos absolu.

Mais les amis veillent, recueillent les appréciations des journaux, vont aux renseignements, et je vous annonce une dernière brochure sur l'unité italienne qui dévoilera peut-être le mystère et mettra fin à cette longue intrigue, en France aussi bien qu'en Belgique, et peut-être en Italie. Depuis quatre jours j'ai apprécié sous un nouveau point de vue la situation; et les niaiseries des journaux à mon endroit m'ont fait comprendre que ce qui les occupe n'est ni la République, ni la liberté, ni la nationalité, ni le droit des gens : C'EST AUTRE CHOSE.

À cette occasion, je me propose, sans laisser entrevoir le but où je tends et sans dire ma pensée secrète, de toucher un mot des élections prochaines, seulement pour avertir MM. du *Siècle*, de la *Presse* et de l'*Opinion*, qu'ils rencontreront en moi un adversaire de leur politique et de leurs candidatures.

J'ai passé le bout de mon fil, l'aiguillée sera longue, et comme, malgré mes explications assez claires, je conserve une certaine faveur, j'en profiterai pour introduire toute ma marchandise et exterminer de mon mieux les faux frères. Maintenant, cher ami, aidez-moi, assistez-moi, rectifiez-moi, marchons droit : le triomphe des principes me paraît assuré, qu'importe que moi-même je me trompe en quelques points ? Ma force n'est ni dans mon talent, si j'en ai un, ni dans mon infaillibilité, ni dans ma vertu. Elle est dans le droit et la vérité, que je poursuis quand même, envers et contre tous, et que je forcerai de se produire, quels qu'ils puissent être.

Bonjour donc, et mille amitiés à vous, à l'excellente Mme Chaudey, que je n'avais jamais eu occasion de si bien voir, et que j'aime de tout mon cœur.

Donnez-moi une fois pour toutes vos heures, afin que je me règle là-dessus quand j'irai à Paris, et que je ne vous manque pas.

Je vous serre la main.

P.-J. PROUDHON.

P.-S. R*** a dû vous porter ma brochure : il m'a dit ne vous avoir point rencontré.

Savez-vous que j'ai trouvé un défenseur aussi intelligent qu'énergique en Despois, qui a traité de *crétins* tous les républicains de la réunion Delaître, l'avant-dernier dimanche ?

Encore un coup de collier, un coup de dent, un coup de corne, un coup de sabot, un coup de langue, et nous sommes débarrassés de cette sotte intrigue italienne.

Nous recommençons tout à nouveau avec le *Droit* et la *Science*.

Passy, 2 novembre 1862.

A M. MILLIET

Mon cher et ancien confrère, j'ai reçu vos deux lettres, la première en date déjà de plusieurs mois ; la seconde du 29 octobre, et qui m'est parvenue par les soins de M. Dentu.

J'avais mis de côté la première afin d'y répondre convenablement tant sur les choses de famille, sur lesquelles il est inutile de dire que nous sommes complétement d'accord, que sur le fond de mes idées, que vous ne connaissez que d'une manière tout à fait erronnée et imparfaite. Ce qui vient de m'arriver vous prouve que l'agitation de ma vie est loin encore de se calmer, et me servira auprès de vous d'excuse de mon trop long retard. J'arrive donc tout de suite à votre dernière.

Je vois à vos félicitations que ma dernière brochure sur l'unité italienne a été pour vous un fait inattendu ; accoutumé que vous êtes à la pratique conservatrice, et, par suite, à rencontrer sur votre chemin la *fantasia* démocratique, vous étiez loin de penser qu'un homme placé aux extrêmes confins de la pensée révolutionnaire allât tout à coup se déclarer contre l'idée de Mazzini et la politique du *Siècle*, de la *Presse* et autres. Vous eussiez été d'une toute autre opinion sur mon compte si, depuis vingt ans, vous aviez suivi le développement de mes idées; si vous en aviez saisi l'ensemble et le lien. En dehors des questions politiques, stratégiques et religieuses qui défendent à l'empereur des Français de se rendre au désir des Italiens, il y a pour moi des considérations d'Économie politique, de droit international, de progrès et de liberté dont notre ignorante démocratie ne se doute pas, et qui, depuis vingt-cinq ans, font l'objet de mes études.

Voilà pour la question actuelle. Il en est ainsi de toutes les autres; et vous serez quelque jour fort étonné d'apprendre, après ce que vous avez entendu dire et supposé vous-même de mes opinions, que je suis un des plus grands faiseurs d'ordre, un des progressistes les plus modérés, un des réformateurs les moins utopistes et les plus pratiques qui existent. Tout le mystère de mes publications consiste en ce que, selon moi, si nous voulons nous avancer dans la science des choses sociales, nous ne devons reculer devant aucune des conclusions de la critique, quelque part qu'elle nous fasse aboutir ; c'est que, si une moitié de la vérité nous épouvante parfois, la vérité tout entière nous rassure et nous charme. Pour ne vous citer qu'un exemple de cette méthode, je vous ferai remarquer en passant que si, en 1840, j'ai débuté par l'*anarchie*, conclusion de ma critique de l'idée gouvernementale, c'est que je devais finir par la *fédération*, base nécessaire du droit des gens européen, et, plus tard, de l'organisation de tous les États. Sur tout cela il est aisé de voir que la *logique*, le *droit* et la *liberté* dominent; en sorte que l'ordre public reposant directement sur la liberté et la conscience du citoyen, l'*anarchie*,

l'absence de toute contrainte, de toute police, autorité, magistrature, réglementation, etc., se trouve être le corrélatif de la plus haute vertu sociale, et, partant, l'idéal du gouvernement humain. Nous n'en sommes pas là, sans doute, et il se passera des siècles avant que cet idéal soit atteint; mais notre LOI est de marcher dans cette direction, de nous approcher sans cesse du but; et c'est ainsi, encore une fois, que je soutiens le principe de fédération. On reproche à ma pensée de coïncider avec celle de l'Empire et de l'épiscopat; mais cette coïncidence est toute matérielle, toute de circonstance; du reste, loin de m'en plaindre, je m'en félicite. Je n'ai pas l'hypocrisie de frapper des gens qui, guidés par des principes diamétralement opposés aux miens, se rencontrent accidentellement sur mon terrain. Je trouve de meilleur goût, d'une conduite plus sage, d'une politique plus saine, de leur tendre une main hospita-
-lière.

Dans quelques jours, vous lirez la réponse que je prépare aux *criailleries* des journaux, comme vous dites, et que Dentu est venu m'exhorter à faire. Vous y verrez que le tapage de l'opinion soi-disant démocratique ne m'émeut pas plus aujourd'hui qu'en 1848. Je sais où je vais, tandis que mes malheureux coreligionnaires ne se doutent de rien. Qui dit démocratie dit coterie et intrigue; cela est vrai dans tous les temps, aujourd'hui plus que jamais. Rompre ces coteries, démasquer ces intrigues, est le plus pénible de la tâche d'un sincère démocrate.

Je vous écris dans le désarroi d'un déménagement; mes deux filles, l'une de douze, l'autre de neuf ans, malades; leur mère épuisée et moi écervelé. Point de livres, mes papiers empilés dans des malles; je mange sur un tabouret; j'ai, à droite, le poêlier-fumiste, et à gauche le menuisier. Voilà un mois que dure ce déménagement. Il y a de quoi ahurir un plus robuste que moi.

Je n'ai pas plus oublié que vous, mon cher et ancien collègue, notre vie d'atelier d'il y a trente-deux et même trente-cinq ans; et quand je me reporte à cette date éloignée, je ne puis m'empêcher de penser que si les ferments de notre dissolution actuelle existaient déjà, du moins la contagion était loin d'avoir fait de tels ravages, et que la génération d'alors était meilleure que celle d'aujourd'hui. On vivait plus simplement, plus moralement ; il y avait moins de spéculation ambitieuse et de parasitisme; au total, l'existence était plus facile, plus saine et meilleure. Avec *cent francs* par mois, que je finis par obtenir en 1834, je mettais l'aisance dans ma famille, tandis qu'aujourd'hui il me faut trois et et quatre fois autant !... Comment ne pas regretter une époque et des mœurs si confortables ? Si tout ne me démontrait que la société est entrée dans une crise de régénération, qui sera longue et peut-être terrible, je croirais à l'irrévocable décadence et à la fin prochaine de la civilisation. Mais nous en sortirons, il faut le croire, précisément parce que nos contemporains sont plus dissolus et moins intelligents que nous n'étions. Le mouvement de l'histoire s'accomplit par oscillations dont il dépend de nous d'abréger l'amplitude. Travaillons donc à nous rendre meilleurs, à penser juste; cherchons la frugalité et fuyons la paresse. Avec cela, nous abrégerons l'épreuve et nous renaîtrons supérieurs à nos pères.

Je vous écris, cher monsieur Milliet, mon ancien prote, en toute camaraderie et abandon de cœur. Trai-

tez-moi de même, et ne laissez pas tomber dans la *copie*
de votre journal des confidences amicales qui ne cherchent pas la publicité. De la publicité, j'en suis saoûl ;
ce dont j'ai besoin, c'est des joies fortifiantes de l'intimité. Une autre fois nous parlerons journalisme et
politique ; pour aujourd'hui, je ne veux que vous serrer
la main.

A vous de cœur.

P.-J. PROUDHON.

Passy, 4 novembre 1862.

A M. LE DOCTEUR CRETIN

Cher docteur, je suis vraiment désespéré de ne pas me trouver à la maison chaque fois que vous y venez. Hier, je courais après mes caisses de livres; parti dès huit heures du matin, je ne suis rentré que vers midi. Aujourd'hui, comme j'attendais le camionneur, et que je me trouve sans argent, faute d'avoir opéré l'encaissement d'un billet sur Hetzel, je suis sorti pour prendre 100 francs. chez mon voisin et compatriote Antoine Gauthier, que vous connaissez. J'ai trouvé chez lui Mme Gauthier, attaquée de palpitations violentes; on attendait le docteur Clavel: Tout cela m'a un peu retardé, et c'est ce qui fait que je ne vous ai pas vu.

Mais patience! nous nous relèverons, et une fois à la besogne, je ne sors plus. J'ai un grand besoin de travailler; je crois sentir que je vais mieux et que le climat de Passy exerce déjà sur moi une heureuse influence. Une fois mon temps, ma vie, ma santé régularisés, nous ferons de bonnes causeries; et quand vos courses ne vous amèneront pas à Passy, j'irai vous chercher rue de La Rochefoucauld.

Quand verrons-nous votre père ?

Je n'attends plus qu'un article des *Débats* qu'a promis de m'envoyer papa Beslay. J'ai des renseignements intéressants sur la Belgique; toute la presse flamande a épousé ma cause; il n'y a plus que les *Wallons*, et encore pas tous, qui m'attaquent. N'est-il pas singulier que ce soient les Belges de race française ou gauloise qui se montrent dans cette circonstance les plus sots, et les gros Flamands les plus intelligents? Il est vrai que les Wallons sont menés par le ministre FRÈRE, à qui je réserve une petite antienne de ma façon.

Ainsi j'ai partagé la Belgique et plus que partagé; les Flamands étant aux Wallons comme 2 à 1. — Je n'ai pas la même chance dans la démocratie française; mais je n'en suis pas moins satisfait du résultat. Je suis sûr qu'après cette secousse, 1 sur 5 passera de mon côté. C'est plus qu'il ne me faut pour agir et mener l'opinion tambour battant.

A bientôt docteur.

Tout vôtre.

P.-J. PROUDHON.

Passy, 8 novembre 1862.

A M. DENTU

Monsieur Dentu, je comprends votre impatience et je la partage, en ce sens qu'il me tarde d'en finir avec cette ennuyeuse question de l'unité italienne. Mais, sans compter que je n'ai pas joui jusqu'à présent de la liberté de ma pensée et de mes mouvements (ce n'est que d'hier que j'ai reçu mes livres), permettez-moi de vous dire qu'à mon point de vue il importe, avant de publier rien de nouveau, que je laisse ma publication première produire tout son effet. Les nouvelles qui m'arrivent tous les jours, et la lettre que vous avez bien voulu me faire parvenir, sont des plus instructives, et mon nouveau pamphlet gagnera cent pour cent à avoir été différé. Ne remarquez-vous pas que mes adversaires, pour s'être trop hâtés et avoir parlé sans réflexion, sont obligés de se reprendre et de revenir à la charge? Je ne veux pas qu'on m'adresse pareil reproche. Comptez sur moi d'ailleurs, cher monsieur, pour rendre l'opportunité et l'intérêt à une question qui vous semble près de s'assoupir, parce qu'il ne nous est pas possible d'en saisir en ce moment toute l'étendue et les prolongements, comme le peut faire l'auteur même.

Dès demain je commence mon travail, et j'espère bien l'avoir terminé avant la fin de la semaine; le plus long pour moi sera de lire mon volumineux dossier, et de classer mes notes.

Je ne pense pas que ma réplique ait plus de 36 pages, deux feuilles.

Je vous serre la main cordialement.

P.-J. PROUDHON.

Passy, 12 novembre 1862.

A M. O. VERDEAU

Cher monsieur Verdeau, M. Gauthier m'a fait part hier soir de la communication que vous lui avez faite relativement aux inventions des journalistes à mon égard. Voici ce que je crois comprendre à cette intrigue, si toutefois vous avez été bien informé : Naturellement ces messieurs, en me réfutant, vont être obligés d'attaquer la *politique personnelle* de l'empereur, ce qui le met dans un mauvais cas.

Ils sont donc allés auprès de M. Treilhard protester de leurs intentions et le prémunir contre les miennes; il n'y a pas autre chose. Mais il serait bien utile pour moi d'avoir la certitude de la chose. Je veux dire: 1º de la démarche faite auprès de M. Treilhard; 2º du motif réel de cette démarche. Si vous pouviez obtenir quelque nouveau renseignement, ce serait servir la bonne cause, et je me transporterais au plus vite auprès de vous pour recevoir vos informations.

Au surplus, il suffirait, sans vous déranger davantage, que vous me disiez par quel canal je pourrais arriver à la connaissance de la vérité; j'aviserais alors de mon côté à mettre quelques amis en mouvement.

Mes livres sont emmenagés et rangés, et je suis au travail. J'ai commencé à écrire ma *réponse*, qui, je l'espère, ne dépassera de guère 40 pages, et portera coup. — Cette question italienne m'ennuie fort; mais il faut en finir, ne fût-ce que pour l'honneur de ma réputation et de ma dignité.

Je vous remercie de tout cœur de l'intérêt que vous prenez à ce qui me regarde, et j'espère que vous n'êtes pas à votre dernier renseignement.

Tout vôtre.

P.-J. PROUDHON.

Passy, 13 novembre 1862.

A M. ALFRED DARIMON

Mon cher Darimon, je vous envoie, selon votre désir, la lettre de M. G. Lambert, à qui je viens également d'adresser quelques mots. — Vous savez que depuis trois mois je n'ai pas eu un moment de disponible; ce n'est même que d'hier que j'ai fini de ranger mes livres, et que j'ai commencé de me mettre doucement au travail.

Cependant je lirai M. G. Lambert, chez qui je crois avoir aperçu déjà à la volée bon nombre de points de contact et d'idées communes, et chez qui je ne doute pas que je ne trouve d'utiles enseignements. Je souhaite seulement à ce jeune homme, en attendant que je le connaisse mieux, de sortir au plus vite des entreprises encyclopédiques, et de préférer des monographies courtes, rapides et complètes; c'est plus fructueux pour l'écrivain, et plus profitable à la masse.

Hier on m'a fait part d'une étrange nouvelle. MM. les rédacteurs des grands journaux, s'attendant à une réponse de ma part, seraient allés trouver le directeur de la librairie, M. Treilhard, pour lui dire que, si je répondais, il étaient décidés à me répliquer de la manière qu'ils l'entendraient, et le prier en conséquence de prendre en bonne part la liberté dont ils se proposaient d'user. Cette nouvelle m'a été rapportée par un intermédiaire, mais donnée par une personne grave, en position d'être bien informée. Qu'est-ce que cela veut dire? Auriez-vous ouï dire rien de pareil? Je suppose que le projet d'une fédération italienne faisant partie de la politique personnelle de l'empereur, ces messieurs craignent de se trouver gênés par une argumentation qu'il ne tient qu'à moi de leur rendre fort dangereuse, et qu'ils veulent conjurer le péril. Cette situation serait fort drôle; mais je n'en parle que par conjecture.

Tâchez donc, si l'occasion s'en présente, de tirer les vers du nez à quelqu'un sur ce chapitre, qui ne m'intéresse d'ailleurs que faiblement; car j'ai fait mon plan, et j'aime mieux combattre sur un terrain libre et uni que d'entraîner mes adversaires au milieu des ronces et des cailloux.

Si vous me répondez, dites-moi aussi, en quatre mots, votre opinion sur le livre de M. G. Lambert, que j'ai déjà un peu parcouru.

Je vous souhaite le bonjour et aux vôtres.

P.-J. PROUDHON.

Passy, 19 novembre 1862.

A M. BUZON

Cher monsieur Buzon, nous avons reçu vos deux
paniers de raisins ; et, ce que je prise cent fois davantage, votre bonne et fortifiante lettre. Ne m'épargnez
pas, quand vous n'aurez rien de mieux à faire, ce dernier produit. J'ai de par le monde quelques amis dont
l'âpre colère et l'indignation vertueuse me soutiennent :
sans cela je succomberais, non à la peur ou à la défiance
de moi-même, mais au dégoût.

Comme vous dites, je suis en train de *brochurer*, et
je viens de terminer mon brouillon. J'ai dû attendre
quelque temps, étudier le mouvement, observer cette
étrange clameur, voir, enfin, ce qu'il pouvait y avoir
derrière tout ce bruit : sans cela, le sang me montant
au cerveau, j'aurais répliqué tout de suite.

J'espère que vous n'avez rien perdu pour avoir
attendu et que vous serez content de moi.

Mais je ne me contenterai pas d'écraser cette infâme
presse ; je veux cette fois élever hardiment le drapeau
de la scission, rompre avec cette coterie d'intrigants,
et commencer un mouvement d'*épuration*, comme disait
Robespierre, qui pourra fort bien aboutir à une régé-

nération de la raison et de la conscience démocratiques.
Tout cela demandait réflexion, beaucoup d'adresse, de
prudence, car je suis de tous côtés environné de périls.
J'ai sur ma tête l'épée de Damoclès du clergé ; contre
ma poitrine les baïonnettes impériales, et par derrière,
de flanc droit et de flanc gauche, les stylets empoi-
sonnés des jacobins. De plus habiles y périraient ; je
me confie à la vérité et à la fortune de la Révolution.
Avant quinze jours, vous aurez de mes nouvelles, et
j'espère que vous serez content de moi. Comme il arrive
presque toujours dans des questions aussi compliquées
et aussi graves, ma réponse dépassera les limites que
j'eusse voulu lui assigner ; au lieu d'une feuille in-18,
elle en aura deux. C'est un malheur sans remède :
priez pour moi.

Mes deux gamines ont fait fête aux raisins et ne
parlent plus de vous que comme d'un bon ami. Quelques assiettées ont été offertes à trois ou quatre connaissances, dignes d'apprécier votre joli cadeau ; il faut
que les enfants, en apprenant à remercier quand on
leur offre quelque chose, apprennent aussi à donner.
Qui ne sait donner est indigne de recevoir ; c'est un
principe de politesse que je voudrais voir inscrit dans
le catéchisme.

A tantôt, cher monsieur Buzon, et mille fois tout
vôtre.

P.-J. PROUDHON.

Passy, 1862.

A M. FÉLIX DELHASSE

Cher ami, je n'ai que le temps de vous dire deux mots. Votre lettre m'a attendri jusqu'aux larmes. Vous êtes pour moi plus qu'un ami : vous êtes un frère, un compagnon d'armes. Aussi croyez bien qu'un signe de réprobation de votre part me ferait mourir. Mes amis sont ma conscience.

Ma nouvelle rapsodie est terminée. C'est une brochure dans laquelle j'ai reproduit pour le public français, qui ne les connaissait pas, mes deux articles sur Mazzini et Garibaldi. La troisième partie aura pour titre : *la Presse belge et l'Unité italienne*. Je comptais publier ce troisième article dans l'*Office de publicité*. Mais Lebègue, sur l'avis de Imhaus, m'a fait savoir que cela ne se pouvait pas. Je rends compte de cet incident dans ma brochure. Si j'en croyais Lebègue, ce serait par crainte du tapage qu'il me refuse, mais mon avis est que ni lui ni Imhaus ne tiennent à rester plus longtemps en dehors du cercle journalistique, et que peut-être le gouvernement souhaite qu'on n'agite pas trop cette question de l'unité italienne au point de vue des intérêts belges. Je paraîtrai donc à Paris ;

quant à la Belgique, au lieu de 16 ou 17,000 lecteurs
que me donnait l'*Office*, je n'en aurai que 7 à 800. Mon
travail, en effet, se vendra 1 fr. 50 cent.; il aura en
tout environ 150 pages.

A mes trois articles j'ai joint quelques notes sur
l'état de la presse en Belgique, qui intéresseront mes
compatriotes et gêneront bien du monde chez vous.
Je ne pouvais faire autrement. J'ai si bien démontré
cette fois quelle doit être la politique belge, que la
condamnation de votre mauvaise presse s'ensuivait
toute seule.

Cher ami, j'ai trouvé notre pauvre France au plus
bas. C'est bien plus mal que je ne le soupçonnais et
qu'on me l'avait dit. Dans une situation pareille, il y
aurait conscience à me tenir à l'écart. Il faut parler,
écrire, enseigner, sans s'occuper davantage de dynastie
ni de gouvernement. Nous coulons, nous nous décom-
posons, et pas une intelligence, pas une conscience ne
réagit plus. Je vous jure, cher ami, sans exagération,
que si j'avais connu plus tôt la situation, j'aurais
regardé comme un devoir pour moi de rentrer un peu
plus tôt. Je ne sais quel succès j'obtiendrai; mais je
ferai ce que je dois; advienne que pourra.

Autant qu'à vous, cher ami, notre éloignement me
sera pénible. Nous réparerons cela de notre mieux
par nos lettres, et quelquefois, je l'espère, par un
voyage. Nous devions voir ensemble la Hollande : le
malheur qui vous a frappé ne l'a pas permis. J'espère
que ce projet ne sera qu'ajourné.

Merci, mille fois, cher ami, de vos offres; j'ai de
quoi aller six mois, au moins, et je compte que mon
opuscule *impromptu* va payer mes frais de voyage et
de déménagement. Pour le nouvel an, mes deux vo-

lumes sur la Pologne seront prêts. Ainsi, je suis en mesure.

Présentez à Mme Delhasse, ainsi qu'à ces demoiselles, mon hommage le plus affectueux. Dites-leur bien que je suis ami sincère de la nationalité belge, et que cette fois personne n'en doutera plus.

Je vous serre la main.

P.-J. PROUDHON.

A M. FÉLIX DELHASSE

Cher ami, je reçois à l'instant, dix heures du matin, votre lettre datée de Manchester, et comme j'ai résolu de sacrifier cette journée à la liquidation de ma correspondance, je vous réponds sans désemparer.

Je n'ai point reçu la brochure de Defré ; pareils chefs-d'œuvre n'obtiennent pas grâce devant notre haute police impériale. Je le regrette : c'est une pièce perdue pour mon dossier. D'ailleurs, j'ai bien d'autres chiens à étriller.

Avant de me mettre à écrire, j'ai dû étudier la question, pénétrer le dessous des cartes, savoir ce qu'il y avait de vrai, je veux dire de sincère, dans les ridicules attaques, et prendre enfin conseil de ma prudence plutôt que de mon tempérament.

J'ai terminé mon brouillon ; il me reste à faire mise au net. Comme on pouvait s'y attendre, dans une question aussi compliquée, aussi grave, aussi scabreuse, mon manuscrit dépasse les limites que j'avais cru pouvoir m'assigner : au lieu d'une feuille in-18, ma réponse en aura deux. Je laisse circuler le titre de : *Iscariotes*, mais je ne le prendrai pas, la chose étant trop sérieuse et mon intention étant de ne pas tomber dans le pamphlet. En ce moment, je rumine le ton sur lequel je veux chanter cette nouvelle antienne : mon gibier est cuit, mais la sauce n'est pas liée, ce qui pour la circonstance est de grande importance, et je n'ose servir. Toutefois, avant quinze jours, j'espère que cela pourra paraître et que les amis seront contents de moi.

Lebègue me mande que Defré vient de rentrer *dans l'opposition;* le sauriez-vous? Le pauvre homme ne sait où donner de la tête! Le même correspondant ajoute que, quant à moi, si l'on est convaincu de mes bonnes intentions, on ne m'en aime guère davantage. On ne me pardonne pas d'avoir, par tout ce tapage, attiré contre la Belgique une multitude de sots compliments. Il doit y avoir du vrai là-dedans, mais il ne tiendra qu'aux Belges de prendre leur revanche, en voyant de quelle manière je vais traiter la démocratie française. C'est ce que je propose à Lebègue. Or, savez-vous ce que me répond cet honorable directeur de l'*Office?* Il consent à rendre compte de mon écrit, mais *sans nommer l'auteur.* Il me dit encore que les *personnes les plus honorables* de Belgique l'ont blâmé d'avoir accepté ma collaboration (il faut dire *sollicité*), et qu'il se gardera bien de recommencer. Je voudrais bien savoir quels sont ces *noms honorables.* Vîtes-vous jamais pareil homme?... Au lieu de s'éveiller à ce coup de tonnerre qui met à nu la pensée et les conséquences de l'unitarisme italien, garibaldiens, napoléoniens, c'est tout un; au lieu de chercher son salut dans un revirement politique et de se retremper dans la pensée révolutionnaire, voilà les conservateurs que représente l'*Office de publicité* qui se recoquillent de plus bel dans leur *far niente* et leur égoïsme! Ah! par Dieu! je les forcerai bien à

ouvrir l'œil, tant éloigné que je sois de la Belgique, et
devenu étranger, mais non pas indifférent à sa destinée.
Je rentre dans la politique, et je vous réponds que
désormais on entendra parler de moi. Et malheur aux
lâches !

Quand vous verrez l'excellent M. Jotrand père et
Paul Dommartin, et le bon Vanderbroeck, et tous ceux
que j'ai appris à connaître, estimer et aimer avec vous,
assurez-les de ma sympathie pour votre nation, et de
mon amitié inviolable. Dites-leur bien que mes idées
n'ont rien que de salutaire pour les familles, pour les
individus et pour les peuples ; que le bruit qu'on a fait
de quelques-unes de mes *critiques* est une indigne
comédie que je ne daigne pas relever, jusqu'au jour où
les principes que je défends, et qui ne sont que des
corollaires de ceux de 89, seront regardés comme la
vraie doctrine de la Révolution, et la seule sauvegarde
de la civilisation, de la liberté et des mœurs.

La mort de Maertens m'a consterné ; ce que vous me
dites de l'embrouillement de ses affaires est désolant.
C'était, je vous assure, un brave cœur, un bon esprit,
un honnête homme. Tout cela m'irrite davantage contre
ce malheureux de ***, dont la créance fera plus que
nuire aux intérêts des enfants, en faisant paraître imprudente et négligée la gestion du défunt. Maertens, je
le crains, négligeait, par timidité ou autrement, ses
rentrées ; il s'obérait lui-même pour les autres ; de là,
je le crois, l'embarras qu'il laisse après lui.

Si vous eussiez été à Bruxelles, je vous eusse prié de
devenir encore mon créancier pour une somme de cinq
ou six francs, à joindre au *franc* que vous avez déjà
remboursé pour moi — en payant à la succession
Maertens le prix d'un livre que je lui ai emprunté et

qui devra être vendu. Je chargerai de cette commission quelqu'autre personne.

Conservez-vous précieusement, cher ami, songez qu'il y a trois âmes qui ne tiennent à la terre que par vous, et qui languiraient dans un affreux purgatoire si vous veniez à leur manquer. Dans la jeunesse, nous vivons pour nous-mêmes, et c'est doux; plus tard, nous vivons pour les autres, et c'est une volupté sans égale.

Présentez à ces dames tous nos souvenirs et notre sincère attachement. Ma femme a travaillé rudement pour s'emménager, et elle commence à geindre un peu moins; mes filles vont à l'école : tout cela nous met en frais plus qu'à Ixelles, mais nous gagnons quelque chose sur les vivres, le vin et le combustible.

A vous de cœur, cher ami.

P.-J. PROUDHON.

P.-S. Je ne vous dis rien de la politique : cela va mal, très-mal.

Passy, jeudi, 20 novembre 1862.

A M. GUSTAVE CHAUDEY

Cher ami, je possède le numéro du 11 novembre du *Progrès* de Lyon, contenant le deuxième grand article de Frédéric Morin; il me manque le premier article, celui dans lequel il prétend avoir *établi la fausseté* de l'idée qui consiste, selon moi, à soutenir que le *seul système politique qui puisse se concilier avec la vraie révolution et réaliser l'égalité économique, est la fédération.*

Je vous serais donc infiniment obligé de me procurer ce numéro, si vous l'avez; je ne voudrais pas qu'un écrivain que j'estime autant que M. F. Morin pût croire que je passe sous silence son opinion.

J'ai lu son second article sur la papauté; ce qu'il dit est extrêmement vague, plein de réserves et d'hésitations, et contient à mon égard plusieurs assertions fausses,

Ainsi il n'est pas vrai que je refuse Rome aux Romains, ni que je proteste contre la liberté de ceux-ci; au contraire, je demande seulement, au nom des principes, qu'on les englobe dans l'unité, c'est-à-dire qu'on ne confisque pas l'État de l'Église au profit de Victor-Emmanuel; ce qui est à mes yeux fort différent.

Il me reproche ensuite d'avoir soutenu la fédération *monarchique* de Villafranca. J'ai dit simplement que je ne tenais pas du tout aux dynasties; mais que, royauté pour royauté, je préférais quatre royautés constitutionnelles fédérées, à une seule; ce qui est bien différent.

Sur la question économique, F. Morin n'a rien.

Si son premier article n'est pas plus fort que le deuxième, l'opinion de Morin ne saurait tenir; il sera forcé, j'en réponds, de l'abandonner.

A cette occasion, je vous prierai de bien étudier le tour d'esprit de cet ami. Très-clair dans l'expression, très-nerveux, très-arrêté sur les principes les plus généraux, il y a toujours en lui, sur les points d'application de détail, une certaine fluctuation, une indécision qu'accuse quelque arrière-pensée non encore formulée.

Morin ne condamne pas le principe fédératif, tant s'en faut; il nie que ce soit la SEULE formule de la Révolution et de la République. Il y a donc une autre *formule*. Qu'il nous donne donc la ligne de démarcation, s'il peut; qu'e t-ce qu'un système double, indifférent aux principes, qui peut être à volonté blanc ou noir, qui laisse tout à l'arbitraire des hommes et des circonstances? Voilà ce qui me fait souhaiter de lire le premier article (je ne sais à quelle date) de F. Morin.

Bonjour et santé. —J'ai achevé mes brouillons et ma *série;* je me crois invincible pour peu que mes lecteurs daignent me suivre et ne pas me prendre à rebours, comme a fait, deux fois au moins, votre ancien collaborateur.

Tout vôtre.

P.-J. PROUDHON.

Passy, 24 novembre 1862, soir.

A M. LE DOCTEUR CRETIN

Cher docteur, je devais vous écrire vendredi; je devais vous écrire samedi ; je devais vous écrire hier, et je ne vous écris qu'aujourd'hui lundi ; ce qui veut dire que l'homme propose, et que Dieu, ou le hasard, dispose.

J'ai lu tout de suite votre opuscule et j'en ai été très-content. Ce qui vient de mes amis, surtout quand il est question de choses que je ne sais pas, m'attire toujours, et je n'ai de cesse que je n'aie tout dévoré. Votre M. Trousseau m'a fait pitié. Il m'a brouillé irrévocablement, je n'ose dire tout à fait avec l'allopathie, qui, je veux le croire, n'est pas tout à fait cause du scepticisme de ce monsieur ; mais avec la médecine officielle, routinière, empirique, dénuée de principes, sans doctrine, sans philosophie, d'autant plus violente, et qui se permet de maltraiter les hommes honnêtes qui essayent de se frayer une route plus large et plus sûre.

Si j'étais de loisir et que je cherchasse, comme on se plaît tant à me le reprocher, une occasion de faire du bruit, je reprendrais mon travail, j'y ajouterais tout ce que je pourrais recueillir à la charge des empiriques allopathes, et j'en ferais un brûlot que je leur lancerais dans les jambes, ce qui ne laisserait pas de leur enlever une portion de clientèle.

Si j'avais aussi l'honneur de connaître M. Trousseau, je lui dirais, en ami, qu'après les conférences qu'il a données au Conservatoire, il lui est interdit de se livrer à l'exercice de la médecine, et que toute visite faite par lui à un malade est un acte de charlatanisme.

Mais ceci n'est qu'accessoire.

Plus que jamais je rêve d'une philosophie de l'homéo-pathie, et quand je me croirai une heure disponible, que j'y aurai encore réfléchi, je me propose de vous en écrire. Je ne puis pas me contenter de ce qui existe, et j'ai besoin de rallier les faits et les idées élémentaires de votre école aux principes généraux de la nature et de l'esprit.

Quand cela sera fait, je serai plus à mon aise pour vous expliquer comment j'entends L'ART MÉDICAL, ce qui est tout autre chose, je vous en préviens, que l'*art* ou *métier* de M. Trousseau.

Dans mon esprit, ce que j'appelle ART, en médecine, de même qu'en politique, loin de se séparer de la science, est le plus haut degré de la science, sa fleur, son couronnement. Il y a autant de différence entre l'*art médical*, ainsi entendu, et celui de M. Trousseau, qu'il y en a entre le style ou l'éloquence du savant, du philosophe, du jurisconsulte, en qui le talent oratoire résulte de la puissance de la raison, des profondeurs et des richesses de la connaissance, et le style d'un folli-culaire ou bohème qui a fait ses humanités au collége, et puis le *chic* des journaux, romanciers et dramaturges, et dont l'intelligence et la conscience sont vides.

En un mot, le grand médecin ne fait rien, selon

moi, que diagnostiquer d'après la science, et médica-
menter ensuite; toujours de la science! L'immense
variété des tempéraments et des circonstances lui faisant apercevoir plusieurs routes pour arriver au but,
multipliant dans sa main les moyens de succès, il sait
joindre, à l'avantage du malade, l'art à la science; sûr
du bien, il aspire au mieux sans rien compromettre; il
ressemble au général qui bat l'ennemi avec précision,
élégance, économie d'hommes et d'argent; c'est plus
qu'un conquérant, c'est un virtuose.

Mais je m'aperçois que je m'étends quand je ne voulais vous dire qu'un mot.

Cher docteur, ne voyez dans mon bavardage que le
plaisir que j'ai pris à vous lire, et le scandale que j'ai
ressenti à la lecture des propositions de M. Trousseau,
et recevez mes remerciements.

Bonjour au grand-papa Cretin et à votre sœur.

Tout vôtre.

P.-J. Proudhon.

Passy, 22 décembre 1862.

A M. DENTU

Cher monsieur Dentu, vous devez maudire mes len-
teurs, et je ne suis pas moins impatient que vous.

Depuis huit jours, je souffre d'une affection cérébrale
qui ne me permet presque pas de travailler. Hier,
dimanche, avant-hier, je n'ai rien fait. J'ai devant moi
toutes mes épreuves; je me porte assez bien aujour-
d'hui; mais je ne puis plus vous promettre que notre
tirage soit achevé avant huit jours. Mieux vaut dire la
chose tout de suite que de vous donner une vaine
espérance.

Je suis fatigué, dégoûté, ennuyé. Je regrette presque
de vous avoir engagé dans cette méchante entreprise,
qui d'ailleurs, j'en suis sûr, couvrira les frais. Mais je
sais combien un éditeur aime à paraître au moment
favorable, et à ne pas faire attendre son public. Quand
j'aurai mis mon œuvre tout à fait au net, elle sera assez
présentable; les esprits sérieux ne m'en voudront pas
et je m'en soucie peu, du reste.

Je vous serre la main.

P.-J. PROUDHON.

Passy, 31 décembre 1862.

A Mme ROUILLARD

Ma chère Sophie, permets-moi de te traiter avec cette familiarité et de t'appeler de ton petit nom ; ton mari, l'excellent capitaine Rouillard, s'il était là, ne le trouverait pas mauvais. D'abord, je suis certainement ta plus vieille connaissance ; et puis, je suis quasi certain que tu vas me gronder. J'ai égaré ta dernière lettre, pour avoir trop tardé d'y répondre, et je ne sais plus trop ce que je vais te dire. — Enfin, je t'avouerai qu'il me vient des souvenirs d'enfance, mauvais signe, comme tu sais ; et que dans ces souvenirs je te vois quelquefois toute jeunette à côté de la figure honnête et calme de ton père. Depuis la mort de mon second frère, je ne connais réellement que toi qui puisses savoir quelque chose des secrets intimes de notre famille, si affligée ; des secrets d'il y a plus de vingt ans !... C'est pour toutes ces raisons, ma chère cousine, qu'aujourd'hui, veille du renouvellement d'année, j'ai cru pouvoir, en t'offrant mes sentiments les plus sincères, t'appeler de ton nom de jeune fille. Au fait, t'ai-je donc jamais connue autrement ?

Ta dernière lettre m'a fait plaisir, et j'en ai ressenti

un mouvement d'orgueil. J'ai pu voir que tu t'intéressais à ce qui me touche, et je me suis dit: Bon sang ne peut mentir; c'est aussi une Proudhon, celle-là. — Hélas! on a singulièrement exagéré les choses quand on t'a rapporté que ma dernière brochure s'était vendue au nombre de 50,000 exemplaires. Mets 15,000 et sois sûre que c'est là un grand succès. En supposant que le libraire me donne 20 *centimes* par exemplaire, cela me fera une somme de 3,000, francs ce qui est fort joli, mais bien loin de ce que tu imaginais. A ce propos, je te dirai que dans huit jours je publie une nouvelle brochure semblable, du prix de 2 francs et dont j'attends un succès au moins égal. Tu la recevras, si la poste est exacte, à ton domicile; j'ai été très-vexé que tu aies dépensé un sou pour la dernière; n'accuse de cela que l'excessif embarras où je me trouvais au moment de la publication. Nous étions à Bruxelles, en plein déménagement; mes filles malades, la mère éreintée; puis il a fallu s'en venir, amener le mobilier, s'installer, etc., et à peine nos lits en place, me mettre au travail. Tu ne saurais te figurer les douleurs de tête que j'éprouve depuis trois mois. Enfin, tout cela s'arrange peu à peu. Tu peux compter que si ma dernière brochure a fait jeter les hauts cris, celle-ci fera pousser des hurlements; mais le diable ne me fera pas démordre. Tout n'est pas rose dans le métier de diseur de vérités que j'ai embrassé; aussi, comme je ne sais pas mieux aujourd'hui dissimuler et fléchir qu'il y a quarante ans, je te laisse à penser les jolis serpents qui sifflent contre moi et me mordent.

Causons un peu de toi. Je suis curieux de savoir comment tu as arrangé ta vie; sans mon aventure avec les Belges, qui a changé toutes mes dispositions, je

voulais faire le voyage de Franche-Comté, et tu n'aurais pas manqué d'avoir ma visite. Tu étais attachée à
ton mari, qui d'ailleurs le méritait; je crains que ce
souvenir ne te jette parfois dans la mélancolie. Notre
premier devoir, et souvent notre seule consolation est
de cultiver la mémoire de ceux qui ne sont plus; c'est
ainsi du moins que j'en use à l'égard de tous ceux que
je regrette. Mais la fidélité des souvenirs et du cœur ne
consiste pas à être toujours sur une tombe et à réciter
des *De profundis;* elle s'allie très-bien avec la sérénité
de l'âme et une douce sociabilité. As-tu retrouvé à
Besançon un peu de compagnie? Après vingt ou vingt-
cinq ans d'absence, tu as dû trouver les choses toutes
changées; n'éprouves-tu pas un peu de délaissement?...
Pourquoi, au retour du printemps, ne ferais-tu pas un
petit voyage, celui de Paris, par exemple? Je serais
bien aise de te présenter ma femme, mes deux filles,
dont l'aînée, âgée de douze ans, est au physique et au
moral, tout le portrait de sa mère, sauf qu'on ne peut
l'appeler la grosse. Enfin, si tu ne peux prendre sur
toi de venir passer quelques jours auprès de nous,
j'espère toujours faire le voyage de Besançon dans le
courant de l'année, et qui sait? peut-être plus tôt que
je ne suppose.

Tu devrais bien, chère cousine, me faire une grâce,
c'est de n'être pas trop sévère avec moi sur l'article de
la correspondance. Je suis littéralement accablé de
lettres, que je ne lis même pas toutes, loin que j'y
réponde. Quand, une autre fois, je laisserai une de tes
lettres en souffrance, eh bien! écris-en une seconde, et
si à la fin je ne sors pas de ma torpeur j'ai là ma fille,
un petit secrétaire, à qui tu permettras de tenir la
plume pour moi. A défaut de quatre pages, je pourrai

toujours te brocher quelques mots d'apostille. Tu entreras ainsi en relations avec mon ménage, puis enfin il faut bien que, femme, ce soit avec ma femme que tu te mettes surtout en rapport. Tu gronderas tant que tu voudras.

Je t'embrasse, ma chère Sophie, comme je ne me souviens pas d'avoir fait, si ce n'est peut-être le jour de tes noces.

Ton cousin.

P.–J. PROUDHON.

Passy, 7 janvier 1863.

A M. DENTU

Monsieur Dentu, d'après l'invitation obligeante que vous m'en avez faite, je viens vous prier de vouloir bien donner des ordres à votre magasin du Palais-Royal, pour que l'on s'occupe du règlement de notre première publication et, s'il est possible, me remettre un à-compte.

Demain jeudi, 8, je me suis entendu avec M. Tinterlin pour ne pas aller à Paris, mais j'irai sans faute après-demain, vendredi.

Je dois vous dire, cher monsieur Dentu, que je suis complétement au dépourvu, que le renouvellement de l'année, les termes de loyer, d'école, les réparations et approvisionnements de ménage m'ont donné un grand besoin d'argent. Une douzaine de cents francs ne me seraient pas de trop.

Mon travail tire à sa fin; demain, peut-être, donnerais-je le bon à tirer pour les trois premières feuilles : les autres ne traîneront guère. J'ai trop souffert de cette publication, que je considère plutôt comme m'ayant été imposée que comme volontaire et libre, pour en pouvoir tirer aucun augure ; je suis seulement convaincu que le fond paraîtra à tout le monde beaucoup plus important que la forme. Travail à refondre, si vous voulez, mais idée neuve et juste : c'est de quoi j'ose répondre.

Ma femme a été fort sensible à votre civilité, et mes filles sont enchantées de leurs joujoux, ce qui me les a fait traiter de grandes sottes, attendu que leur âge devrait leur interdire de semblables bagatelles.

Je vous serre la main bien cordialement.

P.-J. Proudhon.

Passy, 14 janvier 1863.

A M. A. DEFONTAINE

Cher monsieur, pardonnez-moi ; j'ai reçu vos lettres :
je les ai cotées, annotées ; j'ai d'abord ajourné ma
réponse à la publication de la réponse que je préparais
et qui, selon moi, ne devait pas tarder à paraître ; puis,
une fois au travail, j'ai suspendu toute correspondance,
et je suis arrivé ainsi au 14 janvier sans donner signe
de vie à personne.

Ajoutez que je suis affreusement fatigué ; ma tête
me semble grosse comme un tonneau ; j'en suis venu à
ce degré d'énervement que la marche à pied, en promenade, me donne le mal de mer et que je ne digère
plus.

A travers les ennuis d'un déménagement, les indis-
positions de ma femme et de mes filles, les indignations
que me causait une presse absurde, j'ai conservé assez
de présence d'esprit, de liberté d'entendement pour
bâcler une nouvelle publication qui n'aura pas moins
de *trois cents pages*, sur le principe fédératif et l'état de
notre triste démocratie.

Tout est composé et je relis mes épreuves. Dans trois
ou quatre jours, sans faute, on tirera, et dans une
huitaine vous pourrez me lire. Je compte vous envoyer

cette brochure, qui ne sera pas un chef-d'œuvre, je suis en trop mauvais état pour produire rien de bon, mais qui n'en contient pas moins une idée formidable.

Cette fois, je fais appel à tous les amis connus et inconnus que je puis avoir; je plante le drapeau, jusqu'à présent proscrit en France, du *fédéralisme*. Que ce mot ne vous effraye pas! Et pour peu que je réunisse autour de moi une minorité intelligente et courageuse, je crois pouvoir prédire qu'un nouvel esprit va se former en France et en Europe.

Au reste, vous jugerez, vous apprécierez le système dans son principe, son opportunité, ses applications. Car, comme il n'est rien de moins personnel que le Droit, tout de même, il n'y a rien qui ressemble moins à la pensée d'un sectaire que l'idée de fédération.

Venez quand vous voudrez me serrer la main, frappez sans gêne à la porte; si je n'y suis pas, dites à ma femme que vous êtes M. Defontaine de Chérizy, et elle vous indiquera l'heure de ma rentrée au plus juste.

En tout cas, je travaille le matin jusqu'à midi : c'est mon temps le plus sacré; je me promène un peu après dîner jusque vers trois heures, et je rentre pour ne plus ressortir, à moins que les affaires ne m'appellent à Paris.

Je crois le moment opportun, et je me réjouis singulièrement que cette question *d'unité* et de *fédération* m'ait fourni une occasion de reproduire en bloc la plupart de mes idées.

Adieu, monsieur, excusez-moi encore une fois, et croyez que la fatigue, l'ennui, le dégoût, ont la plus grande part dans ma négligence.

Tout vôtre.

P.-J. PROUDHON.

Passy, 14 janvier 1863.

A M. DENTU

Monsieur Dentu, j'ai terminé ma rédaction; j'ai lu, ou peu s'en faut, toutes mes épreuves, et je puis juger mon œuvre.

Je commence par vous remercier sincèrement de la peine que vous prenez de revoir mes épreuves; je rends pleine justice à vos observations; je vous dirai seulement, ce qui va vous surprendre, qu'elles ne me paraissent pas assez générales, assez sévères. Il est prudent, je le reconnais, de se préoccuper avant tout de la susceptibilité du pouvoir; mais il faut aussi songer au public, et c'est un soin que vous me rejetez tout entier. Autrefois, les éditeurs entraient pour ainsi dire en part des œuvres qu'ils publiaient, c'est une fonction que votre réserve vous a fait oublier. Voici, par exemple, ce que j'eusse aimé vous entendre dire de ma présente publication :

Il y a là une idée puissante, féconde, qui vient tout à fait à son heure; qui, tout en soulevant de grands débats, est appelée à faire un grand chemin, à entraîner une grande partie des masses, et, par là, à opérer une révolution dans les idées.

Tout, dans l'ouvrage, doit être dirigé vers ce but.

Or, on voit trop, par-ci, par-là, que l'auteur a le cœur ulcéré, qu'il se préoccupe de ses adversaires; il les menace, il leur déclare guerre à outrance, il fait ce qu'il peut pour écraser la démocratie; enfin, il ne jouit pas de la sérénité de raison requise pour faire un livre.

Il s'ensuit que, dans son ouvrage, la deuxième et la troisième partie ont un caractère personnel qui refroidit le lecteur, diminue l'intérêt et amoindrit l'idée principale. Il manque à ce travail le *crescendo*, sans lequel une œuvre littéraire est imparfaite et finalement manque son but.

Comment remédier à cela?

Ici, rien de plus facile : rattacher davantage les faits de la deuxième partie et les réfutations de la troisième au principe, à la loi exposée dans la première ; ce qui se peut faire par de très-légères additions et modifications.

Bref, en recouvrant mon sang-froid, après m'être en quelque sorte assouvi par cette longue polémique contre de maladroits ennemis, j'ai vu d'un seul coup le défaut de mon travail et ce qui reste à y faire, et je viens de nouveau vous demander la permission de me réviser moi-même.

Toutes les parties de mon livre sont à conserver; la disposition restera la même, les articles les mêmes, les détails, les faits, le style, tout cela demeure.

J'ai vingt pages au plus à ajouter.

Autant à transposer.

QUARANTE LIGNES à modifier.

Avec cela, je change le ton général de la deuxième et de la troisième partie, je fais de ma publication un VRAI LIVRE de principe, de morale, d'actualité, et dont la publication tombera encore mieux dans huit jours qu'aujourd'hui.

Vous voyez, cher monsieur Dentu, ce que c'est que de composer un ouvrage avec une idée forte et un sentiment malheureux. Il y a quelque chose de gauche que l'écrivain n'aperçoit que lorsqu'il a entièrement dégorgé sa colère par le travail même. J'ai été outragé, irrité, blessé, je voulais une vengeance : j'ai oublié que je ne pouvais l'obtenir que de ma raison, non de mon ressentiment.

Pareille chose m'est arrivée en Belgique; la dernière épreuve d'une brochure que j'avais écrite, corrigée, lue et tirée, j'ai vu le défaut de mon entreprise et l'ai généreusement supprimée. Il m'en a coûté 500 francs.

Ici, rien de pareil n'aura lieu : c'est le sacrifice de quelques rames de papier que je vous demande et que le public payera. Après tout, il est juste qu'il paye les frais de son instruction. Ce sera un retard de quelques jours, car, je vous le répète, je n'ai que très-peu de chose à faire; obligez-moi de m'en croire cette fois sur parole.

Nous aurons un joli petit volume de trois cents pages, ou peu s'en faudra (nous sommes à deux cent soixante passées), volume que vous pourrez coter 2 fr. 50, ce me semble, si vous n'en jugez autrement.

Cher monsieur Dentu, je sens combien j'ai de torts avec vous, mais pardonnez-moi mes hallucinations en faveur de ma bonne foi. Je passe à l'imprimerie pour arrêter le tirage et demander mes feuilles.

Lisez-moi toujours, si vous le jugez utile, et ne vous gênez point.

Je vous serre la main.

P.-J. PROUDHON.

P.-S. Songez que je veux porter un grand coup et qu'il faut frapper juste.

Passy, 28 janvier 1863.

A M. GUSTAVE CHAUDEY

Cher ami, on m'épluche à mort; on y est à trois; heureusement, il n'y a point d'avocat, et cela me fait perdre du temps. — On ne me chicane que sur les *mots* : l'idée échappe par la masse de l'ouvrage. Mais nos gens n'en sont pas moins inquiets. Je me défends tant que je puis, cédant souvent; enfin la partie est sauvée; elle est aujourd'hui sous presse.

En y réfléchissant encore, je ne regrette pas d'avoir porté mon livre de 60 *pages* à 320 ; ce n'est pas trop pour le principe et pour l'entreprise.

La correction qui nous intéresse personnellement a été faite *de ma main.*

Je n'ai plus que quelques *révisions.*

Maintenant que me voilà le cerveau libre, j'envisage plus clairement la question électorale.

En deux mots :

Au point de vue des *principes*, nous ne pouvons voter sous aucun prétexte ; il y a contradiction entre notre idée et le vote, aux conditions actuelles. Vous en jugerez bientôt vous-même.

Au point de vue *pratique*, il est nécessaire que la nou-

velle démocratie se pose par cette voie ; 1° parce que
cette participation au système est très-mauvaise, ne sert
qu'à entretenir de déplorables illusions et fait perdre
de vue l'avenir grandiose et la révolution politique et
sociale que notre devoir est de préparer ;

2° Parce que là nous restons indéfiniment *confondus*
avec les vieux de la vieille garde, que je viens de rejeter avec votre approbation et de toute mon énergie.

Songez, d'ailleurs, à· la portée de l'acte qu'il faudra
se garder d'abord de présenter avec toute sa signification : l'*abstention* c'est la MISE HORS LA LOI. C'est par
l'abstention, et rien que par l'abstention, si elle venait
à engloutir la majorité des électeurs, ce qui n'a rien
d'impossible, que le droit d'insurrection peut être jus-
tifié, et tout ce qui peut s'ensuivre. J'y ai bien réfléchi : j'ai toujours regretté cette sanction rigoureuse de
la constitution de 93, — que l'*insurrection est le premier des droits et le plus saint des devoirs;* mais jamais,
ni par considération politique, ni par considération de
droit, je n'ai pu y arriver. Toujours j'ai trouvé que
c'était une hypothèse en dehors des réalités, et qu'avant
d'attaquer le pouvoir, il faudrait attaquer le corps social.

Avec l'abstention, c'est autre chose; il y aurait condamnation légalement prononcée, et par autorité com-
pétente. Si alors le pouvoir s'obstine, tout devient permis pour s'en défaire !

Je sais bien qu'il est difficile d'amener six millions
d'hommes à s'abstenir sur neuf millions. Mais ne
serait-ce déjà rien que cela de trois millions, ou de
Paris ?...

Réfléchissez là-dessus et comptez sur moi maintenant, pour mettre immédiatement la main à la pâte.
Mes notes sont prises de longue main, ma leçon étu-

diée, c'est une affaire de *quinze à dix-huit pages*. Là, point de polémique, point de théorie, point de doctrine, point d'historique : de simples considérants, en manière d'arrêt.

Voici une anecdote que vous connaissez peut-être, mais que je vous rapporte en cas que vous l'ignoriez. Je la tiens de Dentu. M. de Broglie aurait dit quelque part qu'il ne tenait aucunement à une *dynastie;* que ce qu'il voulait avant tout, c'est le régime constitutionnel.

Et le libraire ajoutait : *C'est l'idée de M. Proudhon!...*

Ainsi, vous le voyez, nous avons des partisans avant même d'avoir levé notre drapeau. Nous en aurons en masse, en haine de l'actualité, en désespoir des dynasties exilées, en dégoût de la vieille démocratie.

Remuez maintenant tout cela dans votre sac à procès, et dites si nous ne sommes pas servis à souhait.

Il tonne fort en haut; les avertissements pleuvent; on se fâche, on menace, donc on a peur, donc cela va mal, donc..., donc..., donc...

Tout vôtre.

P.-J. PROUDHON.

P.-S. Notez qu'on a très-bien fait de vérifier les *listes.* Ce commencement d'agitation est excellent. Il faut faire reconnaître son droit, sauf à en user après, s'il convient.

Passy, 30 janvier 1863.

A M. FÉLIX DELHASSE

Cher ami, *le quinze janvier se passe, Malbrough ne revient pas*. Nous voilà au 30 et vous n'apparaissez point. Ah ! les affaires ne se mènent point comme l'on croit ; les formalités, les difficultés, les imprévus, les délais légaux, les distances, les correspondances, etc., etc., pour une affaire qui semblait devoir se terminer en trois jours, il faut des semaines et des mois. Nous touchons à février ; bientôt le printemps frappera à nos portes et vous prendrez votre volée du côté de Spa, renvoyant votre visite aux Parisiens après l'arrière saison. Maudites affaires !

Depuis votre dernière, du 2 courant, j'ai REFAIT mon ouvrage de fond en comble. Déjà on avait commencé le tirage ; j'ai fait mettre les feuilles au pilon. Je m'étais mis au travail sous une influence mauvaise ; je tombais dans le pamphlet ; j'ai senti que la circonstance exigeait une œuvre sérieuse. Au lieu d'une brochure de 60 à 80 pages, j'ai fait un livre qui en aura un peu plus de 300, et ce n'est pas trop. Mais quelle besogne, quels efforts ! Vous vous en apercevrez à la lecture ; il y aura bien des lacunes, bien des soubresauts, tout ce qui trahit une refonte totale. Malgré tout, le fond est solide, et je réponds d'avance que cela portera coup. Je ne vous en dirai pour le moment pas davantage.

En ce moment on recommence le tirage; dans huit jours ce sera fini. Quelques jours de repos et je me remets à ma *Pologne*.

Si, pourtant, vous eussiez été là, pendant que ces dames auraient goûté avec leur cousine les plaisirs de Paris, nous eussions pu faire une petite excursion qui m'aurait reposé et ne vous eût pas non plus fait de mal. Nous eussions parlé de la France, de la Belgique, de l'Europe entière, et du présent, et de l'avenir, et de la révolution qui vient lentement, majestueusement, comme la marée.

Elle ne ressemblera en rien à celle de 89, cette révolution. En 89, la génération était forte, morale, pleine d'ardeur et d'espérance, pleine de foi surtout en elle-même et dans ses principes. Aussi, quel chemin parcouru en dix ans, de 89 à 99.

Aujourd'hui, la génération est lâche, sceptique, dévergondée, sans énergie. Cela n'ira pas vite, mais les misères n'en seront pas moindres. La démocratie fait en ce moment sa petite agitation électorale; ils prennent bien leur temps !... Le gouvernement s'occupe du Mexique, pendant que deux cent mille ouvriers meurent littéralement de faim en Normandie. Il y a de l'inquiétude, un peu d'impatience, mais point d'indignation généreuse, point d'audace.

Je serais trompé, — et puissé-je me tromper ! — si cette crise se terminait par une explosion. Notre époque est bien celle des Césars : dissolution générale d'un côté, renaissance imperceptible de l'autre. De pareilles transformations prennent des siècles. La rénovation de l'ancien monde greco-latin a duré plus de sept siècles, de Socrate au concile de Nicée. La nôtre, en la datant de Luther ou d'Érasme, ne prendra pas moins de temps. Déjà nous avons eu plusieurs attaques : 1° la Philosophie : Bacon, Descartes, Leibnitz, Copernic, Galilée, Spinoza, Gassendi, Molière, Voltaire ; — 2° la *Révolution de* 89 ; — 3° l'ère des *monarchies constitutionnelles.* Nous en sommes au fédéralisme et au socialisme, que je représente en ce moment presque seul, mais qui, demain, peuvent avoir des partisans par milliers.

Dites-moi donc, mon cher ami, si vous viendrez, ou si je devrai, pour vous voir, aller cette année, comme les précédentes, vous dénicher à Spa ? J'ai toujours le désir de visiter la Hollande, et vous m'avez promis d'être de la partie. Qu'en pensez-vous ? que dois-je attendre de vous ?

Nous parlons de temps en temps, entre nous, de nos connaissances bruxelloises, mais il est deux noms qui planent sur les autres : c'est le vôtre et celui de papa et maman Bourson. Nous vivons dans votre souvenir. Je porte tous les jours le gilet *rouge* de votre beau-père ; je chausse ses pantoufles, je sors avec son parapluie ; votre portrait est en vedette sur la cheminée ; ma femme et mes enfants partagent mes sentiments.

Présentez nos amitiés à ces dames, et encore une fois, dites si vous viendrez, ou si je dois me remettre tout de suite à la *Pologne.*

Je vous serre la main.

P.-J. PROUDHON.

P.-S. J'ai des nouvelles de M. votre frère.

Amitiés aussi à Vandenbroeck, à M. Jotrand père,

au malheureux Haeck, si vous le voyez. Puisse-t-il recueillir le prix de ses efforts! Mais il lui doit être bien cruel de penser que sa pauvre femme a été en partie victime de son industrie.

Passy, 31 janvier 1863.

A M. BUZON

Cher monsieur Buzon, j'ai vos lettres des 2 et 23 décembre 1862, plus les volumes que vous m'avez envoyés et dont je n'ai pas encore commencé la lecture; plus le tonneau de vin si bien signalé et recommandé par vous, et qui, arrivé, aussitôt a été collé et mis en bouteilles. Peut-être eût-il mieux valu le laisser quelque temps en fût : c'est du moins l'opinion d'un de mes amis, quelque peu connaisseur. Mais je me suis souvenu que l'*aîné*, dont vous parlez, m'avait paru dans les commencements doux comme du lait, et que je l'avais peu ménagé; qu'au bout de deux ans il avait acquis une vigueur que je ne lui aurais pas soupçonnée ; et comme le *cadet* m'a paru s'annoncer avec le même caractère, j'ai décidé de l'embouteiller de suite et de le ménager mieux que l'autre.

Puisque j'en suis sur l'article *vin*, voici ce qui m'arrive :

À mon arrivée à Passy, je me suis trouvé à sec; nous avons rapporté avec nous, de toutes nos provisions de Belgique, une *douzaine de bouteilles*, dont quelques-unes seulement de celui que vous connaissez. C'est tout ce qui nous restait. J'ai fait achat d'un petit tonneau de vin de Roquemaure, côte du Rhône; vin ordinaire, si vous voulez, mais généreux, puissant, de très-bon goût, qui a le tort de donner sur l'oreille quand on ne s'en méfie pas, mais qui, trempé de trois fois son volume d'eau, constitue une excellente boisson, que je préfère à toutes les bières de Paris et de Belgique. C'est le vin que je réserve pour l'usage quotidien et les jours non fériés. Le vôtre, plus pacifique, plus fin, moins agressif, sera bu pur; ce sera le vin du père, le vin du brochurier, quand sa tête malade ne pourra supporter une goutte de ce perfide Roquemaure, et que son cœur réclamera cependant quelque chose de cordial. C'est vous dire, monsieur, que j'entends, avec votre médoc, faire feu qui flambe et vie qui dure, au lieu de la bombance que j'ai faite pendant près de deux ans à Bruxelles. Jamais jus de la vigne ne m'avait réjoui et fortifié comme celui-là. Jamais je n'avais rencontré si parfaitement unies tant de douceur et de vertu. Jamais je n'avais si gaillardement bu ma bouteille en un repas. A la fin, pourtant, ce vin si bienfaisant était devenu homme; on le sentait, sa force pénétrante se laissait voir, et je songeai, mais un peu tard, à le tenir en réserve. Que ne me préveniez-vous? Il avait passé; et quand il me fut donné de connaître tout ce qu'il valait, il n'était plus temps. Je vous ai dit tout à l'heure qu'à mon départ de Bruxelles, il y a trois mois, il ne m'en restait presque plus.

Mais parlons un peu affaires.

Depuis trois mois, je sue sang et eau pour accoucher d'une méchante brochure qui, je le crains fort, sera jugée par vous indigne de voir le jour. A peine rentré en France, j'ai été assailli par l'éditeur Dentu, qui

m'est venu demander *illico* une réponse aux journaux
qui m'échinaient. En écervelé que je suis, je lui promis son affaire pour la fin de la quinzaine; un joli
petit pamphlet de 60 pages au plus. Que le loup me
croque si jamais je me laisse influencer par un libraire.
J'ai commencé cette vilaine besogne dans des dispositions on ne peut plus polémiques; peu à peu, je
me suis aperçu que je me fourvoyais ; que ce n'était
pas de la polémique qu'il fallait ici, mais un travail
sérieux, solide et un coup terrible. Me voilà donc
refaisant mon ouvrage sur les épreuves, tant et si
bien qu'au bout de deux mois, je n'avais pas encore
fini; seulement, au lieu de 60 pages, j'étais arrivé à
200. — On met sous presse; la première feuille est
tirée; je ne sais combien de rames de papier *grand
jésus*. Mais voilà que la nuit une insomnie s'empare
de moi; c'était le diable ou mon bon ange, je ne
sais encore lequel, qui venait m'éveiller. Je songe que
j'ai fait une œuvre stupide, obscure, violente, digne
de mes adversaires, sans doute, mais faite pour me
déshonorer comme écrivain. De suite, je me lève, je fais
suspendre le tirage, et je déclare à Dentu que j'ai des
corrections à faire. Ces corrections m'ont pris encore
cinq semaines, et ma brochure, qui devait avoir 60 pages
au plus, dépasse 300.

Il est certain qu'un enfant ainsi bâti, conçu en quatre
reprises, jeté en fonte par morceaux, doit faire une
singulière figure. Vous y verrez force ratures, lacunes,
des bosses, des méplats, des solutions de continuité.
— Un nouvel avertissement, du ciel ou de l'enfer,
vous me le direz, m'a été de nouveau donné cette nuit,
et j'avais presque résolu de tout brûler et de renvoyer
la publication à Pâques. Cependant, après avoir dormi,

j'ai décide de laisser aller les choses et de n'y plus
regarder. C'est ainsi que je me trouve, en ce moment,
avoir à peu près terminé cet ouvrage. C'est un livre, et
ce n'est pas un livre ; c'est quelque chose d'hétéro-
clite, de très-fort par endroits, de soporifique dans
d'autres ; en somme, une idée formidable qui, si elle
porte coup, doit produire un effet énorme. En un mot,
je me suis dit que le fond sauverait peut-être la
forme, et c'est ce qui fait que vous recevrez peut-être,
sous huitaine, ma publication. Mais j'ai la cervelle en
bouillie et la tête comme une poire molle.

Le titre de cet ouvrage vous en fera préjuger le
contenu : *Du Principe fédératif et de la nécessité de recons-
tituer le parti de la Révolution*. C'est une démonstration
d'un genre à moi, de cette proposition : Que tous les
gouvernements connus jusqu'à ce jour sont des fragments dépareillés de la vraie constitution sociale,
laquelle est unique, la même pour tous les peuples, et
peut être appelée *République fédérative;* que hors de là
il n'y a ni liberté, ni droit, ni morale, ni bonne foi
(ceci prouvé surtout par l'affaire italienne et par la
conduite des journaux). Bref, c'est ce que j'appelle la
solution du problème politique; la définition de la République, définition restée à l'état de *desideratum*, si peu
connue encore que Suisses et Américains eux-mêmes
n'ont eu jusqu'ici qu'une conscience fort imparfaite
de leur propre état. Sur le tout, et comme broderie,
une critique de l'unité italienne et un examen
des objections faites par les journaux, où se trouvent traitées et résolues les questions les plus intéressantes...

Mais je m'aperçois que je cherche à corrompre mon
juge; ce qui est d'une déloyauté fort répréhensible.

Eh! bien, oui, malgré tout le bien que je pense de mon œuvre, je la juge imparfaite, et je regrette de la publier telle qu'elle est. Elle me déplaît. Peut-être est-ce la fatigue et le ressentiment d'une composition aussi irrégulière; je serais trop heureux de me tromper à ce point. Mais je crois que le démon de mes insomnies n'a pas menti, et que si je puis, à dater de ce jour, revendiquer l'honneur d'avoir, le premier, donné la *philosophie du système fédéral*, et résolu méthodiquement le *problème de la République*, jusqu'à ce jour demeuré un mythe, je n'aurai toujours pas fait l'œuvre classique que mon ambition est avide de produire et dont le malheur de ma destinée paraît vouloir que l'honneur me soit ôté.

Au reste, et quoi que vous jugiez de la valeur littéraire de mon opuscule, je ne crains pas de dire d'avance que la substance en est irréfutable, et j'appelle dès à présent à mon aide tous les vrais amis de la liberté et du droit. Tandis que la vieille démocratie recommence sa petite agitation parlementaire, j'invite les hommes de conscience et d'énergie à réfléchir, puis à se décider, et, une fois décidés, à faire montre de leur opinion dans toutes les occasions qui leur seront offertes.

Il existe en France certainement des éléments de fédéralisme : il faut les grouper. Nous avons pour nous le droit, la certitude, l'expérience de quatre-vingts ans de rétrogradation du système contraire. Nous sommes sûrs, dans les discussions, de l'emporter à tout coup; nous n'aurons contre nous que le préjugé de l'imagination et l'idéalisme des habitudes. Le temps se chargera de faire justice de ces résistances.

Le temps est venu d'agir, bien entendu, par les voies

de la. raison et de la prudence : nous ne devons pas en connaître d'autre.

Partout ailleurs, il n'y a que vanité et impuissance.

J'écris, en même temps qu'à vous, au papa Tourette.

Je vous serre la main.

P.-J. PROUDHON.

Passy, 10, Grande-Rue, 31 janvier 1863.

A M. PENET

Cher ami, voici mon histoire des trois derniers mois:
A peine arrivé à Paris, fin octobre, avec mon ménage
passablement écloppé, mobilier ébréché, vaisselle cassée,
la mère et les enfants malades, nous avons procédé du
mieux que nous avons pu à l'emménagement à l'adresse
ci-dessus.

Vous ne sauriez, cher ami, vous figurer l'énorme
fatigue dont j'ai été accablé. J'ai la cervelle si malade,
que par moment je ne puis ni lire, ni écrire, ni penser,
ni marcher. L'*Omnibus* m'est insupportable; il est des
moments où le simple balancement de mon corps, à la
promenade, me donne le mal de mer. Depuis six ans,
les médecins me commandent trois mois de repos
absolu, à peine d'accidents graves, et depuis six ans je
n'ai fait qu'aggraver d'année en année mes fatigues.
Ce dernier effort, à la suite de la secousse que j'ai subie
en septembre et d'une année très-laborieuse, m'a mis
sur les dents.

Vous sentez que mon ouvrage ainsi improvisé, re-
manié, doit être plein d'imperfections; cette nuit encore,

en y réfléchissant, je me demandais si je n'allais pas de nouveau tout briser et tout refaire. Cependant, le sommeil m'ayant calmé, je suis à peu près décidé à laisser partir mon œuvre; je ne demande point de grâce à mes adversaires, mais que les honnêtes gens me le pardonnent.

Dentu, me sachant si fort acharné, vous aura refusé mon adresse, comme il a fait à d'autres. Mais que n'alliez-vous tout droit à M. Gauthier? Vous deviez bien comprendre, cher ami, que celui-là saurait où j'étais, et, qu'en tombant chez lui, vous faisiez coup double. Enfin, vous ne l'avez pas pu, vos heures sont toujours si bien comptées, que vous êtes esclave du temps. Vous ne vous laissez aucune marge, et qui en souffre? Votre cœur et vos amis.

Voilà donc, suivant votre désir, nos relations rouvertes, et nos personnes notablement rapprochées. Les ports de lettres ne sont plus que de 20 centimes au lieu de 40; et quand les affaires vous amèneront à Paris, ce sera comme si elles nous réunissaient. Ceci n'est déjà pas peu de chose.

Que je voudrais moi-même aller faire un petit tour de France! J'avais espéré d'abord me donner la distraction de courir un peu, mon travail fini, avec un mien ami de Belgique, qui devait venir à Paris vers le 15 janvier; il a fait comme moi, il ne paraît pas et n'écrit point. Les affaires le tiennent. Maudites affaires!

Si mon nouvel ouvrage a le quart de succès que chez une nation tant soit peu intelligente il devrait obtenir, il produira un terrible vacarme. Mais nous sommes morts. Il n'y a plus de France, pas plus que de démocratie fançaise.

Saluez bien affectueusement pour moi tous les vôtres, et croyez-moi, en dépit de mes implacables servitudes,

Tout vôtre.

P.-J. PROUDHON.

Passy, 5 février 1863.

A M. LE MINISTRE DE L'INTÉRIEUR

Monsieur le ministre, le 20 octobre 1853, j'eus l'honneur de vous adresser une lettre par laquelle je sollicitais du gouvernement de l'empereur l'autorisation de fonder un journal. L'idée de cette fondation n'était point de ma part une vaine spéculation de journaliste ; entre autres motifs qui servaient d'appui à ma demande, je vous faisais observer que le gouvernement de Sa Majesté, qui était censé avoir *mis fin à tous les partis*, avait pourtant cru devoir leur conserver à tous la faculté de se faire représenter par un ou plusieurs journaux. Un seul parti avait été excepté de la mesure : c'était le parti démocratique socialiste, auquel je déclarais vouloir rester fidèle, et au nom duquel je demandais à rentrer dans ce que j'appelais le *droit commun*.

Cette lettre fut suivie d'une seconde, dont je n'ai pu retrouver copie et ne puis assigner la date.

A ces deux missives, il fut répondu verbalement de votre part, non point à moi, mais à un intermédiaire qui me le rapporta, que le gouvernement de l'empereur était alors préoccupé des affaires d'Orient, que, dans cette conjoncture, il jugeait inopportune la création d'un nouveau journal, surtout de la couleur du mien, mais que, la question d'Orient résolue de façon ou d'autre, le gouvernement ne voyait aucun inconvénient à faire droit à ma demande.

La guerre d'Orient est survenue ; elle a duré deux ans. D'autres travaux m'ont occupé : une condamnation pour délit d'offense envers l'Église, commis par la voie de la presse, m'a tenu pendant plus de quatre ans hors du pays, et mon projet de journal en est demeuré là.

Je viens aujourd'hui, monsieur le Ministre, avec une plus vive insistance, vous renouveler ma demande.

Mon intention n'est pas de recommencer l'agitation socialiste de 1848. Je n'ai d'autre but, en présence des observations des partis et des défaillances de la presse, que de rappeler les esprits aux vrais principes de 1789, et d'imprimer, si je puis, à la démocratie, une direction meilleure. La démocratie française, je pourrais aussi bien dire la nation, est désorientée ; elle n'a point de politique, elle n'a plus même de principes. Elle a pris le goût des aventures, et elle est prête à se lancer à la poursuite de toutes les chimères. Une semblable disposition d'esprit dans les masses est déshonorante pour le nom français, et, à tous les points de vue, pleine de périls. Admettant que les idées que je défends ne contiennent qu'une parcelle de vérité, j'estime, en présence de l'affranchissement de la raison publique, que dans cette parcelle il se trouverait encore assez de vertu pour ranimer les intelligences, rendre un peu de sincérité à la presse et d'énergie à l'opinion.

La brochure que j'aurai l'honneur de vous adresser incessamment vous fera connaître, au surplus, monsieur le Ministre, la pensée intime de mon entre-prise.

Le journal que je me propose, avec le concours de quelques amis, de publier sera politique, économique, littéraire, judiciaire et ecclésiatique.

Il paraîtra une fois par semaine, ou plus souvent, selon les exigences de la publication.

Il aura pour titre : *la Federation;* le rédacteur en chef ce sera moi.

Dans l'attente d'une réponse favorable, je suis, monsieur le Ministre,

Votre très-humble et très-obéissant serviteur.

P.-J. Proudhon.

Passy, 6 février 1863.

A M. DARIMON

Mon cher Darimon, Gouvernet me dit que vous voudriez avoir mes bonnes feuilles pour en faire des comptes rendus ou des citations. Mais je n'ai pas de bonnes feuilles : tout est composé, corrigé par moi, et en ce moment à la *censure* de l'éditeur et de l'imprimeur.

Aussitôt que cet épluchage sera terminé, je raccommoderai le tout et on tirera sans désemparer, de sorte que, la mécanique allant grand train et par petit nombre, tout sera prêt en même temps. Vous n'auriez pas réellement plus de vingt-quatre heures d'avance.

Maintenant, il faut vous dire que ce que j'ai fait n'est plus une brochure, mais un livre de trois cent vingt-quatre pages grand in-18. Le temps ayant marché, je ne pouvais m'amuser aux bagatelles de la porte ; et, dès l'instant qu'il s'agit d'expliquer au public un système aussi peu connu, même en Suisse et en Amérique, que la *fédération*, et de *renouveler le parti de la Révolution*, la chose devenait trop sérieuse pour être traitée en pamphlet. J'ai dû agrandir mon cadre : aussi puis-je

vous dire que vous arriverez bien avant les autres si vous voulez faire un compte rendu.

Peu de mes adversaires auront la volonté de me comprendre, peu seront même en état d'embrasser une pareille masse d'idées. Tout ce que nous avons pensé depuis 48 se retrouve là sous une nouvelle forme; nous avions une Économie politique, une philosophie, une morale, nous avons maintenant, chose que nous avons dédaignée et que nous devions dédaigner en 1848, une POLITIQUE. Mon livre sur la Pologne mettra le sceau à cette exposition nouvelle.

J'ai parlé de la *solution* Girardin, mais avec obligeance pour lui, tout en riant un peu de ses idées.

Je crois qu'il ne se fâchera pas; en définitive, si je ne suis pas de son avis, ce qui ne se pouvait, je l'ai parfaitement traité. Puisque vous voilà redevenu son collègue, vous approuverez cette manière d'agir.

Je me suis souvenu que vous étiez là.

Gouvernet m'assure avoir lu dans la *Presse* que le projet de loi sur la *Propriété littéraire* allait revenir.

Est-ce vrai? Pourriez-vous me communiquer ce nouveau projet? Vous savez que cette affaire m'intéresse à plus d'un titre.

J'apprends également que vos collègues du Corps législatif se montrent très-bien pour vous et qu'ils entendent ne pas se séparer de vous devant les électeurs. Quoi que je pense en mon particulier des élections, je sais gré à ces messieurs de vous rendre justice, et je ne vous cache pas que cela leur vaudra quelque chose dans mon esprit.

Bonjour. Je suis éreinté. Salutations à Mme Darimon et à son fils.

P.-J. PROUDHON.

Passy, 6 février 1863.

A M. EDOUARD CROS

Monsieur, je vous suis infiniment reconnaissant de votre obligeante communication. Au temps où je fréquentais comme vous le Collége de France, j'ai eu l'occasion de connaître M. *** par une traduction très-mauvaise du premier livre du *Pentateuque;* plus tard, j'ai lu sa *Kabbale*, traduite du Thalmoud, ouvrage intéressant pour l'histoire de la philosophie; puis j'ai aperçu de loin en loin le nom de M. *** dans le *Journal des Débats*. J'étais loin de me douter que j'eusse jamais pu attirer l'attention de ce philologue hébraïsant et rabbinisant: il paraît que je me suis trompé.

Je suis logé trop loin du Collége de France pour que je puisse savoir ce qui s'y passe, à plus forte raison ce que l'on y dit de moi. De quoi cela me servirait-il d'ailleurs? Parmi les innombrables critiques qui, depuis quinze ans, se sont mis à m'*échiner*, je n'en ai pas rencontré un seul qui se soit seulement aperçu que la très-grande partie de mes publications ne formait jusqu'à présent qu'un travail de dissection et de ventilation, si j'ose ainsi dire, au moyen duquel je m'achemine lentement vers une conception supérieure des lois politiques et économiques. Aussi Dieu sait ce que ces honorables critiques ont fait de moi. Déjà quelques-unes des idées que je cherche ont commencé de se faire jour dans mon esprit avec une ampleur et une netteté qui efface toutes les théories reçues; n'importe, on met sur le compte de la contradiction ce qui est le fruit de la dialectique, et, pour l'honneur des saintes doctrines, on persiste à faire de moi un communiste, *ergo* un ennemi de la famille et de la morale, un prêcheur de désordre, de spoliation et de matérialisme. Ce qu'il y a de plus drôle, c'est qu'on a fait de moi, en dernier lieu, un légitimiste, un orléaniste, un papiste et même un partisan du régime prétorien.

Je serai bien aise de savoir ce que va débiter M. ***. Déjà son collègue M.***, le protégé d'une dame vaudoise qui écrit de gros livres sur l'impôt, s'est exercé sur ma personne; mais je n'ai pu savoir sur quoi portait sa critique. Si je puis me donner un jour de congé, j'irai entendre, au moins une fois, M. ***.

Je vous remercie, monsieur, et vous salue bien cordialement.

P.-J. PROUDHON.

Passy, 7 février 1863.

A M. VANDENBROECK

Cher monsieur Vandenbroeck, je suis dans une inquiétude à laquelle je ne puis plus longtemps résister. Ne sauriez-vous vous informer discrètement de la santé de notre ami Delhasse, et m'en faire part? Je l'attendais pour le 15 janvier, mais j'ai su par lui-même que pendant un voyage en Angleterre il avait eu un refroidissement, qu'il avait été malade trois semaines; qu'à son retour à Bruxelles, il avait dû se remettre au lit, et qu'il attendait sa guérison définitive pour se mettre en route. La lettre où il me faisait part de toutes ces choses était du 2 janvier. Je lui ai écrit il y a huit ou dix jours, et suis sans réponse.

Vous savez, depuis longtemps, quelles inquiétudes m'inspire la santé de notre ami. Je crains une troisième rechute; j'ai peur que ce refroidissement ne dégénère en mauvaise maladie; enfin, je suis, malgré moi, effrayé et agité. L'amitié de M. Delhasse m'est entrée au cœur. Je donnerais positivement quelque chose de ma vie pour conserver la sienne; s'il venait à nous manquer, je crois que je ne souhaiterais pas de revoir la Belgique. J'ai pourtant encore quelques bons amis dans votre pays, parmi lesquels, je crois pouvoir, cher monsieur Vandenbroeck, vous compter vous-même, mais en voilà plusieurs (je parle de mes amis beiges) que j'ai vus mourir, et si une nouvelle catastrophe m'arrivait, je vous avoue qu'elle dépasserait mes forces.

Delhasse est toute âme, toute vertu, tout courage, tout dévouement; mais son corps n'est pas solide, et son pauvre cœur a été transpercé de la mort de son beau-père.

Un mot donc, si vos travaux champêtres vous le permettent.

Présentez mes hommages, s'il vous plaît, à Mme Vandenbroeck.

Dans quelques jours, je pense pouvoir mettre à la boîte un nouvel opuscule de 324 pages pour vous.

Tout vôtre.

P.-J. PROUDHON.

Passy, 11 février 1863.

A M. ALFRED DARIMON

Mon cher Darimon, j'ai reçu votre dernière lettre et je vous en remercie. Vous qui, comme député, devez recevoir toute espèce de documents, avez-vous connaissance des conclusions de la Commission française de l'Exposition de Londres, relativement à la suppression des brevets, et pourriez-vous m'en donner communication? Les conclusions, que je n'admets pas sans les avoir lues et étudiées, viennent, telles quelles, à l'appui de ma thèse sur la Propriété littéraire. Elles font voir l'inconvénient de toutes ces appropriations, même temporaires; à plus forte raison si on les rend perpétuelles.

Avez-vous enfin reçu le nouveau projet? Ce projet est-il comme celui de l'année dernière, pour la *perpétuité*? Car c'est là le point important?

Je suis de votre avis; je ne me soucie point d'aller voir M. Treilhard. Inutile d'aviser ces gens-là. J'ai remis l'exemplaire, avec les passages suspects, à Dentu, qui décidera lui-même. C'est un brave homme, qui ne comprend pas toujours ce qu'il lit, — il a d'ail-

saurai vraiment gré d'y réfléchir. Que, du reste, tout ceci ne vous fasse pas perdre de vue l'objet principal de ma demande, concernant la *suppression des brevets d'invention* et la *perpétuité* de la *propriété* littéraire...

Je vous serre la main.

P.-J. PROUDHON.

Passy, 11 février 1863.

A M. MILLIET

Mon cher et ancien collègue, j'ai reçu votre dernière
et très-obligeante lettre, par laquelle vous me pro-
posez de faire quelques insertions de mon nouveau
livre dans votre journal. J'ai reçu également deux
numéros dudit journal; langage télégraphique que
j'ai parfaitement compris et auquel je vais tâcher de
répondre d'une manière tout à fait explicite.

Ma nouvelle publication est considérable; elle comprend 324 pages grand in-18, grande justification,
caractère philosophie, pour parler notre vieux style
de typographes. Après avoir subi l'excitation de l'éditeur qui me demandait une réplique à toutes ces
ineptes attaques, j'ai compris que la chose était des
plus sérieuses; qu'au lieu d'une œuvre polémique,
c'était un travail de doctrine et de haute politique que
j'avais à faire; qu'il s'agissait tout à la fois : 1° d'expliquer au public ce que c'est qu'une fédération; 2° de
relever la démocratie française de l'état d'imbécillité où
elle est tombée depuis quinze ans.

Il est résulté de tout cela qu'après avoir écrit mon
travail d'un premier jet, et avoir laissé commencer le

leurs trop à lire ; — mais qui ne touche jamais aux idées, veut ménager un auteur et ne demande que des modifications de mots et de phrases, juste ce qu'il faut pour ne pas l'exposer à un procès.

Je vous répète que vous feriez bien, avant de citer mon nouvel ouvrage, de le lire : il y a là de grosses questions soulevées, notamment à l'endroit de la vieille démocratie, que je suis décidé à détruire. Je le lui dis assez crûment. Vous aurez donc à prendre position, non-seulement pour vous-même, comme député, mais pour la *Presse*, qui, si elle n'est plus de la vieille démocratie, n'est pas non plus tout à fait de la nouvelle.

Réfléchissez bien à ceci : je n'ai d'adversaires réels, dans la question italienne, que l'*Opinion*, le *Siècle*, et un peu les *Débats*. Je dis un PEU, parce que je regarde comme rien les feuilles monarchiques, et que le *Journal des Débats* est un semi-démocrate.

. Or, pour peu que la *Presse* aide ici à la publicité, et que Girardin s'avise d'entrer en conversation avec moi ou de gloser sur mon livre (ce qui, de lui à moi, se passera fort bien), nous sommes sûrs d'écraser les brouillons de l'*Opinion* et du *Siècle*, et d'avoir raison, à bref délai, de toute la jacobinière.

Seulement, je dois vous prévenir d'une chose : c'est que votre rôle, à vous, jusqu'ici un peu effacé (en tant que député, je vous le répète), va devenir considérable, si vous vous prononcez, avec force et adresse, pour les idées que je défends, et qui ne sont qu'une transformation de toutes celles que vous avez depuis longtemps adoptées.

Songez que vous êtes le représentant de la *Sociale*, et que vous allez avoir à en faire les actes, ce qui, depuis six ans, ne vous est pas arrivé. Vous êtes resté

confondu avec les rouges ; il est temps que l'on sache
ce que vous êtes.

Enfin, j'augure bien de la situation qui va nous être
faite à tous deux et à tout ce que nous avons d'amis.
Il faut que la démocratie soit nous ou rien. Voilà le
dilemme. Si nous ne devenons pas la Révolution, toute
la Révolution, nous ne sommes que de petits écrivail-
leurs, une coterie dans une coterie ; nous sommes
indignes d'occuper davantage la scène. Il faut nous
retirer. Je n'aurai été, comme on le reproche, qu'un
tapageur, et vous, mon acolyte. Or, c'est ce que je
n'accepte point, et que, j'en suis sûr, vous n'accepterez
pas davantage. Le moment est venu ; j'ai saisi l'occasion
au vol, et j'ai fait de mon mieux pour frapper un coup
terrible. A vous maintenant de parler ; votre position
vous fait la partie belle. Depuis six ans, vous avez été
seul ; vous avez agi sous votre initiative ; aucune
influence de mon côté et de celui de nos amis ne vous a
dirigé ; vous avez pu juger ainsi que dans la sphère
d'idées où nous vivons, l'on est vraiment libre. Maintenant il s'agit pour vous, toujours sous votre propre
initiative, de vous manifester tel que vous êtes, et que
vous avez été élu en 1857, dans le débat qui ne peut
manquer de s'élever entre la vieille démocratie et la
nouvelle, que ma publication va évoquer ; votre rôle,
je vous le répète, va devenir important pour tout le
monde. Ce ne sera pas précisément celui d'un chef de
bande ; ce sera, au moins tant que vous serez à la
Presse et au Corps législatif, celui d'un médiateur
arbitre, ce qui va à votre tour d'esprit, à votre situation et à votre style.

En commençant cette lettre, je ne pensais pas vous
parler de toutes ces choses ; puisque c'est fait, je vous

tirage, après une nuit d'insomnie pendant laquelle j'ai refait, dans ma pensée, mon travail, j'ai dû faire suspendre l'impression, et j'ai donné une tournure nouvelle à l'ensemble et aux détails de mon ouvrage.

Voilà comment, au lieu d'un labeur de quinze jours, j'en ai fait un de trois mois; comment, au lieu d'une philippique de 40 pages, j'ai mis au monde, vous le dirai-je, non pas seulement un livre, mais un système.

Au reste, ni le diable ni le bon sens n'y perdront rien. Les hommes sérieux, qui se rattachent, au moins pour la France, au gouvernement centralisé et monarchique, rendront justice à la sincérité de mes convictions républicaines fédéralistes, et, de plus, trouveront de quoi fermer la bouche, à tous les points de vue, aux ineptes partisans de l'unité italienne.

Vous devez vous douter, cher monsieur Milliet, que dans le temps où nous vivons, un livre de politique, signé d'un nom comme le mien, n'est pas chose facile à éditer pour un libraire. On s'y met (littéralement) à quatre pour éplucher mes épreuves, lorsque j'ai donné mon *bon à tirer;* puis, la ventilation terminée, il faut que je refasse, amende, adoucisse, etc., les passages suspects. En sorte que ce n'est qu'au dernier moment, quand tout est composé, mis en pages, révisé et expurgé, que l'on tire les feuilles, ce qui arrive en ce moment.

Aussitôt que j'aurai reçu ma cargaison d'exemplaires, je vous expédierai le vôtre sans retard. Et n'ayez crainte d'être des derniers dans votre compte rendu. Mes adversaires ne se presseront pas; il leur faudra du temps pour me lire; il leur en faudra davantage pour m'entendre; ils ne sauront pas d'abord de quel côté me saisir, et le public sera là pour les tenir en respect.

Je compte pouvoir vous expédier cette petite nouveauté lundi ou mardi.

Si vous avez occasion de rencontrer M. Grandclément, qui doit s'impatienter de ne pas voir arriver mon travail sur la *Pologne*, dites-lui que depuis plus de six mois, j'ai été arrêté à différentes reprises par des travaux extraordinaires; que mes démêlés avec la presse belge et française sont venus ensuite; puis mon déménagement, et qu'en ce moment, alors même que je ne serais pas absorbé par d'autres occupations, je serais probablement retenu par les troubles de cette même Pologne, qui se croit obligée de faire de temps en temps acte de rébellion contre une destinée qu'elle n'a que trop méritée. Je ne voudrais pas, en ce moment, avoir l'air d'écraser une *nationalité qui se raidit contre ses tyrans*, comme disent nos aveugles jacobins. On dirait que je *frappe les vaincus*, etc., etc. Laissons passer ce nouvel accès de fièvre, et nous prendrons ensuite la parole. Vous pouvez m'en croire d'avance : cette question polonaise est la chose la moins connue de notre siècle; c'est la plus grande mystification dont se soit jamais régalée la démocratie française. Je connais la matière à fond, pour l'avoir longuement et profondément étudiée, et je puis vous répondre qu'une fois que J'Y AURAI PASSÉ LA MAIN, ON N'EN PARLERA PLUS.

Bonjour, cher ancien collègue; pardonnez-moi si ma lettre ne répond pas entièrement à votre désir; je ne saurais faire autrement.

Tout vôtre.

P.-J. PROUDHON.

Passy, 12 février 1863.

A M. BERGMANN

Mon cher Bergmann, il faut enfin que je te fasse part
de ma réinstallation à Paris, après quatre ans et trois
mois de séjour à Bruxelles, et de mes premières opérations sur le sol natal.

Tu as du recevoir dans le temps, courant octobre, un
opuscule de moi, intitulé : *De la Fédération et de l'Unité
en Italie*. Mon correspondant de Paris, chargé de ces
expéditions, m'a assuré l'avoir fait parvenir. Mon
histoire des trois derniers mois date de là.

Une fois décidé à quitter la Belgique, à la suite de
l'étrange ovation des Bruxellois, je suis venu chercher
un appartement à Passy; puis, je suis retourné embar-
quer mon ménage, et nous sommes arrivés tous à Passy,
en médiocre santé, vers le 25 octobre.

A peine arrivé, mon éditeur Dentu me demande
illico une réponse aux journalistes qui avaient pour-
suivi de leurs invectives ma brochure sur la Fédération
et l'Unité, chose que je ne fais nulle difficulté de lui
promettre. Je pensais faire une œuvre polémique de
soixante pages d'impression. Une fois au travail, je me
suis aperçu, un peu tard, que c'était une œuvre

sérieuse que j'avais à faire, mais je ne me suis pas
découragé. J'ai redoublé d'énergie, et je viens enfin de
terminer une véritable exposition philosophique du
principe fédératif, une des choses les plus fortes et les
plus neuves que j'aie produites. C'est un volume
grand-18 de 325 pages. J'ai suivi ton exemple lorsque,
dans ton examen pour le doctorat, n'ayant pas
su faire de vers latins, tu te permis d'enseigner
à tes examinateurs eux-mêmes ce dont ils ne se
doutaient pas, le pourquoi de la longueur et de la
brièveté des syllabes en latin et en grec. J'ai entrepris
de faire voir ce que c'est que la fédération ou le système
fédératif, chose dont personne ne se doute encore, pas
même en Suisse ni en Amérique, bien que ce système
soit ce qu'il y a de plus actuel dans l'actualité même :
c'est tout simplement la destinée de l'Europe et la prochaine évolution politique du monde civilisé dont j'ai
tracé le tableau. Tu recevras cela dans une semaine,
au plus tard.

J'ai fait pour cela un effort herculéen. Épuisé de
longue main, déjà horriblement fatigué au mois de
septembre dernier, lorsque je vins à Paris faire ma
dernière brochure en réponse aux Belges, il m'a fallu
improviser, en quelque sorte ; puis *refaire*, après une
première rédaction défectueuse, ce nouveau travail qui
eût dû exiger au moins six mois de réflexion.

— J'ai eu tort, diras-tu. Il fallait laisser brailler et
faire un bon livre en y mettant le temps. Tu as mille
fois raison et tu ne t'en apercevras que trop. Mais tu
sais bien que la femme enceinte n'est pas maîtresse de
l'heure ni du moment : elle accouche là où elle se
trouve et comme elle peut, quelquefois sans douleurs,
d'autres fois avec d'horribles souffrances qui laissent

des traces incurables. J'ai été dans ce cas : l'enfant vaudra ce qu'il pourra, il a fallu marcher.

Je vais probablement aussi réimprimer, à Paris, un opuscule que tu ne dois point avoir, parce que l'introduction en a été interdite : ce sont mes *Majorats littéraires*, brochure de 180 pages. J'aurai donc le plaisir de te les offrir également bientôt.

Tout cela, joint aux opérations de l'emménagement, m'a absorbé tout entier, à tel point que j'ai suspendu toutes correspondances. Maintenant je vais prendre, si on me le permet, un peu de repos, dont j'ai le plus grand besoin. Ma pauvre cervelle a tant fonctionné depuis six mois que je ne puis plus marcher, et qu'au moindre mouvement je ne respire plus.

Et toi, où en es-tu ? Que fais-tu maintenant ? Tu m'as dit un jour qu'une fois tes grands travaux avancés, tu te livrerais aux détails de la science, ce qui peut-être te ferait mieux accueillir de tes confrères de l'Institut. J'ai, à ce sujet, interrogé un de tes compatriotes, M. Nefftzer, du *Temps,* qui est de mes amis et qui fait de toi le plus grand cas. Je lui ai demandé d'où venait que les savants, tes confrères, fussent si mal disposés pour toi ? Il m'a répondu que c'était tout simplement parce que tes idées ne sont pas les leurs. Tu es un peu pour les philologues de l'Institut ce que je suis pour les économistes, un hérétique, un faux prophète, un hétérodoxe. Il y a surtout un M. Maury, si j'ai bonne mémoire, que tes publications impatientent. Nefftzer a plus d'une fois, m'a-t-il dit, essayé de te concilier la faveur des critiques, ou au moins de diminuer leur antipathie : il n'y a réussi qu'à moitié. Voilà tout ce que j'ai pu découvrir. Tâche de savoir les objections de ces messieurs, de connaître leurs raisons : cela fait, tu pourras au moins te défendre ou te modifier, s'il y a lieu.

Je ne voudrais pas me prononcer sur ces choses, mais je sais, ou plutôt je vois très-bien depuis long-temps que tout se monopolise chez nous : il n'y a de philologues, d'économistes, de naturalistes, etc., qu'à l'Institut de Paris. C'est à peine si, lorsqu'un fauteuil devient vacant, ces messieurs jugent quelqu'un digne de le remplir. Tu n'est pas de la coterie; à Strasbourg, sur le Rhin, tu es un étranger, et malheureusement pour toi, la science que tu cultives n'est pas de celles qui peuvent émouvoir un public. Contre les Franck, les Baudrillart, les Garnier; contre la presse entière qui me harcèle, j'ai au moins un public à qui je puis parler et qui parfois prend mon parti; mais toi, que peux-tu? Essaye donc d'intéresser à ta philologie la bourgeoisie et la plèbe du dix-neuvième siècle!...

Je te serre la main bien cordialement. Comment se porte ta femme? Où en est ton ménage, ta famille, ta vie intérieure? Et, à ce propos, quand penses-tu prendre ta retraite? Tu dois avoir à cette heure au moins vingt-cinq ans de service.

Tout à toi.

P.-J. PROUDHON.

Passy, 16 février 1863.

A M. CHARLES BESLAY

Cher ami, vous me mettez tout à fait mal à mon aise.
En acceptant votre invitation pour Chaudey et pour
moi, je comptais sur quatre ou cinq personnes au plus,
vous et moi compris, pour convives, et voici qu'il
s'agit d'un banquet, d'une soirée, d'un club mangeant,
buvant, pérorant et fumant !...

Puisque vous me consultez, chose qui me rend tout
honteux, car il ne me convient nullement de vous
désigner vos convives, je me permettrai une simple
observation :

Il y a des hommes avec lesquels je ne refuserai
jamais de me rencontrer, d'autres pour lesquels je
crois utile de prendre quelques précautions, surtout
s'il s'agit d'une réunion *d'amis.*

Par exemple, je verrai volontiers M. Isoard, mais
seulement quinze jours après la publication de mon
livre ; MM. Delestre, Marais, Henneguy, que je ne
connais point ; de même M. Despois lui-même, que
j'estime fort, mais qui n'est pas avec moi, et qui peut
fort bien, après m'avoir défendu, se retourner contre
moi, quand il aura su la position que j'ai prise. Voilà

donc *cinq noms* qui ne peuvent, quant à présent, m'être agréables. Attendez, je vous en prie.

Villiaumé, que vous connaissez médiocrement, sera-t-il bien à sa place au milieu de cette réunion d'hommes qui, après tout, vont représenter l'ancien *Peuple* et se préparer à en poursuivre l'œuvre?

Quant à M. G***, j'aimerais autant que nous nous trouvassions ensemble dans une autre circonstance.

En résumé, pas d'éléments étrangers pour cette fois. Chaudey, Massol, Frison, vous et moi, le docteur C***, voilà pour le quart d'heure les hommes agissants de la compagnie ; G*** et R*** sont des amis de cœur, prêts à bien faire, et dont la présence ne soulève aucune difficulté, au contraire.

En ce moment, nous préparons une action ; plus tard, il y aura lieu de s'occuper de rapprochements : ce sera surtout votre affaire à vous, affaire très-difficile.

Donc, cher ami, si vous m'en croyez, réduisez la compagnie de samedi de moitié au moins, et les choses n'en iront que mieux.

J'ai vu Dentu aujourd'hui, il n'avait pas lui-même un seul exemplaire à me remettre. Ce sera pour jeudi.

En revanche, il consent, sauf de nombreuses corrections, à rééditer mes *Majorats*, et je vais m'en occuper dès demain. Ces deux opuscules se suivant coup sur coup, produiront, j'espère, bon effet. Ce sont trois jours de travail au plus ; vers le 8 mars, nous penserons aux *élections*. Ce sera assez tôt.

Je vais tâcher de disposer Girardin en ma faveur, bien que je l'aie un peu critiqué. Si je puis le faire parler sur toutes ces questions et entrer en correspondance avec lui, cela fera du vacarme, je vous en réponds. Malheureusement, quelqu'un qui le connait bien et qui sait ce qui se passe chez lui, m'assure qu'il est tout entier dévoué, et irrévocablement, au Palais-Royal. N'importe, je tâcherai de le faire aller un peu.

Bonjour, et à samedi.

P.-J. PROUDHON.

Passy, 20 février 1863.

A M. FÉLIX DELHASSE

Mon cher ami, j'ai reçu la vôtre du 12 courant, qui nous a définitivement tirés de peine. Nous avions pris la panique. Je craignais pour vous une rechute; grâce au ciel, vous voilà en bon état, et *nous ne pensons plus à vous*, ce qui veut dire que votre santé ne nous donne plus d'inquiétude.

Aujourd'hui vendredi, 20 février, je mets à la poste un exemplaire pour vous de mon nouveau livre, et un autre pour papa Bourson. Nous n'avons pas encore vu Paul : j'attendrai qu'il vienne chercher son exemplaire pour le lui remettre, et s'il devait repartir bientôt pour Bruxelles, je le chargerai volontiers d'une demi-douzaine pour nos amis communs.

Je suis toujours médiocrement satisfait de ce nouvel ouvrage, dont le fond me paraît aussi irréfutable du reste que neuf. Mais la forme et le style ne me paraissent pas aussi bien venus que dans les *Majorats*, que je remets en ce moment sous presse.

Mon éditeur Dentu a la vogue, il fait beaucoup, vite et mal; il travaille comme un homme qui a hâte de prendre sa retraite, dégoûté qu'il est des affaires et des hommes. Mais ce n'est pas une raison pour *pocher* les livres comme il vient de faire le mien.

Si je n'étais assuré de votre indulgence, je vous dirais, cher ami : En lisant cet ouvrage, attachez-vous à l'idée, voyez-en la portée, et oubliez la faiblesse de l'homme et de l'écrivain. La *République*, jusqu'à présent à l'état d'idéal vague, vient enfin de trouver sa *définition* : la démocratie moderne peut enfin juger son avenir et diriger sa marche; elle a trouvé ses principes, ses formules, elle a une politique. Mon titre saisit tout le monde, et d'avance les vieux partis se sentent frappés. Sans doute je serai l'objet de bien des contradictions, mais c'est le moins que j'aie à craindre. Un parti nouveau va se former qui, en peu de temps, dévorera les autres. L'Empire, mis en échec, sera contraint de marcher, de se transformer s'il peut, ou de donner sa démission.

Quelques corrections et additions faites aux *Majorats*, la suppression de la préface et des notes, la plupart inutiles aujourd'hui, que je vais publier à Paris, feront de ce petit livret, très-bien écrit, un second coup à la vieille démocratie, une seconde affirmation du principe fédératif.

Enfin, Dentu et les amis me demandent un pamphlet de trente pages sur les élections; ce que je ne leur refuserai pas. Vous connaissez d'avance, à ce sujet, mon opinion. Le système unitaire ainsi attaqué coup sur coup sera bien fort s'il tient bon : il n'a pour lui que sa force d'inertie, son ignorance et sa masse.

D'ici fin juin, ma *Pologne*.— Ne vous inquiétez point à ce sujet, cher ami. Je ne suis ni Autrichien, ni Russe; je n'en veux pas à la race polonaise, mais je suis plus que jamais sans pitié pour cette aristocratie orgueil-

-leuse, pourrie dès le treizième siècle, assassiné de la plèbe dès le onzième, et que le seul tort des puissances copartageantes est de n'avoir pas traitée, en 1772 et en 1796, selon ses mérites, en la dépossédant de ses biens et la mettant nue comme ver. C'est elle qui a organisé toutes ses révoltes dont les paysans ont fait les frais; c'est encore elle qui les pousse aujourd'hui, tantôt par promesses et séductions, tantôt par menaces et mauvais traitements. Je vous ai toujours dit que cette histoire est inconnue; je ne suis pas en état de dire ce qui se passe aujourd'hui, 1863, mais j'en sais assez sur tout ce qui s'est passé jusqu'à 1862, et quelque stupide qu'ait souvent été la politique russe, cela ne change rien au fond de la cause et ne peut faire que ce qui a été condamné et qui est mort ne l'ait été justement et irrévocablement. Mon éditeur Hetzel se montre effrayé d'un pareil livre, et il est possible qu'il refuse de s'en charger, tant le préjugé a été travaillé dans la démocratie française par les émigrés polonais. Mais je ne cèderai sur rien; en présence de la société de mangeurs et de dévorants au milieu de laquelle nous vivons, je ne ferai pas grâce, et c'est sur le dos des nobles polonais que je frapperai à tour de bras nos bancocrates de France, de Belgique, d'Allemagne, d'Italie et d'Angleterre. Car, ne vous y trompez pas, c'est l'aristocratie moderne qui s'agite sous le nom de Pologne et qui tend un nouveau piége à la plèbe nationaliste et patriote de tous les pays. Avez-vous remarqué aussi que, depuis quelques jours, le *Moniteur français* semble favoriser les insurgés? C'est de la diplomatie à la Bonaparte! Notre homme baisse d'une façon remarquable, il se contredit, il divague, il recherche la populacerie, sur laquelle je sévis comme on n'en vit jamais d'exemple.

Au reste, cher ami, si quelque fait nouveau venait à se produire qui dût modifier mon jugement, soyez sûr que j'en tiendrais compte. J'aime encore mieux la vérité et le droit que le triomphe de mes rancunes, et si votre conscience vous inspirait de m'avertir, n'y manquez pas : quand j'affirme une chose, j'entends être l'organe des honnêtes gens.

Pour aujourd'hui, je m'arrête; j'ai beaucoup à faire et à courir; quand vous m'aurez lu, nous reprendrons la conversation.

Mes hommages respectueux à Mmes Delhasse.

A vous de cœur.

P.-J. PROUDHON.

P.-S. N*** a vu Thoré, qui s'est déclaré *fédéraliste.* Ce diable-là a du flair.

Passy, 24 février 1863.

A. M. GUSTAVE CHAUDEY

Cher ami, je ne puis aller chez vous le soir, et je ne vous y trouve pas après-midi. C'est pourquoi je prends le parti de vous écrire; car, tout en me reposant et souffrottant, je ne néglige pas les affaires.

Il paraît qu'on s'anime de plus en plus à voter; tant mieux; je n'ai jamais voulu d'une abstention dénuée de signification. Mais, pouvons-nous faire une abstention générale, réfléchie, calculée, et qui ait la signification que nous voulons? Je l'espère toujours, sans y compter, comme on espère les choses qui sont raisonnables et vraies, bien que l'on s'attende à voir la folie prendre le dessus.

Je persiste donc à croire et à dire qu'il importe que l'abstention s'affirme et se pose, quitte à n'être pas suivie: l'insuccès, pour celui qui aura fait la motion, ne sera rien; le résultat, si nous avions gain de cause aux yeux du public, serait énorme. Donc, il vaut la peine de tenter l'aventure. Puis il faut que certaines choses soient *dites* et *publiées;* il faut que la masse soit éclairée; à ce point de vue je soutiens que, quoi qu'il arrive, j'aurai bien fait.

Donc, je vous le repète, je vais de l'avant, et prépare mon brouillon. Dans huit jours, ce sera au net, et Dentu me sollicite.

Je viens donc vous demander, pour ma rédaction, quelques *motifs* qu'il importe ici de bien accentuer.

Ainsi :

Serment politique ;

Circonscription ;

Bulletins ;

Influence sur les élections ;

Formation des listes, etc.

Toutes ces manœuvres sont faites pour éloigner des citoyens qui se respectent ; elles détruisent toutes garanties.

Politique intérieure : — Presse, tribune, Corps législatif, centralisation, sûreté générale, arrêts judiciaires, constamment rendus dans le sens absolutiste, (exemples à me fournir) ;

Politique extérieure : — Guerre d'Italie, guerre du Mexique, excitation à la Pologne, etc. (Sentez-vous aujourd'hui la scélératresse de ces excitations aux Polonais ? Comprenez-vous la faute des démocrates qui, en Pologne, en Hongrie, partout, ne cessent de déterrer des prétextes à un gouvernement d'aventuriers qui ne demandent que plaies et bosses ? — Mon cher ami, quand je songe à cette inconcevable ineptie démocratique, j'ai le cœur pénétré de tristesse.)

Donnez-moi vos notes et vos idées au plus vite. — J'écrirai, me tiendrai prêt ; on composera, nous corrigerons, amenderons, et nous lancerons l'affaire : ce sera très-prompt et très-leste.

Je pense entrer aisément en *trente pages ;* si je puis, je n'en ferai que quinze.

Je pose d'emblée l'abstention dans sa haute et énergique signification.

La démocratie, tout en rongeant son frein, a voté; elle a juré, l'expérience est acquise. Il ne faut pas traîner plus longtemps : il y a de très-grands inconvénients à refaire un nouveau bail.

Ne pensez-vous pas aussi qu'il sera à propos que je lance une protestation contre la politique qu'on paraît vouloir suivre en Pologne? Songez à cela. Voilà déjà des étudiants qui font des manifestations en faveur des Polonais ! Comme ils prennent bien leur temps ! Il est donc dit que jamais en France ne régnera le sens commun !...

J'ai la tête bien fatiguée : mais n'importe, répondez-moi d'abord; puis nous assignerons un rendez-vous à l'heure que vous m'indiquerez et auquel je me rendrai à mon tour, et nous viderons tout.

Je vous serre la main.

P.-J. PROUDHON.

Passy, 25 février 1863.

A M. LEBÈGUE

Mon cher monsieur Lebègue, j'ai pris la liberté de vous faire adresser pour mon compte par Dentu, entremise Borrani, un paquet de librairie comprenant dix-sept exemplaires de mon nouvel ouvrage sur le *Principe fédératif.*

Le premier de ces exemplaires est pour vous. J'espère, cher patriote, que vous voudrez bien le recevoir en souvenir de nos bonnes relations, et en témoignage de l'amitié que j'ai toujours eue, et quand même, pour vous.

Les seize autres sont aux destinations indiquées dans la note ci-incluse. Chargez, s'il vous plaît, un de vos jeunes gens d'en faire pour moi la distribution, et donnez-lui, à mon débit, un petit pourboire.

Vous allez trouver cet imprimé abominable. Jamais on ne vit tirage plus affreux. Hélas! ils sont loin les jours où une impression chez vous, dans votre gentil atelier, était pour moi un divertissement. Je connaissais tout le monde; j'étais avec les ouvriers comme avec le maître, et nous ne faisions pas trop mal. Tout ce que vous avez imprimé pour moi est œuvre de luxe en com-

paraison de ce que bâcle et poche le pauvre Tinterlin,
sous le nom de Dentu.

Ma première brochure, *Fédération et unité*, a été tirée
à 12,000 ou 15,000, je ne sais le chiffre. On en tire
encore. Mon nouveau volume paraît devoir aller au
même chiffre; nous marquons déjà 6,000. Nous avons
sous presse les *Majorats* (émondés bien entendu). Vous
savez que MM. de la bohème ont tenu à reproduire
leur fameux projet, ce qui me donnera le plaisir de les
colaphiser à la face de la France. Enfin, j'ai encore
d'autres bagatelles en perspective. — Voilà, cher monsieur Lebègue, où j'en suis pour les affaires d'impression. — Hetzel tremble à la seule pensée du manuscrit
que je lui destine, que je lui ai promis, sur la Pologne.
— Garnier frères m'assiégent pour avoir un travail *sur*
l'amour et les femmes. Comme ça me va! L'*Amour et les*
Femmes!..... Enfin, je débite assez bien ma marchandise,
mais cela ne produit guère.

En ce qui touche la politique, vous verrez, en par-
courant mon livre, que je sais aussi bien faire justice
des préjugés de mes compatriotes que des méprises des
étrangers. La presse française et la démocratie en
masse me sont tombées dessus. Eh bien! je me rue à
mon tour sur la démocratie et la presse, et vous verrez
que le battu, en dernière analyse, ne sera pas moi. J'ai
rompu avec éclat avec mes bons amis les démocrates;
je n'en suis pas devenu pour cela ni impérialiste, ni
orléaniste, ni clérical, je suis quelque chose de mieux:
C'est moi qui, dans ce moment, porte seul le drapeau
de la Révolution, de la République, de la Liberté et du
Droit. La guerre est bien déclarée, bien entamée, bien
accentuée, et je n'en reviendrai pas de la résolution que
j'ai prise, je vous le certifie. Pourquoi en renvien-

drai-je? La démocratie en a dans l'aîne; elle ne reviendra pas du coup. C'est une question de temps. Quant à la presse, pourrie et vénale, j'ai commencé à lui dire ce que je pense d'elle; je ne m'arrêterai pas davantage. Je veux prouver au monde qu'il suffit, quoi qu'on dise, d'un homme résolu pour faire prévaloir la vérité contre les barbouilleurs de papier et phraséurgistes d'un Empire. C'est déjà merveilleux de voir comme mon idée entre dans les têtes, et quel ravage cela fait. Attendez un peu, et vous verrez.....

Cela m'amène à vous reparler de la Belgique, que j'ai nommée à plusieurs reprises dans mon dernier travail. Et d'abord, vos concitoyens commencent-ils à voir dans quel abominable pétrin ils se sont jetés, avec leur faux libéralisme, et leurs fantaisies italiennes et polonaises? Ce n'est déjà plus l'Italie qui sert de prétexte à une invasion de la Belgique et du Rhin, c'est la Pologne! Pour délivrer les Polonais, ne faut-il pas attaquer la Prusse, par conséquent occuper le Rhin? Et peut-on prendre le Rhin sans prendre la Belgique? La Belgique n'est-elle pas alliée du Prussien? N'est-ce pas pour lui que vous avez construit la citadelle d'Anvers?... Un de ces matins, si j'en ai la force, je vais protester contre les polonophiles; cela fera jeter les hauts cris, mais je redoublerai, et là encore je finirai par avoir raison. Quelle génération bête que la nôtre !... On n'était pas comme cela, ce me semble, en 1825. Mais déjà en 1830 nous étions gris, et, en 1863, nous sommes tout à fait saoûls.

Votre vieux roi tire à sa fin. Le duc de Brabant est moribond; que peut la Belgique avec un enfant en bas-âge, et un régent de la force du comte de Flandre? — Votre salut, le salut des Belges est dans le retour au principe fédéraliste, que je propose, et dont votre pays d'adoption s'est constamment écarté depuis dix ans; il ne faut que cinq minutes de réflexion pour vous le faire comprendre. La politique unitaire de MM. Frère et Rogier a été une faute, dont tout Belge ami de son pays se doit à lui-même de décliner la responsabilité.

— Voulez-vous, cher et ancien patron, que je me charge pour vous de cette besogne dans l'*Office de publicité?* Je vous promets de faire bondir toutes vos communes, et d'opérer la révolution dans les esprits en une semaine. Cela vous va-t-il, directeur?

Vous n'avez pas répondu à mes deux dernières, mon cher monsieur Lebègue; c'est mal. Vous me gardez rancune; vous avez tort. A force d'aiguillonner le sanglier, vous deviez bien penser qu'il finirait par vous donner du croc. Mais ne parlons plus de cela. Je reçois de temps à autre un numéro de l'*Office de publicité*, qui me fait penser que l'éditeur ne m'oublie pas. Parlons donc, comme autrefois, en compères, et répondez-moi.

D'après mes notes écrites, j'ai reçu de vous le 26 juin 1862, à valoir sur l'édition de l'*Impôt*, 250 fr.

Même jour, prix de deux articles	100
Le 4 septembre	400
Courant octobre, par ma femme	300
TOTAL	1050 fr.

J'ai à mon crédit:

Droits d'auteur de la théorie de l'*Impôt*, par convention verbale entre nous . . . . 500 fr.

Droits d'auteur sur une édition des *Majorats*, à régler. . . . . *Mémoire*

Quatre articles dans l'*Office de publicité*, dont le premier, dans mon intention, ne devait pas

être payé, et les autres ont été ensuite portés
par vous-même à la somme de 100 francs
l'un. Si après tout ce qui s'est passé, vous
jugez qne ce prix soit excessif, j'accepte la
réduction que vous ferez; vous n'ignorez pas
que j'ai toujours été, sur cet article, fort modeste. Ci . . . . 300 fr.

En supposant que vous m'accordiez seulement
25 centimes par exemplaire sur les *Majorats*, ce serait
une somme de 250 francs qui ajoutée, aux 800 francs
portés ci-contre, fait balance avec mon débit. — Je
m'étais imaginé d'abord que vous me redeviez quelque
chose. Je reconnais aujourd'hui mon erreur; je reconnais de plus que c'est moi qui suis votre redevable,
pour les quelques articles que vous m'avez expédiés en
dernier lieu et les menues dépenses que va vous occa-
sionner le port et la distribution de mon paquet.

Daignez donc me dire, cher monsieur Lebègue, si
nous sommes d'accord, et vous couvrir de votre petite
créance au moyen d'une brochure, ou par tel autre
moyen que vous préférerez.

Ceci ne veut pas dire que, notre compte définitivement réglé et soldé, nous n'aurons plus rien ensemble.
Oh! non. Je ne lâche pas comme cela mon monde, et
parce que nous nous sommes vexés et mortifiés l'un
l'autre, je n'en conclus pas, sauf votre bon plaisir, que
nous devions nous tenir pour ennemis. Je n'en ai peut-
être pas encore fini avec la Belgique, et j'aurai probablement encore plus d'une occasion de lui prouver
qu'elle n'eût jamais meilleur hôte ni voisin que moi.
Son seul tort, à mon égard, a été de vouloir tirer de moi
des explications que j'étais humilié d'avoir à donner,
que j'ai refusées et qui ont été ainsi la cause de mon

départ. Ce que je veux aujourd'hui, cher monsieur Lebègue, c'est régulariser notre compte, d'après le proverbe qui dit qu'un compte réglé réveille les amitiés qui dorment.

Dans ces sentiments, je vous serre la main.

P.-J. PROUDHON.

Passy, 28 février 1863.

A M. GRANDCLÉMENT

Monsieur, je viens de lire tout d'un trait votre dernière excellente lettre du 25 courant, et puisque je
dispose d'un instant de liberté, je m'empresse de vous
répondre sur-le-champ. Si je différais de deux jours
seulement, les embarras s'accumulant, je ne le pourrais
plus.

Voici où en est mon livre sur la POLOGNE, c'est-à-
dire mon nouveau travail sur la *propriété*. Ce n'est pas
à vous qu'il faut dire que la propriété est une véritable
mer (?) à moi; mer à boire; que son histoire seule
exigerait le sacrifice d'une vie, et je ne me sens pas
assez bénédictin pour m'enterrer ainsi sur une question
unique. J'ai hâte de savoir, d'embrasser une certaine
quantité d'idées certaines, et, quand l'érudition ne
marche pas assez vite à mon gré, je ne me gêne guère
pour recourir à une faculté divinatoire. — C'est ce qui
m'est arrivé, entre autres, pour le *Principe fédératif*,
dont je viens d'esquisser brusquement, en 100 ou
200 pages, la théorie, ou si vous me permettez ce mot
ambitieux, la philosophie, laissant à d'autres le soin
d'en approfondir par le menu tout le système. Ce fédé-

ralisme, qui bouillonnait depuis trente ans dans mes veines, a fait enfin explosion aux attaques combinées de la presse belge et française ; le public juge maintenant. Ce que je me permettrai de vous en dire, à vous, mon maître en fait de propriété, c'est que je regarde cette ébauche comme un fragment détaché de la théorie de la Propriété elle-même, théorie qui aurait déjà vu le jour, si depuis six mois je n'avais été arrêté par les tribulations que me cause le jacobinisme franco-belge et italien, et par la nécessité de lui répondre. Mais rien n'est perdu ; je regarde même cette publication improvisée, de même que les *Majorats littéraires*, dont je vais publier une seconde et meilleure édition, comme un heureux prélude à mon travail sur la Propriété.

Ce travail formera de 100 à 120 pages, pour ce qui concerne la philosophie générale de l'institution seulement. L'ouvrage entier aura deux volumes, de 360 à 400 pages ; le premier volume roulera tout entier sur les principes organiques des États ; le second sera la démonstration ou confirmation du premier par l'histoire de Pologne. L'esprit général de ce travail sera naturellement fédéraliste ; je vous ai dit plus haut que ma dernière publication était une sorte de fragment, ou extrait de cet ouvrage. D'après tout cela, comme d'après ce que vous avez entre les mains, vous pouvez aisément vous faire une idée de ce que sera mon livre.

J'ai cherché à bien me pénétrer de ce qu'est la *propriété*, (c'est l'alleu que je désigne exclusivement par ce mot), la *possession germanique* et *slave*, et enfin le *fief* ; — j'ai tâché de m'éclairer à l'aide de quelques faits historiques, empruntés surtout aux institutions de Rome, du moyen âge et de l'histoire de Pologne ; j'ai essayé de répandre sur le tout la lumière que me fournissent mes faibles études d'Économie politique, de morale et de religion, et je crois avoir assez bien connu l'essence et la fonction de la propriété pour oser présenter les 120 pages que je vous annonce comme une *solution du problème*. Je ne crois pas avoir rien fait de plus extraordinaire que cela. J'ai éprouvé de ce travail la même surprise que j'avais ressentie autrefois, en 1840, de ma première critique, quand j'eus reconnu le caractère *antinomique* de la propriété, et prouvé que son principe était justement celui qu'ont condamné Jésus-Christ et l'Église, le principe d'égoïsme et de concupiscence, ou plus brutalement, le principe du vol. La question était ainsi de montrer comment la plus libérale de nos institutions, partant la plus sociale, pouvait avoir sa racine dans le *péché* même, et c'est ce que je crois avoir fait de la manière la plus heureuse et par une déduction qui anéantit définitivement et du même coup la théorie chrétienne du mal, le communisme platonique et ecclésiastique, le féodalisme germanique, polonais, moyen âge, et bancocrate; la monarchie, le césarisme, le malthusianisme, les *latifundia*, etc.

Vous sentez, monsieur, combien j'ai dû partir de haut pour enserrer toutes ces choses et présenter une si vaste déduction en 100 ou 120 pages. J'ai maintes fois éprouvé cette vérité, que le moyen d'abréger est bien souvent de rassembler et de condenser le plus de faits et d'idées possibles; c'est, je l'espère franchement, ce qui ma sera arrivé pour la propriété. Si j'ai réussi, j'ose dire que la plus dangereuse passe de l'époque présente aura été franchie, et que l'on comprendra enfin ce que c'est que la *Révolution française*. — Dans tout ceci, vous m'aurez été d'un précieux secours, et

quoi que vous pensiez de l'extension singulière que j'ai
donnée à ma thèse, de tout ce que j'ai cru y voir et que
j'en ai fait sortir, de tout ce que j'y rattache, je n'en
pense pas moins que le petit avertissement que vous
m'avez donné au moment même où je remuais avec le
plus d'ardeur ces questions, ainsi qu'en témoigne ma
Théorie de l'Impôt, a été pour moi décisif; l'étincelle
que je poursuivais, agitée par vous, est devenue tout
à coup un soleil; j'ai tout compris. Donnez-moi encore
trois ou quatre mois de répit et peut-être direz-vous à
votre tour, après avoir lu mon ouvrage: *Je comprends
tout!...*

— Voici ce que je pense de la Belgique et du cha-
rivari qu'elle m'a donné : Il existe certainement en ce
pays un parti français ; mais ce parti n'a pas encore
conscience de lui-même, et il n'a été pour rien dans
mon affaire. D'autre part, tout n'a pas été bêtise pure
dans les manifestations dont on m'a régalé; il y avait
une impulsion secrète venant du gouvernement même.
A quelle cause l'attribuer ? Selon moi, le gouvernement
de M. Frère, unitaire par ses tendances, d'autant plus
unitaire qu'il affiche plus de libéralisme ; à ce titre,
ami de Victor-Emmanuel et de Garibaldi, allié de Pal-
merston et de la Prusse, ainsi que le prouve la cons-
truction de la citadelle d'Anvers; ce gouvernement,
dis-je, voyait de mauvais œil mes manifestations fédéralistes, rappel au vieil esprit flamand et belge. Puis,
les anniversaires de septembre approchant, on a voulu
régaler le roi Léopold d'une ovation, ce qui ne se pouvait mieux faire que par le cri de: *A bas les annexionistes!* Sous ce dernier rapport, le succès de la petite
intrigue a été complet : Jamais la Belgique n'a tant fêté
son roi. Quant aux tendances unitaires, elles ont été

mises en plus grande évidence qu'auparavant, et les
gens instruits ont compris que si quelqu'un en Belgique
servait l'annexion, c'étaient surtout les *libéraux*, c'était
la politique de MM. Rogier et Frère. Les choses en sont
là. Si le système d'agglomération n'est pas arrivé à sa
fin, je ne serais nullement surpris que le Belgique
redevint, pour un temps, française; — tout se dispose
pour cela. Elle ne peut rester libre que par un déploie-
ment des idées fédéralistes, que les Belges comprennent
aussi peu que les badauds parisiens eux-mêmes. Le
pouvoir central tient tout, seulement il ne le laisse pas
voir; la Belgique se croit libre avec ses bourgmestres
qui ne sont guère, dans les plus grandes villes, que des
sous-préfets; mais, jamais, avec une pareille adoration
de soi-même chez un peuple, vous ne vites pareille
stérilité. Les hommes d'élite ne se font aucune illusion
à ce sujet: mais ils sont une élite, et notre époque
n'estime que les *masses*.

— Il est assez difficile en ce moment de juger le
mouvement polonais. L'étude très-suivie que j'ai faite
de leur histoire et les faits récents me conduisent à une
opinion un peu différente de la vôtre, mais que je ne
donne encore que comme conjecturale.

Les nécessités de la civilisation générale, plus que
toute autre cause, ont imposé à l'autocrate l'émancipation des paysans. Cette émancipation fait de lui, en ce
moment, le souverain le plus populaire du globe, et
conséquemment anéantit, comme vous le dites fort
bien, la puissance nobiliaire. Mais loin que le tsar ait
fait de cet anéantissement des nobles le but de l'émancipation des paysans, on peut dire que c'est à contre-
cœur qu'Alexandre II a dépossédé sa noblesse; que la
manie, je dirai même la grande faute des tsars depuis

1772, a été de ménager et soutenir quand même la noblesse, tant polonaise que russe, et qu'aujourd'hui encore c'est dans l'empereur, dans son gouvernement que la noblesse moscovite, place sa dernière ressource. Je sais cela de bonne source par une fréquentation de deux ans avec des nobles russes à Bruxelles.

Qui donc s'insurge aujourd'hui contre le tsar? — Les paysans de Pologne? Non : ils attendent un ukase qui leur donne la terre, comme l'ont reçue les paysans de Russie; comme l'ont prise, en 1846, ceux de Galicie. — Les nobles polonais? — Sans doute cette noblesse aspire toujours à l'indépendance : mais elle est très-divisée; elle se méfie des paysans; elle tient à ne pas livrer ses domaines; elle se sépare radicalement de la population des villes, animée d'un esprit jacobinique mêlé de beaucoup de socialisme. Ce sont donc les habitants des villes surtout, bourgeois, ouvriers, israélites, ajoutez quelques étudiants, quelques paysans et quelques nobles, qui forment à cette heure le parti de l'insurrection. Du côté de l'Autriche rien ne remue : cela se comprend. Depuis 1846, la noblesse a été massacrée et dépossédée par les paysans galiciens, actuellement aussi bons sujets de l'Autriche que les paysans de la Vénétie. Et qu'est-ce qui rend les soldats russes si furieux dans la répression? C'est que ce sont des paysans émancipés, qui dans l'insurrection polonaise ne voient qu'une réaction nobiliaire. Le duché de Posen, qui appartient à la Prusse, n'est pas non plus très-tranquille; mais on n'y remuerait pas, si les Polonais ne voyaient la division entre la couronne et la démocratie prussiennes.

En résumé, le nœud de tous ces mouvements est dans la *propriété*, qui n'est franchement constituée dans

aucun de ces pays. En Pologne, la terre n'arrive jamais
au paysan, qui malgré les plus belles garanties légales
reste toujours misérable et déshérité ; — en Russie, la
terre vient de passer aux paysans, mais à titre de *possession* seulement, pour un tiers ou moitié environ du
sol; quant à la noblesse, elle est ruinée, sans qu'elle
puisse accuser l'empereur, ni les paysans, ni personne,
et sans qu'elle ose remuer. Chose qu'on ne comprendra
en France que lorsque mon livre aura paru, le vrai
foyer de la réaction et de la servitude est toujours en
Pologne, parmi les adversaires nés du tsar. C'est là ce
qui a fait depuis un siècle la condamnation irrémissible
de cette *nationalité.*

— Ce que j'ai cité de Turgot n'est pas extrait de
Turgot, dont j'ai les œuvres complètes; mais d'après
un auteur américain qui n'indique pas ses sources.
Comme cet auteur ne proteste pas contre les paroles
qu'il rapporte, et qu'il se borne à dire que la plupart
des observations de Turgot ont été suivies de redresse-
ments, je ne crois pas que l'on ait droit de m'objecter les
paroles de Turgot même.

— Je recevrai toujours avec grand plaisir, monsieur
Grandclément, vos communications, bien que, d'après
ce que je vous ai dit plus haut, je ne crois pas devoir
me jeter dans l'érudition. Ma mission, puisque j'ai tant
fait que de m'en donner une, est de dégager, *grosso
modo*, les principes de la société nouvelle, et d'en présenter aux générations pressées une première esquisse.
Travail à refaire, naturellement, et qui se refera cent
fois, si, comme j'en ai la confiance, je suis dans la voie
du droit et de la vérité. Car si le droit et la vérité sont
par essence immuables, il n'en est pas de même des
rapports qui les traduisent, et qui, changeant inces-

samment, exigent sans cesse de notre part une nouvelle exégèse.

Vous êtes peu indulgent pour ce brave garçon, de X***, qui a eu le malheur de faire de très-faibles études, si tant est qu'il ait jamais étudié, et dont le cerveau n'était pas de force à suppléer de lui-même à l'absence des maîtres. Je sais très-bien aussi, et depuis fort longtemps, qu'il est rattaché aux idées soi-disant conservatrices et gouvernementales : ceci est dans son tempérament et dans ses mœurs. Au total, je l'ai connu, il y a plus de trente ans, bon confrère ; je le crois au fond bon citoyen et bon homme, et lui pardonne toutes ses faiblesses. Je ne doute pas que ses éloges ne soient plus faits pour me compromettre que pour me faire honneur ; — mais, que voulez-vous ? Depuis que j'ai commencé de penser par moi-même et d'écrire, autant je me suis montré intraitable sur tout ce qui intéresse les principes, autant j'aime à me dédommager, à l'occasion, par ma facilité avec les hommes.

Tout ceci, bien entendu, entre nous.

Je vous serre la main.

P.-J. PROUDHON.

Février 1863 (jeudi).

A M. DARIMON

Mon cher Darimon, vous êtes incroyable. Dentu
envoie un exemplaire à la *Presse :* cela lui est facile,
c'est lui qui les a; je suis à Passy, et ne vais pas tous
les jours au Palais-Royal. En ce moment même, jeudi,
midi, je n'ai reçu que trois exemplaires, un que j'ai
remis à Chaudey, qui ne l'a pas volé ; un à mon voisin
le gros Gauthier, qui m'assiége, et le troisième que je
destine justement à M. de Girardin. Le ministre Persigny, à qui je l'ai annoncé dans ma pétition, est condamné comme vous à attendre le sien. J'attends aujourd'hui une pacotille de Dentu : viendra-t-elle? Je
ne le sais. — En tout cas, je ne puis aller à Paris.
Demain, tout s'éclaircira..... — (A l'instant même, un
paquet m'arrive ; et je puis commencer ma distribution).
— Eh bien, cher ami, M. *Jauret*, un unitaire, m'estro-
piera, c'est dans l'ordre. Ni vous ni Girardin n'y
pouvez rien. Songez qu'en ce moment-ci, je dois avoir
tout le monde contre moi : la démocratie, l'orléanisme,
la légitimité, l'Église, l'Empire; et tout le monde pour
la même cause, parce que je défends, aussi bien au
point de vue français qu'à celui de l'Italie, le principe

fédératif. La Vérité et la Justice ne pouvaient avoir un plus compromettant avocat. Je m'en moquerais, si l'imprimeur de Dentu n'avait pas *poché* mon livre. Jamais je n'ai vu pareille maculature. Dentu a la vogue ; il fait beaucoup, vite, et à vil prix, et il vend cher. Il est pressé de faire ses orges et de prendre sa retraite ; et c'est moi, avec mes élucubrations fédéralistes qui en pâtis. Que faire à cela ? Se résigner et attendre. Les Garnier refusent de moi tout écrit politique ; voilà Hetzel qui à son tour ne se soucie pas, de peur des vengeances et du blâme, de ma *Pologne*. Dentu, au contraire, m'en demande encore, et encore. Je suis forcé de dire : *Celui qui sera mon curé, je serai son paroissien.* Si pourtant j'avais pu prévoir tout ce qui arrive, j'aurais gardé mon manuscrit encore trois mois ; je l'aurais révisé et j'aurais fait un livre qui, pour le contenant comme pour le contenu, n'aurait pas autant laissé à désirer.

Revenons à Girardin.

Je vais lui envoyer mon volume avec une lettre.

Je sais qu'il est attaché à la cause de l'Unité italienne par ses affections, et qu'il n'en reviendra pas : ainsi je n'attends rien de lui. Quant à vous, vous vous faites illusion, si vous vous imaginez que la *Presse* plus ou moins inféodée au Palais-Royal, puisse devenir une arène pour le fédéralisme. La *Presse* se taira, me travestira, m'enterrera : c'est acquis d'avance. On se souviendra de mon travail, quand on ne pensera plus à l'Italie, que le Gouvernement impérial aura été emporté, et que l'on s'occupera de décentraliser.

Jusque là, silence : mon nouveau livre, irréfutable, sera traité comme l'ont été mes ouvrages sur l'*Impôt la Guerre et la Paix*, etc. Et ce n'est pas le public qui réagira en ma faveur.

Je vous serre la main. Pour aujourd'hui, je suis accroché à mon bureau; demain je m'occuperai de mes distributions et vous ferai parvenir votre exemplaire.

Bonjour.

P.-J. PROUDHON.

Passy, 29 février 1863.

A M. DE GIRARDIN

Monsieur de Girardin, si M. Dentu ne m'avait devancé, vous auriez reçu à la place de M. Jauret, l'un de vos collaborateurs que je n'ai pas l'honneur de connaître, le premier exemplaire de mon nouvel ouvrage sur le *Principe fédératif*. Je vous le destinais, non pour solliciter votre adhésion de journaliste ou votre indulgence de critique, mais comme carte de visite, à titre de salut et de souvenir, et afin de vous montrer que, si nous sommes divisés d'opinion sur cette matière comme sur tant d'autres, je n'en ai pas moins conservé pour votre personne, depuis ma sortie de France, une sympathie réelle.

Pourquoi faut-il que vos affections vous éloignent d'une idée qui est essentiellement vôtre, que vous affirmez à chaque instant, qui est au fond de toutes vos théories, et qui est le but de toutes vos aspirations? J'ai dû critiquer la solution que vous avez proposée, lors de votre rentrée dans la *Presse*, sur la question italienne; et je crois m'être acquitté de ce devoir de manière à ne pas offenser votre amour-propre. Mais combien j'ai regretté que vous vous fussiez engagé de la sorte sur une hypothèse que je regarde comme un malheur pour la liberté et le progrès!.... A présent votre opinion est formée, votre conviction s'est affermie; vous tenez à l'unité italienne comme à votre amitié pour le prince Napoléon. C'était fatal, et rien ne vous en ramènera plus.

Il ne me reste donc qu'à protester vis-à-vis de vous d'une chose : c'est qu'en attaquant à fond de train, non-seulement au point de vue de l'Italie, mais à celui de la France elle-même, le système unitaire, en saisissant cette occasion de me séparer avec éclat de notre vieille démocratie; en traitant comme elle le mérite une presse aussi ignorante que vénale, je n'ai pas entendu vous confondre avec des gens dont je n'estime pas plus l'intelligence que le caractère, et que si dans ce moment nous nous trouvons, vous et moi, dans deux camps opposés, je n'entends pas pour cela vous considérer comme un ennemi. Critiquez-moi, réfutez-moi à votre tour, c'est votre droit, et je me flatte que vous en userez; j'ose même espérer que, s'il y a lieu, vous m'offrirez le moyen de faire entendre ma réplique; je serais désolé que la controverse tournât entre nous à l'acide, et, s'il faut nous dire tout, j'aimerais mieux renoncer à me défendre que d'avoir à compter en vous un ennemi de plus.

C'est dans ces sentiments, que je vous demande la permission, monsieur de Girardin, en vous offrant mon livre, de vous serrer cordialement la main.

P.-J. PROUDHON.

Passy, 1er mars 1863.

A M. GUSTAVE CHAUDEY

Cher ami, votre lettre me ravit. C'est cela, c'est bien
cela : d'accord de tout avec vous. J'ai compris, comme
vous, que l'*abstention* ne pouvait en aucun cas résulter
d'un principe ou dogme absolu ; c'est à ce point de vue
que je la prêche aux personnes qui m'approchent, et je
puis dire que j'obtiens assez de succès.

Mon plan est tracé ; mes raisons sont assemblées ;
je réponds aujourd'hui de produire un grand effet sur
l'esprit de mes lecteurs. Aussitôt que mes *Majorats*
seront en vente, je ferai mon *brouillon,* que je vous
donnerai à annoter ; puis, la mise au net achevée,
nous livrerons la chose à Dentu qui est tout prêt.

Plus hardi et plus confiant que vous, je ne serais pas
étonné que nous obtinssions assez de succès pour faire
manquer toutes les candidatures démocratiques, ce qui
nous placerait d'emblée à la tête du parti de l'avenir.

Les lettres d'adhésion commencent à m'arriver de la
province et de Paris.

L'effet est le même partout : mon idée est entrée
comme un boulet. Chacun prétend l'avoir reconnue pour
sienne. De Bruxelles, de Strasbourg, d'Orléans, de

. Bourg, de Calais comme de Paris, on tient le même langage. Et tout le monde de crier : *En avant!*

Papa Beslay m'écrit qu'un de nos chefs demande à me voir, disant que je suis le seul vrai révolutionnaire. Devinez qui?... *Bastide.*

Un jeune homme, sur qui Massol me donne de bons renseignements, et qui écrit dans le *Courrier du Dimanche*, Habeneck, m'écrit aussi pour s'entendre, afin *d'organiser le mouvement.*

Notez aussi l'échec de la vieille démocratie à l'endroit de la Pologne : on quête au *Siècle*, au *Temps*, etc; on quête aux sermons du P. Félix. Mais cette pot-bouille ne réussit guère. L'union *Guéroult-Montalembert* est peu goûtée. On ne souscrit pas. Girardin l'avait prévu; il s'est borné à écrire une belle lettre au tsar, afin de pouvoir dire le lendemain que le mouvement polonais était une faute.

La campagne d'Italie a usé le principe des *nationalités*.

Demain lundi, vers une heure, je pense être chez vous. Nous viderons nos sacs; une fois sûr de vous, je pars en toute confiance; c'est moi qui tiendrai la plume, puisque vous le désirez; mais vous serez en part de l'œuvre.

Mon ministre ne se hâte pas de répondre à ma pétition. Je vais le carillonner une troisième fois; après quoi j'ai grande envie de le dénoncer, s'il persiste, au Sénat, dans une plainte où j'exposerai le triste régime fait à la raison publique : d'un côté, par une presse vénale et hypocrite; de l'autre, par un ministre qui abuse de la faculté d'autorisation pour laisser courir le mensonge et étouffer les idées sincères.

Je ferai passer successivement tout cela dans la

publicité ; j'ai envie pour cela de recourir à l'entremise
du journal *le Nord*, qui ne songe guère à moi, et à qui
je donnerais un peu de relief. Qu'en dites-vous ?

Ruminez tout cela, et à demain.

P.-J. PROUDHON.

Passy, 1er mars 1863.

A M. CHARLES BESLAY

Cher ami, vous ne pouvez pas douter que je n'accueille parfaitement M. Bastide, contre qui je n'ai absolument rien, que je n'ai jamais rencontré parmi mes adversaires, et que je sais un des hommes les plus honnêtes de la démocratie. Vous savez, du reste, qu'à moins d'attaque personnelle, je n'ai aucune antipathie pour les hommes qui ne sont pas de mon opinion ; intraitable dans les questions de principes, mais facile dans les relations avec mes semblables.

Je crains fort de ne pas vous voir lundi, c'est-à-dire demain. Je vais à Paris dès midi ; j'ai une conférence avec Chaudey ; puis, j'ai des épreuves à lire à l'imprimerie, et je ne serai peut-être pas de retour avant sept heures.

Il faudra pourtant que nous nous entretenions un peu plus souvent à l'avenir. D'abord, nous vieillissons tous deux, et de vieux amis doivent tenir à se voir : c'est autant de pris sur la mort. Puis, j'espère qu'un petit mouvement d'opinion va se dessiner dans notre sens, et vous savez comme moi que servir le progrès et

les idées, est la seule consolation, qui nous soit donnée
de toutes les tristesses d'ici-bas.

Dans une huitaine, je vous entretiendrai explici-
tement de ce que je me propose de faire pour les élections. L'entrain est de plus en plus marqué pour le
vote : tant mieux. Ce réveil est de bon augure, et plus
le public se montre disposé à bien faire, plus nous
avons de chance de réussir, en proposant la plus
énergique de toutes les manifestations : l'abstention
motivée.

Si vous passez lundi à la maison, vous savez que je
vous dois un exemplaire de ma *Fédération*. Réclamez-
le à ma femme.

A vous de cœur.

P.-J. PROUDHON.

Passy, 2 mars 1863.

A M. FÉLIX DELHASSE

Mon cher ami, je vous ai fait adresser, par entremise de Lebègue, trois exemplaires de mon *Principe fédératif;* ces exemplaires sont : le premier, pour M. Paul Dommarton, que j'attends toujours ; le deuxième, pour notre ami Vanderbroeck ; le troisième, pour papa Jottrand. J'ai usé de votre entremise, parce que la poste, par une erreur que j'ai reconnue plus tard, m'a fait payer 1 fr. 25 pour l'exemplaire que je vous ai adressé directement, et autant pour celui que j'ai envoyé à M. D***, ce qui était plus que l'ouvrage ne valait. Après réclamation, j'ai appris que le juste port était de fr. 55 cent. pour un volume de 400 grammes. Voilà comment j'ai été conduit à prendre Lebègue, et vous ensuite, pour commissionnaires.

Puisque j'en suis là, seriez-vous assez obligeant pour faire parvenir l'incluse à son adresse : il s'agit également de quatre exemplaires adressés à M. Charles Laurent, avocat, ami de Maertens, — et l'un desquels exemplaires est pour ce fou d'Altmeyer, qui n'aura jamais le courage de dire à ses compatriotes belges que l'unité léopoldienne leur est aussi funeste que l'unité italienne.

Je vous dirai, en passant, que mon *Fédéralisme* entre dans les têtes comme un boulet dans du beurre. Jamais idée ne fut aussi vigoureusement *enlevée* que celle-là. Les adhésions me viennent; j'ai levé le drapeau, et nous ne tarderons pas à commencer le mouvement. Monarchie constitutionnelle ou doctrinarisme, Empire ou césarisme, démocratie unitaire, cléricalisme, etc., on sent que tout cela est à jamais fini. On est émerveillé de voir comment j'ai pu me débrouiller du gâchis où je semblais m'être jeté à propos de la fédération italienne, accusé de soutenir la papauté, les Bourbons, et ayant à faire à qui? A la presse et à la démocratie en masse. Maintenant la presse balbutie, et les démocrates ont l'oreille basse.

Je publie mes *Majorats;* j'y ai fait quelques additions et changements : ce sera un coup redoublé sur les vieux de la vieille.

Dans quinze jours ou trois semaines, au plus tard, j'attaquerai la question électorale : troisième volée de mitraille à nos amis *démoc soc.* Naturellement, je ne serai pas suivi de la majorité : il est trop tard, et nous sommes encore trop peu. Mais comptez que ce ne sera pas un *fiasco*, et que les élections en seront toutes disloquées

Plus tard viendra ma *Pologne :* ce sera encore un coup de tocsin, et une décharge de 500 canons. — Déjà la souscription rate; malgré les excitations combinées des doctrinaires, des jacobins, des jésuites et des prétoriens, le pays ne donne pas. Puis, la caisse est vide; on n'a pas même de quoi payer les traites tirées du Mexique; il faut se résigner à faire le poing dans la poche. Quand les hommes n'ont pas le sens commun, la force des choses raisonne pour eux, et cela n'en va pas plus mal.

ʻJ'ai écrit au ministre pour obtenir l'autorisation de fonder un journal sous le nom de *Fédération*. Naturellement, cet excellent ministre ne se presse pas de me répondre. Mais je lui ai déjà récrit, je lui écrirai encore, puis je publierai la chose, puis je me plaindrai au Sénat, et de la bonne façon ; enfin, je les carillonnerai si bien qu'ils en auront honte.ʼ

Que je me repose seulement une huitaine, et tout ira bien.

Mon cher ami, je n'ai guère de mérite à tout cela, mais j'en tire cette conséquence que les hommes sont bien lâches.

Je vous serre la main.

P.-J. Proudhon.

P.-S. Hommage et salutations à Mme Delhasse et à ces demoiselles.

Passy, 4 mars 1863.

A M. CHARLES MORARD

Monsieur, votre lettre, fort belle, m'a profondément touché et rendu un peu fier. J'ai oublié, en vous lisant, que je ne suis ni un savant, ni un grand homme; et, voyez jusqu'où va la vanité humaine, j'ai été chatouillé par les éloges que vous me donnez, alors même que vous avez le soin de me dire qu'avec moi tous sont égaux, parce que tous sont hommes et qu'il n'y a point parmi nous de *maîtres*.

Ils sont si rares, en effet, les hommes qui ne jurent que par la liberté et la justice, que ceux qui, les premiers, par aventure, ont le bonheur d'en arriver là, sont tentés de se regarder comme d'une espèce supérieure; et que moi, par exemple, parce que je passe mon temps à rebattre des banalités qui feront pitié aux générations à venir, je me laisse parfois traiter de *maître*, tandis que je ne suis tout au plus que ce que les militaires nomment un *chef de file*. Mais parlons sérieusement de ce qui nous intéresse.

Vous approuvez la résolution que j'ai prise de me séparer définitivement de la vieille démocratie; je n'oublierai jamais, monsieur, cette adhésion si prompte et si bien motivée. Mes vieux amis m'y poussaient depuis longtemps; mais vous sentez que ces sortes de déchirements sont toujours pénibles; et ce qui les rend surtout périlleux, c'est l'incertitude de l'à-propos. Sans cette malheureuse question italienne, occupé d'autres études, peut-être n'eussé-je jamais songé à relever la bannière du fédéralisme et à affirmer la nécessité d'une rénovation révolutionnaire. J'ai agi comme forcé et contraint, et c'est justement parce que ma personnalité n'a été à peu près pour rien dans mon manifeste, que j'espère avoir fait une chose vraie, utile et juste. Pour peu qu'il m'arrive d'auxiliaires comme vous, monsieur, comptez que je ne reculerai pas ; vous en aurez avant huit jours une nouvelle preuve.

Mais croyez-vous que nous puissions faire beaucoup de prosélytes et obtenir un grand succès? Depuis trente ans, j'ai contracté l'habitude de soutenir les causes abandonnées; je travaille contre l'espérance; *in spe contra spem*, comme disait saint Paul ; c'est assez vous faire entendre que je suis résolu à aller de l'avant quand même. A moi, le droit et la vérité suffisent. Mais je vous parle de la société contemporaine, de nos amis politiques, de nos frères en justice et en liberté, de tous ceux qui soupirent après la délivrance morale et matérielle. Puis-je leur faire entendre quelques paroles d'espérance, faire briller à leurs yeux l'idée d'une prochaine réalisation ? L'idée fédérative, telle que je l'ai présentée, peut-elle être considérée comme un système politique éventuellement applicable à la France, comme le fut, en 1814, le régime constitutionnel, ou, en 1848, la République ? Ou bien ne dois-je pas plutôt considérer la fédération comme essentiellement liée à notre régénération sociale; dans ce cas, soumise à des conditions d'élaboration et d'ajournement qui désillusionneraient bien vite une race aussi légère que la nôtre? Comment alors former, grouper, poser le parti de la fédération? Je sollicite en ce moment l'autorisation de publier un journal; l'obtiendrai-je?... Et, sans journal, sans un organe périodique, que pouvons-nous? que devenons-nous? Après un manifeste aussi éclatant, faut-il me renfermer dans la publication de livres plus ou moins pénibles, qui demandent beaucoup de temps et me mettent deux ou trois fois l'an en communication avec le public? Encore une fois, monsieur, il me soucie fort peu de devenir rien qui ressemble à ce qu'on nomme chef de parti ou d'école; mais je ne puis laisser tomber l'idée que j'ai produite; c'est sur quoi je consulte mes amis, et c'est la question que je me permets, en vous répondant, de vous poser à vous-même. Comment allons-nous nous *fédérer*? J'inclinerais à laisser pendant quelque temps ce grand principe à l'état d'incubation, à poursuivre le travail de l'idée même, à lui conquérir, avec l'évidence et la généralité, l'estime, la confiance et les sympathies. Cette prudence d'évolution ne vous semble-t-elle pas, en fin de compte, le meilleur moyen d'aller vite? Je ne vous dis pas que cette conduite est celle qui convient à mon allure: vous le devinez sans peine; il ne s'agit point ici de moi, mais de l'idée, de la chose. Notre pauvre nation tombe de plus en plus; depuis dix ans je l'ai vue décliner à vue d'œil; tous les hommes sérieux et amis de l'honneur français éprouvent la même angoisse, et chacun se demande: Quand finiront ces jours de désolation et de honte? Y a-t-il encore assez de vertu dans la masse pour que, à l'aide d'une pensée forte et vraie, on puisse légiti-

mement espérer de lui faire faire un quart de conversion ?

Voilà, monsieur, sur quoi vous m'obligeriez de me
faire connaître vos impressions. C'est en politique surtout que la foi doit se montrer active; nous serions
indignes de nos principes si nous nous contentions d'en
savourer la vérité et de nous séquestrer, par le mépris
de nos contemporains, du reste de la société. Il faut
agir ou boire jusqu'à la lie ce calice d'amertume comme
des hypocrites et des lâches que nous serions.

Par moi-même, je ne puis presque rien. Je n'ai que
ma plume et ma volonté; le corps déjà épuisé, le cerveau horriblement fatigué, des nécessités domestiques
qui ne me laissent que peu de temps et peu de ressources. Pouvons-nous former un premier groupe,
inaugurer une action, commencer un mouvement, tout
moral et intellectuel, bien entendu, mais qui nous sorte
enfin de la spéculation pure et pose la nouvelle France?

Peut-être me trouverez-vous, monsieur, bien indiscret, d'abuser ainsi de votre confiante communication
pour vous interpeller comme je le fais. En y réfléchissant, vous reconnaîtrez que le tort est tout vôtre; vous
avez pris vous-même, vis-à-vis de moi, le titre de
fédéré, et dans un temps comme le nôtre, qui dit fédéré
dit non-seulement homme de *foi*, mais homme d'*action*.

J'espère, du reste, que vous ne vous trompez pas sur
la signification que je donne à ce dernier mot.

Je ne finirai pas sans vous remercier de vos bienveil-
lantes observations sur la Constitution fédérale suisse.
J'avais cette Constitution sous les yeux lorsque j'ai fait
mon livre; aussi, ai-je très-bien remarqué la manière
dont sont formés les *deux Conseils* qui composent l'*As-
semblée fédérale*, ainsi que la pensée qui a présidé à leur

formation. J'avais d'abord songé à en faire l'objet d'une *note;* et c'est pure omission de ma part si j'y ai manqué. Quant à l'institution en elle-même, je ne l'ai pas considérée comme *essentielle* au système fédératif; je crois qu'en Suisse, par exemple, où l'égalité est si grande entre les États, la combinaison a une tout autre importance qu'elle n'en aurait en France, où il serait si facile d'égaliser les divisions. Enfin, j'ai cru qu'il y avait là matière à des observations fort intéressantes, plutôt qu'une condition *sine qua non* de confédération : c'est pourquoi j'ai retranché cette question de mon texte.

Je vous ai traité dans cette lettre, monsieur, comme compatriote, c'est-à-dire comme Français. Je crois pourtant ne pas me tromper en vous soupçonnant d'être Suisse. Mais qu'importe? Vous êtes homme avant tout; et comme moi, vous voulez le progrès de la civilisation. J'ai des amis en Suisse aussi bien qu'en Belgique, en Russie et en Allemagne; et tous nous professons le même culte de l'Humanité.

C'est dans ces sentiments, monsieur, que je vous présente mes salutations fraternelles, comme nous disions en France en 1848.

P.-J. PROUDHON.

Passy, 4 mars 1863,

A M. CLERC

Mon cher capitaine (excusez-moi si je me trompe sur
le titre : je ne sais pas à quoi répond au juste le grade
de *chef d'escadron*), j'ai lu avec bien de l'intérêt et beaucoup de plaisir votre bonne lettre du 28 de l'expiré ; la
partie voyageuse a beaucoup plu à ma femme et à mes
filles ; celle des *Observations critiques* m'a fait encore
plus de plaisir, tant pour sa sincérité que pour ce
qu'elle m'a révélé de la situation de votre esprit et de ma
propre maladresse. Vous le savez, il est des explications
qui ne finissent jamais par correspondance et auxquelles on coupe court en deux minutes de conversation. D'autres fois, c'est le contraire qui arrive : une
objection nettement formulée par écrit, un doute bien
exprimé, avancent plus les choses que ne feraient dix
heures de dialogue. Je crois que c'est ce qui arrive
aujourd'hui entre nous, ainsi que j'espère vous le démontrer tout à l'heure. Pour cela, je vous supplie de
ne pas tendre toutes les fibres de votre cerveau, comme
si j'allais vous dire une chose bien abstruse, bien compliquée ; je n'ai pas de raisonnement à faire ici, je n'ai

à vous rappeler qu'un fait, très-intéressant, il est vrai, mais des plus simples.

Une observation préalable.— Remarquez, mon excellent capitaine, que je ne me relis jamais; d'abord, parce qu'une fois ma pensée sortie de ma tête et couchée par écrit, il me répugne de la voir; relire ce que j'ai publié est pour moi comme si, suivant une comparaison de la Bible, je revenais à mon vomissement. En second lieu, je tiens avant tout à écrire dans la franchise de mon sentiment et la fraîcheur de mon idée; je me méfie d'un auteur qui a la prétention d'être à vingt-cinq ans de distance identique à lui-même, et adéquat à sa propre pensée. C'est une manière d'en imposer au lecteur, qui m'est odieuse, et qui ne révèle que mensonge et orgueil. Nous sommes tous sujets à errer, et nous devons commencer par le reconnaître humblement. La vérité est une, mais elle nous apparaît par fragments sous des angles très-divers; notre devoir est de l'exprimer telle que nous la voyons, quitte à nous contredire, réellement ou en apparence.

Ceci vous paraîtra peut-être singulier, cher capitaine; mais, en y réfléchissant, vous reconnaîtrez qu'au point de vue de la sincérité, j'ai raison. La *vérité* est le prix d'un long travail; elle a bien des faces diverses, souvent elle semble se contredire; c'est pourquoi nous sommes beaucoup plus exposés à la dénaturer en voulant nous mettre toujours d'accord, qu'en disant bonnement, chaque jour et sur chaque chose, ce que nous pensons et ce que nous voyons. Voilà pourquoi je ne hais nullement un auteur sujet à se contredire, pourvu qu'il le fasse de bonne foi et non par bêtise; et pourquoi, par conséquent, je m'inquiète si peu moi-même des contradictions, apparentes ou réelles, qui peuvent se rencontrer dans mes diverses publications. La société humaine, le monde moral est une kaléïdoscopie infinie : comment voulez-vous que je réponde d'être toujours parfaitement logique, conséquent, adéquat avec moi-même? C'est impossible.

Venant maintenant à la difficulté qui vous a frappé dans mon livre de la *Guerre et de la Paix*, voici ce que je vous aurais répondu si vous eussiez été derrière mon épaule le jour où j'ai écrit les passages que vous me citez, et que vous m'eussiez fait apercevoir la contradiction qui existe entre ces passages et le livre *De la Justice :*

Vous avez parfaitement raison, capitaine, 'ce que je dis aujourd'hui de la GUERRE ne paraît pas du tout pouvoir s'accorder avec ce que j'ai écrit autrefois du TRAVAIL ; mais ce n'est pas une raison pour que je retienne ma pensée actuelle ; cela prouve tout simplement que la contradiction est entre les deux phéno-mènes : le phénomène guerrier et le phénomène écono-mique. Ce n'est donc pas les paroles de l'auteur que nous avons à concilier ici, ce sont les deux phéno-mènes.

Ces phénomènes peuvent-ils se concilier ? Non, certes, en tant qu'on les considérerait comme appar-tenant au même sujet, à la même humanité, agissant à la même époque, en vertu de la même impulsion et sous la même *foi.*

Mais ces phénomènes s'accordent, c'est-à-dire que, bien que contradictoires par leur essence, ils appar-tiennent au même sujet, mais à des époques différentes de sa vie, et en révèlent la nature et la destinée sous des formules différentes.

Cette interprétation, du reste, n'est pas de moi; elle est de la philosophie la plus authentique et de toute l'antiquité. Le Christ, par exemple, a nettement compris et déclaré que l'ancienne religion moïsiaque et l'ensemble de l'histoire du peuple hébreu étaient une *figure* de la religion qu'il annonçait, que le sacrifice sanglant de Moïse était le symbole de celui de la Croix, et l'offrande du pain et du vin de Melchisédech une image de l'Eucharistie. Toute la théologie est entrée dans cette voie interprétative. La philosophie, à son tour, a fait la même chose pour le polythéisme; et, dans ces derniers temps, le célèbre Saint-Simon, fondateur d'une secte aujourd'hui si peu digne de lui, a expliqué de la même manière le régime *féodal et militaire*, comme étant, dans la série historique, le précurseur et la manifestation mythique du régime économique et industriel. C'est, au surplus, ce que je dis moi-même dans mon livre de la *Paix et de la Guerre* quand, analysant le droit de la force et le suivant dans ses conséquences juridiques, je le montre concluant au droit à la paix et à la conversion du militarisme en organisation industrielle.

Oui, cher et excellent M. Clerc, la guerre, dans les prévisions évolutives de notre espèce, est la figuration d'un ordre de choses qui la nie et l'exclut, mais qui cependant retient d'elle les traits principaux, savoir : que chacun doit payer de sa personne, comme à l'armée; que la concurrence est la loi du travail libre, comme dans une bataille; que le bien-être pour chacun est en raison de son effort, comme l'enseigne le droit de la force, etc., etc. En sorte que notre humanité, en se transformant, en passant du régime militaire au régime industriel, régimes diamétralement opposés, reste fidèle à elle-même, toujours animée du même esprit de justice et de liberté.

Remarquez une chose qui montre jusqu'où va cette multiplicité des aspects de la nature humaine.

Il n'est guère douteux qu'en vertu de la loi de *progrès* le premier âge de l'humanité ait eu pour caractère principal la guerre ou l'exercice du droit élémentaire de la force, et que l'âge postérieur soit marqué par le Travail, exercice des droits divers de la pensée et de l'industrie. — Mais, indépendamment de cette succession des deux *régimes*, les deux idées sont contemporaines et d'égale ancienneté, car toutes les idées sont égales dans l'esprit; bien plus, leur manifestation par la parole et dans les institutions est aussi contemporaine. — Isis, Cérès, Triptolème, sont à l'origine des choses, comme Mars et Bellone; le Travailleur et le Guerrier sont le même personnage, comme le montre avec tant d'éclat et d'éloquence le peuple romain, ce peuple travailleur et guerrier par excellence; si bien qu'en droit et en principe les mœurs de la guerre et les mœurs de la paix sont également primitives; que tout ce que nous avons dit de l'une, nous pouvons le dire de l'autre; qu'au fond, le fait est le même, juridiquement et constitutionnellement parlant; bien que le travail militaire occupe la plus grande place dans la première époque, et que la guerre à la misère ou la production industrielle joue le plus grand rôle dans la seconde.

Voici donc la correction que je vous propose de faire à mon ouvrage de la *Guerre et de la Paix*, et à celui *De la Justice*.

Les faits ont été bien observés et fidèlement décrits dans les deux ouvrages; leur signification est exacte. Une seule chose y manque, c'est de compléter les deux écrits l'un par l'autre, en montrant que le *Travail et la Guerre*, contraires et incompatibles, sont deux termes corrélatifs qui traduisent la même loi, et révèlent la même moralité et la même destinée. Cette manière d'envisager des faits de nature si opposée, si inconciliable, a du reste pour appui toute l'exégèse antique, et la philosophie moderne, notamment celle de Hégel.

Si dans l'ouvrage *De la Justice*, ou dans celui *De la Guerre et de la Paix*, il y a des expressions qui paraissent trop absolues, ou trop exclusives, il est entendu que ces expressions doivent être adoucies dans le sens qui vient d'être indiqué, d'autant mieux que l'auteur sait aussi bien que personne que la société étant en évolution continue, mais suivant une loi immuable, la vérité ne peut jamais être atteinte dans sa formule supérieure, la plus générale, la plus absolue.

Je serais bien heureux, cher monsieur Clerc, si cette explication vous satisfaisait autant qu'elle me satisfait moi-même. Ce n'est pas d'hier, en vérité, que j'ai eu l'occasion de remarquer cette mobilité perpétuelle de la vérité, que des demi-philosophes prennent pour une tromperie, soit de la nature ou de la Providence, soit de notre propre entendement, et qui n'est autre que la révélation incessante et polymorphique de la vérité même. Accuser ici la diversité des phases humaines, ne serait-ce pas accuser la variété même de la création? La nature a-t-elle menti parce qu'elle nous montre l'Être tantôt sous forme animale, tantôt sous forme végétale, ou minérale, ou gazéiforme? Serait-elle plus véridique, à votre avis, si elle se réduisait en une masse homogène, uniforme et immobile? Auriez-vous plus de foi à la *rudis indigestaque moles* d'avant la Genèse, qu'au paradis terrestre du septième jour?

Telle est notre humaine nature. Nos lois, les conditions de notre existence sont données; notre destinée s'ensuit; elle évolue en phases successives, qui toutes ont commune origine et se ramènent, par une même équation, au même principe. Pourquoi cela est-il ainsi? Je ne le sais pas; mais je constate que cela est ainsi. Est-ce par la guerre ou par le travail qu'a débuté le genre humain?

Écoutez les mythes anciens: ils vous diront alternativement que le travail est primordial; puis que c'est la guerre; que la guerre a commencé à la fin de l'âge d'or, mais qu'au temps de l'âge d'or on ne travaillait pas; ils vous représentent les dieux, comme des dieux de paix et des dieux de combat; ils vous disent que Jéhovah est un guerrier; qu'avant d'avoir fait l'homme, il était le chef de l'armée du ciel, *Deus sabaoth*; puisque c'est lui ou un de ses anges qui nous a appris à parler, à travailler, etc.

Tout cela est donné pêle-mêle, à la même date, par la même révélation, et, ce qui est plus étrange, considéré tour à tour comme œuvre du bon principe et influence du mauvais.

Que conclure de toute cette sagesse mythologique? Rien autre chose, sinon que l'humanité procède par phases, que ses idées sont toutes contemporaines, mais qu'elles se priment et se subalternisent tour à tour, soumises d'ailleurs à la même loi et tendant à la même destinée, en sorte que la société se révèle également, tout entière et dès l'origine, par le travail et par la guerre, sans préjudice du reste.

Je viens de remettre sous presse mes *Majorats littéraires*, que vous ne connaissez pas encore, je crois. Opuscule de 260 petites pages, qui paraîtra dans huit jours. Vous voyez que je taille de la besogne à votre critique. Critiquez toujours, capitaine, mais souvenez-vous seulement de ce que je vous ai dit. Pour être plus *sincère*, j'oublie mes anciens livres et ne me relis plus. Avec de telles habitudes, il doit se rencontrer fréquemment chez moi des choses de conciliation difficile; mais avant de prendre parti pour l'une ou pour l'autre, vous devez vous demander si ces propositions contraires ne sont pas vraies simultanément, ce qui arrive fréquemment en philosophie : dans ce cas, vous n'aurez qu'un seul reproche à faire à l'auteur, qui est de n'avoir pas su plus qu'il n'a su, ce qui n'est plus un reproche.

Je vous serre la main, capitaine, bien cordialement.

P.-J. PROUDHON.

Passy, 5 mars 1863.

A M. MAURICE

Mon cher Maurice, je ne me repose guère, j'écris et imprime à mort, je ne puis encore vous dire ce que me vaudront mes trois publications: La *Fédération* a été tirée à une douzaine de mille ; — le *Principe fédératif* en est au sixième mille ; — les *Majorats* sont tirés seulement à mille, pour essai.

J'estime, ou j'espère, d'après mes précédents avec Garnier et Hetzel que le produit de ces trois ouvrages me suffira pour ma subsistance de l'année. Vous savez que les droits d'auteur sont assez peu de chose, une fraction minime du prix de vente. Je regarde donc comme produit supplémentaire, destiné d'avance à commencer le remboursement de mes dettes, ce qui me reviendra de mon travail sur la *Pologne*, que je compte faire paraître dans le courant de l'été, c'est-à-dire pendant le semestre scolaire.

Malheureusement, chaque succès amène ses inconvénients. J'ai tué l'unité italienne en Belgique et en France; elle ne tardera pas à mourir en Italie même. Mais j'ai été conduit, pour la nécessité de ma propre défense, à rompre avec éclat avec la vieille démocratie et à attaquer le journalisme en masse. Vous sentez que ceci ne me met pas en bonne odeur auprès des dispensateurs de la renommée ; aussi la réaction est commencée contre moi. M'attaquer est dangereux ; me réfuter est difficile ; on se tait, on fait silence sur mon nom et mes productions ; cela ne tiendra pas longtemps mais derrière les journaux meurtris il y a les partis, plus redoutables, et le gros du public qui ne sait rien que ce que lui disent ces honnêtes feuilles. Il faut donc lutter encore, jusqu'à ce que je finisse par aplanir tous les obstacles. Tâche bien rude, je vous assure, et qui en userait de plus robustes.

J'irai cependant, je ne reculerai plus, et j'aurai raison, quoi qu'il en coûte à mon repos et à ma santé. Ne vous ai-je pas dit, après la saisie de mon livre *De la Justice* que c'était à recommencer, et que je me sentais le courage de recommencer ? Eh bien, mon cher ami, je suis en train de tenir parole, je recommence, et je vaincrai, soyez-en convaincu, à moins que le travail ne me tue avant l'heure.

Je songe à organiser des publications de diverses sortes avec des collaborateurs différents ; j'ai des travaux sur le chantier qui me produiront plus d'argent que ce que je fais aujourd'hui ; mais il est nécessaire, pour le moment, que je donne un vigoureux coup de collier, et que je prenne une position assez haute dans la politique, la littérature et la presse, pour que, à l'avenir, je puisse commander à la fortune. Cela fait, je serai moins excédé, et je poursuivrai ma carrière sans trop d'encombre

Mon cher Maurice, la vie de l'homme, dans toutes les professions, est toujours la même. C'est une véritable guerre ; il faut exterminer l'adversaire ou se résigner à être dévoré. Il est vrai qu'il y a un moyen-terme, un *tiers-parti*, qui est d'entrer dans les coteries, mais dans ces coteries, la honte, le dégoût, les rivalités, les injustices vous attendent ; si vous n'êtes chef, vous vivotez, c'est le monde des petites passions et de toutes les perfidies. Je ne veux être ni charlatan, ni serf ; je veux être traité selon mon mérite, dire tout ce que je pense et ne me soumettre qu'à la justice ; c'est donc la guerre comme vous voyez. Impossible de sortir de là, aussi je la fais bonne, et plus j'avance en âge et en expérience, plus je suis décidé. Je ne néglige rien pour mettre la raison de mon côté ; cela fait, je suis impitoyable, et je frappe comme si j'étais l'ange exterminateur.

Du reste, j'ai aussi mon petit public qui me soutient et m'encourage, petit public en train de se multiplier assez joliment. Savez-vous à quoi je me compare, dans cette lutte que je soutiens depuis bientôt vingt-cinq ans ? Je suis comme un homme tombé dans une caverne de brigands : il est seul contre douze ; il est perdu, s'il entame le combat. Que fait-il ? il éteint l'unique flambeau qu'éclaire la scène ; et seul contre douze, armé de son épée, il fait une tuerie de ses ennemis, car il frappe à coup sûr ; il n'a pas souci de toucher un frère, de meurtrir un compagnon, il est assuré que tout coup est bon, tandis que les brigands ne peuvent, dans l'obscurité, savoir s'ils ont devant eux un des leurs ou l'ennemi...

J'en suis là ; je représente une synthèse que j'appelle le droit de la Révolution, hors de laquelle personne ne voit goutte ; c'est là que je traîne mon monde, et que j'égorge mes contradicteurs comme un troupeau de moutons. — Vous aurez bientôt de mes nouvelles.

Vous rappelez-vous l'ancien prote des frères Gauthier, Millet? Vous savez sans doute qu'il est à Bourg, gendre d'un imprimeur et rédacteur en chef du journal de la Préfecture. Eh bien, voilà Millet qui, à propos de l'unité italienne, s'est pris d'amitié pour moi, et me défend, me prône chaleureusement dans son journal. Il croit que je travaille dans l'intérêt de la politique impériale.

J'ai des adhérents, en assez grand nombre, et plus intelligents que Millet. Si je conserve mes forces, nous formerons bientôt un parti de nouvelle espèce, très-fort, et qui, une fois posé, aura bientôt fait de manger les autres. Mais voilà le *hic*. Comment former, grouper, poser et organiser ce parti? J'ai demandé l'autorisation de publier un journal, sans trop l'espérer; j'attends la réponse du ministre; s'il me refuse, je prends mon temps, et je suis décidé à le carillonner devant le sénat...

J'ai la tête grosse comme un potiron. J'aurais grand besoin d'aller passer quelques semaines au pays; mais je ne puis me déplacer avant deux mois; j'attends d'ailleurs d'avoir réglé mes comptes avec Dentu.

Bonjour, cher ami, et excusez mon barbouillage.

P.-J. PROUDHON.

Passy, 5 mars 1863.

A M. ALFRED DARIMON

Mon cher Darimon, je vois par votre lettre d'hier que Girardin n'est pas aussi déterminé fédéraliste que vous me l'avez fait; c'est là ce qui le peine, et il impute à tort à mon ouvrage l'imprévoyance de sa propre solution. Cependant qu'il se rassure, on peut tout raccommoder, et pour peu qu'il me fasse planche et qu'il se prête au mouvement, je saurai, en l'attirant de mon côté, lui faire la position plus belle qu'auparavant. Il passe trop pour un homme sans convictions et dévoué à l'Empire; il doit désirer, s'il est homme d'esprit, que je le convainque à la face du public qu'il y a en lui des principes assez bien arrêtés, auxquels il tient plus qu'à toutes ses attaches impériales. C'est un petit service qu'il devrait acheter au poids de l'or, et pour lequel je ne lui demande rien que de vouloir bien se prêter à la chose. J'ai mon rôle; il a le sien, auquel je ne prétends pas; nous ne pouvons pas réellement devenir rivaux en quoi que ce soit; nos intelligences ne se ressemblent pas; que craindrait-il? Voilà ce qu'il faudrait lui mettre à l'esprit, dans son propre et plus grand intérêt. Qu'est-ce que je prétends? De le faire servir à

une grande cause, ce qui n'a rien du tout d'humiliant ;
au contraire. Que peut-il, de son côté, souhaiter de
moi? Que je lui rende justice et que je l'honore devant
le public. C'est ce que je suis prêt à faire pouvu qu'il
s'y prête. Donnant, donnant. A cette fin, je suis prêt à
m'entendre avec lui et à causer quand il voudra. Qu'il
m'en témoigne le désir, je ferai le voyage de la rue
Villejust.

Ah ça! je prévois qu'il y aura du grabuge aux élections. Je me suis toujours attendu à ce que vous m'ap-
prenez ; mais une chose m'étonne, c'est que plus je
montre d'hostilité au vieux parti démocratique, d'autant plus il s'efforce de vous rattacher à lui. C'est
M. Havin qui, le premier, devrait poser votre candidature ; cela lui permettrait de dire qu'il est aussi socialiste que moi. L'empereur ne dédaigne pas ce moyen
de popularité, ni le prince Napoléon non plus ; M. Havin
se croit-il trop grand seigneur? En assurant votre
réélection, mes vieux adversaires pourraient se donner
le plaisir d'une division au moins apparente, puisque,
si elle n'existait entre nous, elle ne manquerait pas
d'arriver dans la masse, qui suit les puissances comme
le papillon suit la chandelle, puis elle se tournerait de
votre côté et pourrait encore se donner le plaisir de
toutes sortes de malins propos sur mon compte. Mais
il est écrit que les vanités, les ambitions et les rancunes sont toujours bêtes, et voici, si je dois vous en
croire, qu'on s'apprête à se venger sur vous des publications que j'ai conçues, et en parties écrites en
Belgique.

Puisqu'il est ainsi, je dois vous prévenir d'une
chose : c'est qu'il y aura dans la démocratie un mas-
sacre de candidatures, et que vous ferez bien de vous

préparer à toute éventualité. Si vous êtes du nombre des morts, je vous promets que du moins vous mourrez de mort glorieuse. Je me félicitais d'abord de vous savoir au mieux avec vos collègues; mon intention était de ne dire mot des personnes, au contraire, j'aurais suivi ma ligne à moi, tout seul, et me serais borné à une simple discussion de tactique et de politique. Je prévois que la polémique va recommencer, et à la guerre comme à la guerre! Nous allons, par un *grand écart*, comme disait Fourier, poser énergiquement la jeune démocratie, c'est-à-dire le parti de la fédération, et noyer l'autre.

Le public est bien disposé; l'animation plus ou moins réelle, qui s'est montrée pour l'inscription électorale, est pour moi un symptôme des plus favorables.

Je ferai ce que vous me demandez auprès de M. Beslay; vous savez, d'ailleurs, que cet excellent homme a de vous la meilleure opinion.

Maintenant je reviens à la *Presse*. Depuis trois mois il circule des bruits que je vais entrer à la *Presse*, bruits auxquels je n'ai pas plus donné lieu que M. Rouy lui-même. Mais puisque M. Rouy, d'après ce que vous m'avez dit, me fait ses offres de service, ne pourriez-vous lui faire cette proposition? — Le prince Napoléon va faire samedi un grand discours sur la Pologne. Naturellement Girardin, bien que médiocrement favorable à cette cause, n'essayera pas d'y répondre. — Il laissera M. Jauret vanter à l'aise l'éloquence de Son Altesse. Pourquoi donc, si la *Presse* est vraiment une arène libre, si ce journal a montré seul de la franchise sur la question, pourquoi le rédacteur en chef, M. Rouy, n'accepterait-il pas sur le discours du prince un article de moi? M. Rouy se rappelle le débat passager qui a eu lieu dans la *Presse*, entre Peyrat et moi ; il sait que depuis dix-huit mois j'ai étudié cette question ; il ne doit pas douter que je ne me renferme dans les convenances parlementaires ; rien ne l'oblige, d'ailleurs, à prendre un parti plus énergique qu'il n'a fait jusqu'à ce jour, et à se ranger tout à fait de mon côté. En insérant mon article, il ferait chose impartiale, utile au public et au journal, et qui ferait honneur à sa direction.

Proposez-lui cela, et qu'il se décide vite ; le discours du prince étant connu dimanche matin, mon article pourrait paraître mardi ou mercredi.

André Pasquet n'est pas un mauvais garçon ; c'est un étourdi.

Je vous serre la main.

P.-J. PROUDHON.

Passy, 9 mars 1863 (10 h. du matin).

A M. CHARLES BESLAY

Cher ami, voici enfin mon *factum* qu'il m'a fallu refaire, puis écrire en double exemplaire, l'un pour R***, l'autre pour vous et vos ouvriers. C'est long; mais il n'y a rien à retrancher; et si cela pouvait se lire par le populaire, l'effet serait grand ainsi.

Les ouvriers sont libres d'en faire des copies tant qu'ils voudront, manuscrites, autographiées ou imprimées, à leur choix. L'impression ne leur coûterait, timbre compris, pas plus de 10 centimes l'exemplaire. En vendant 15 centimes, ils auraient quelque chose pour payer les colporteurs; et certes, la vente, en huit jours, irait bien à quelques milliers. Ce moyen serait le plus sûr, car il ne faut pas compter sur les journaux. Il est entendu que je n'entends pas recevoir un centime pour ma rédaction; c'est déjà beaucoup trop que je sois obligé de vendre mes livres. Mais il est entendu aussi que je ne me mêle en rien de la publication, que je ne crois dangereuse, du reste, que pour notre brave opposition.

A vous de cœur, cher ami,

P.-J. PROUDHON.

Passy, 13 mars 1863.

A M. DARIMON

Mon cher Darimon, j'ai plusieurs lettres de vous auxquelles j'ai tardé de répondre, uniquement parce que depuis plus de huit jours, je suis dans une incapacité à peu près absolue de penser et d'écrire. Jamais je n'ai eu la tête aussi malade. Je ne puis pourtant pas vous laisser ainsi dans l'incertitude de mes sentiments.

Certes, vous pouvez compter sur telle déclaration de ma part qui fermera la bouche aux mal intentionnés ; je la ferai quand vous voudrez, je l'enverrai à la *Presse* ou ailleurs : de ce côté, vous n'avez rien à craindre.

Mais j'ai réfléchi hier, autant que je l'ai pu, à votre position, et voici quelques observations que je vous soumets.

1. Le jour des élections, la période électorale elle-même est encore éloignée; est-il si urgent, alors que vous êtes en pleine session, occupé de vos travaux législatifs, de devancer le temps et de vous préoccuper si fort des petites menées de vos concurrents ? Y a-t-il réellement opportunité et convenance ? Vous ne pouvez empêcher certaines calomnies de se produire : devez-vous en paraître si affecté ?

2. La démocratie, et mieux que cela, la masse élec-

torale, passablement mécontente du régime actuel,
s'agite ; on cherche à qui et à quoi s'en prendre, on se
demande ce qu'il faut faire ; et d'impuissance lasse, on
se rabat sur une démonstration électorale et une discussion de candidatures. Il y a concurrence à la députation. On veut éliminer Ollivier, Picard, Hénon, vous-
même ; pourquoi pas Jules Favre lui-même, dont le
plus grand titre à la réélection paraît être son discours
récent sur les bons Jecker ?.... Tout cela est dans la
nature des choses, et vous avez dû vous y attendre.
Devant cette agitation, quelle doit être votre conduite?
Avant tout, beaucoup de dignité et de fermeté ; vous
attendre stoïquement à une non-réélection, tout en
vous occupant de faire, comme jadis O. Barrot, votre
compte rendu ; en un mot, mettre les convenances, la
tenue, en matière électorale, je ne puis pas dire le
droit, mais la raison de votre côté ; et puis, laisser aller
les choses, sans paraître le moins du monde affecté de
la décision des électeurs.

3. Vous me dites que vos collègues ne vous abandon-
neront pas : j'en suis convaincu. Mais c'est là une
pauvre ressource. Vos collègues sont eux-mêmes livrés
au bon plaisir du scrutin; il ne leur appartient pas de
dire aux électeurs : ou vous nous prendrez tous, ou
nous refusons tous votre mandat; car on les pren-
drait au mot, et ce serait justice. D'un autre côté,
vous ne devez pas faire valoir auprès des électeurs
le témoignage qu'ils peuvent vous donner, ce qui
vous placerait dans une position inférieure et vous
perdrait. Réfuter des cancans, solliciter des témoignages, opposer cabale à cabale, rien de tout
cela ne doit vous convenir ; bien que je ne trouve
point mal, qu'à l'occasion, et au bon moment, vous

prouviez qu'on a menti à votre égard, et que l'opposition qu'on fait à votre réélection est extra-parlementaire, qu'elle est injurieuse. De tout quoi je conclus que votre conduite est toute tracée, ainsi que je vous le disais tout à l'heure, et que c'est avec un petit compte rendu à la main, que vous devez vous présenter devant les électeurs.

Ici, vous retrouverez vos avantages : si vous êtes, comparativement à vos trois collègues avocats, orateur médiocre, vous leur êtes supérieur comme écrivain; servez-vous donc de votre plume.

Dites, par exemple, que député sortant vous croyez de votre devoir de dire au public ce que vous avez observé, ce que vous avez vu, ce que vous avez tenté de faire; comment vous appréciez l'état des choses, et quelles sont vos prévisions d'avenir.

Rappelez à quel titre, dans quelle pensée, vous avez été élu; c'est ici, je crois, qu'il conviendra que vous disiez un mot de votre nouvelle candidature. En effet, vous ne pouvez pas sortir simplement de l'arène; vous ne pouvez pas plus vous dérober que vous imposer. Mais vous tenez à prouver que vous avez été fidèle à la pensée de votre élection, autant du moins que les circonstances l'ont permis et qu'il vous a été donné de la comprendre.

Sûr de votre conscience, vous sentez que ce serait déserter votre poste que de vous retirer sans explication, et c'est dans ce but que vous venez tout à la fois, et rendre compte de vos six années de législature, et solliciter des électeurs, sinon un renouvellement de mandat, au moins un témoignagne de satisfaction. *Six ans de législature*, direz-vous, je copie vos paroles.

Écrivez ensuite vingt ou vingt-cinq pages concises,

calmes, élevées ; ne craignez pas d'y laisser voir une certaine indifférence pour le renouvellement de votre mandat. Vous pouvez, autant que la loi le permet, jeter un coup d'œil intéressant sur la politique géné-rale, dans les six dernières années, dans le présent et dans l'avenir, vous pouvez montrer le progrès croissant de nos idées ; sur tout cela, je vous le répète, vous n'aurez pas de concurrent.

Ne prévenez personne de ce que vous allez faire ; travaillez tout de suite afin de pouvoir vous revoir, vous compléter, et soyez prêt à paraître le lendemain de la promulgation du décret qui ouvrira la période électorale.

Quant à moi, voici quelle devra être notre attitude réciproque :

Ainsi que vous me le dites, nous différons de *con-duite*, pour le quart d'heure. Mais cette différence de conduite n'implique aucune scission personnelle, au-cune divergence de système.

Le seul fait de vos six années de législature, l'obli-gation qu'elles vous imposent de rendre vos comptes, et de ne pas sortir de mandat sans avoir obtenu au moins un *satisfecit* de vos électeurs ; tout cela, suivant vous, explique suffisamment la *différence de conduite* qu'on vous oppose. Ne dites rien de plus. Quant à moi, je saurai conduire ma barque sans vous causer le plus petit dommage.

Je ne dois pas vous dissimuler ici que cette *différence de conduite*, exclusivement relative aux électeurs, et dont on prétend aujourd'hui se faire une arme contre vous, peut devenir une de vos chances les plus pré-cieuses.

En effet, comme je me propose de porter la guerre

précisément sur ce terrain des élections, comme je suis resté le même qu'en 1857 , et que mes raisons n'ont fait que se fortifier, la démocratie, si elle est intelligente, doit chercher à m'opposer un homme qui, expression lui-même du socialisme, ne partage pas mes sentiments sur la conduite à tenir aux prochaines élections, ou qui du moins paraisse ne pas les partager. Ici, mon cher Darimon, je compte tout à fait sur votre prudence : vous ne devez rien dire contre moi ni contre ma thèse ; je viens de vous en fournir les moyens.

Vous êtes dans une situation particulière, et j'admets moi-même que, par exception, alors même que vous admettriez ma politique, vous vous considériez comme obligé de suivre une autre marche. Si le corps électoral me donne raison, eh bien ! vous ne serez pas plus mal traité qu'un autre, et nous nous rejoignons comme devant ; si mes propositions sont rejetées, alors votre thèse subsiste tout entière ; vous devez rendre compte, comparaître, etc.-

M'avez-vous compris ?

Pour moi, cher ami, c'est ainsi que je conçois la possibilité de concilier la divergence, plus apparente alors que réelle, de nos *conduites*.

Aidez-moi en cela, et vous n'aurez pas à vous plaindre ; nous ferons merveille. Mais, pour le quart d'heure, ne vous laissez pas aller à l'impatience ni à l'effroi ; surtout ne montrez pas de désir trop vif de réélection : c'est le côté par lequel vous serez le plus invulnérable. D'ici fin courant, si ma tête se guérit, je pense avoir pris position et nous concerterons alors, si vous le voulez, nos manœuvres. Mais ne l'oubliez pas, les élections sont variables et chanceuses ; la seule chose qui dépende de vous et à laquelle vous devez donner tous vos soins, c'est, comme je vous l'ai dit, si vous tombez, de tomber honorablement. Je ferai de mon mieux, quant à moi, pour qu'il en soit ainsi.

J'ai le cerveau tellement en compote, la mémoire si débile et j'écris si mal, que je ne sais déjà plus ce que j'ai mis dans ces quatre mortelles pages; comme il s'agit ici, entre nous, d'une espèce de navigation à opérer de conserve, je vous demanderai la faveur de me renvoyer cette lettre pour que j'en prenne copie, ce que je ne pourrais absolument faire aujourd'hui.

Il importe que je sache ce dont nous convenons, soit pour le rectifier, soit pour ne m'en pas écarter. J'attends du reste votre approbation.

Dimanche dernier, MM. E. Olivier et E. Picard, vos collègues, sont venus à la maison; j'étais, par malheur, au bois et n'ai pu les recevoir. Étiez-vous prévenu de de cette visite? Pouvez-vous me dire ce qu'elle signifie? Auriez-vous communiqué à ces messieurs mes lettres précédentes?

Tout vôtre.

P.-J. PROUDHON.

Passy, 15 mars 1863.

A M. FÉLIX DELHASSE

Cher ami, puisque le papa Jottrand ne me donne pas
son adresse, permettez-moi de recourir à vous pour lui
faire parvenir l'incluse, que vous voudrez bien fermer,
après en avoir pris, si la chose vous paraît en mériter
la peine, connaissance. Ce sont quelques mots de
réponse aux objections de M. Jottrand sur la Pologne.

L'impression de mon brûlot a été partout forte et
profonde. Une partie de la démocratie se prononce nettement pour moi. On vit du persifflage à l'adresse de
Sa Majesté; on admire cette haute signification donnée
aux traités; on avoue à tout le moins, que la question polonaise a besoin d'être étudiée. Aussi la colère des journaux de gouvernement et de ceux d'opposition : *Constitutionnel, Patrie, Pays, France, Nation, Siècle, Presse,
Opinion nationale, Temps, Débats*, que suit la majorité
des journaux de département, est grande. La vente
s'en ressent. Au lieu de 20 ou 30 mille qui devaient être
vendus, il y en aura 4,000. Mais le coup est porté;
l'effet produit; les chancelleries, l'administration, le Pa-
lais, tout ce qui raisonne au dedans et au dehors, est

saisi. Cela me voudra peut-être 5 à 600 francs, mais sous tous les autres rapports, je gagnerai encore.

Je vais enfin accoster notre fameuse *opposition:* comptez encore ici sur moi. J'ai juré sa perte, et rien ne saurait m'apaiser que sa destruction.

A quand votre nouveau voyage?

Que fait-on à Bruxelles? Malgré les journaux et les émeutiers, vous n'en êtes pas moins restés pour moi des hôtes, auxquels je m'intéresse fort. Vous connaissez l'histoire de Loth. Pour cinq justes, disait Jehovah, je ferai grâce à Sodome. Or, chers amis, je crois avoir, en Belgique, au moins une douzaine de bons amis. Comment n'aimerais-je pas le pays belge?

A vous, et aux vôtres, de cœur.

P.-J. PROUDHON.

P.-S. J'apprends à l'instant que la *majorité de l'opposition* se prononce contre la guerre pour la Pologne. Guéroult et Havin ont été battus.

Passy, 15 mars 1863.

A M. AUGUSTE DEFONTAINE

Monsieur Defontaine, j'ai reçu vos lettres et le petit mémoire ou article que vous m'annonciez sur mon dernier ouvrage. Je n'ai pas besoin de vous dire avec quel plaisir je l'ai lu. Mais, ainsi que vous-même l'aviez pressenti, je ne crois pas devoir le livrer à la publicité, et je le réserve pour mon propre enseignement; d'abord, parce que je le trouve trop louangeur pour moi; puis, parce que je ne suis point aussi contrarié que vous du silence des journaux.

Ce silence même me flatte : est-ce que vous ne comprenez pas qu'après l'éclat de ma première publication, MM. les journalistes eussent été heureux de célébrer mon enterrement, si, à la réplique, j'avais été trouvé faible ; et que le mutisme dans lequel ils s'enveloppent est la preuve la plus forte que la raison est de mon côté, et qu'ils ne sont, eux, que des rhéteurs et des intrigants ?...

Pour moi, je vous l'avoue, j'éprouve une certaine volupté à voir cette retraite honteuse, à laquelle je suis loin d'attribuer la puissance que vous semblez craindre. Ne suis-je donc pas là pour revenir à la charge? Et

quand, pendant un, deux ou trois ans, après cinq, six,
dix publications, j'aurai convaincu cette presse de
mensonge et d'immoralité, croyez-vous qu'à la fin elle
ne souffrira pas plus que moi? Est-ce que la vérité n'a
pas tout à gagner à cette tactique de mauvaise foi?
Laissez donc faire, ou plutôt laissez les intrigants se
dérober et se taire; et tenez pour sûr que le fouet ven-
geur de la critique saura les atteindre.

Malheureùsement, je suis pour le moment en proie
à une surexcitation cérébrale qui ne me permet ni de
penser ni d'écrire. Bon gré, mal gré, il faut que je me
livre au repos : voilà dix ans que les médecins me
condamnent à six mois de pêche à la ligne ; et depuis
dix ans je n'ai fait que redoubler et accumuler le travail. Maintenant je suis au bout, et n'en puis plus. Je
ne me donnerai pourtant congé que lorsque j'aurai dit
mon mot — 30 à 40 pages — sur les futures élections.
Mais, même pour écrire ce bilboquet, il faut que je
commence par me donner huit jours de promenade au
bois de Boulogne.

J'ai reçu pour vous un exemplaire de mon livre *De
la Justice*, édition belge. Je ne vous l'envoie ¡ as, par
crainte de saisie en route. Ne sauriez-vous trouver une
occasion plus sûre, quelque ami venant de Paris, et qui
se chargerait de cette petite commission.

Je vous salue, cher monsieur, bien cordialement.

                                    P.-J. PROUDHON.

Passy, 15 mars 1863.

A M. DARIMON

Mon cher Darimon, accordez-moi quelques jours et
je ferai ce que vous me demandez. En vous donnant le
témoignage que vous me demandez, je dois, vous le
sentez, maintenir aussi ma position, et c'est là le difficile. Accablé de correspondances au moment où je me
proposais de prendre quelque repos, c'est à peine si je
peux vous expédier cet accusé de réception.

J'ai besoin, plus que jamais, de réfléchir longtemps
à ce que je fais, et de peser mes paroles. Après avoir
mis le fédéralisme sur le socialisme, y ajouter encore
l'*abstentionisme*, c'est, je le crains, demander au public
plus qu'il ne peut faire. Mais enfin c'est ma ligne, ligne
inflexible, infranchissable, et à laquelle vous reviendrez vous-même quand vous en connaîtrez les motifs et
que vous aurez dégagé votre propre situation.

En ce moment je ne puis donner un quart d'heure à
mes idées.

Tout à vous.

P.-J. PROUDHON.

P.-S. C'est une lettre pour la *Presse* que je vous
donnerai; vous choisirez seulement le jour favorable
pour l'insertion.

Passy, 16 mars 1863.

A M. CLERC

Cher monsieur Clerc, puisque votre lettre m'arrive dans
un moment où je suis en train d'écrire, je veux y répondre
tout de suite. Et, pour vous entretenir dans cette disposition polémique, n'oubliez pas, à l'avenir, que les plus
longues lettres, quand elles viennent d'une main amie,
sont pour moi les meilleures ; que rien ne m'en choque,
que tout m'en plaît, au contraire ; tout, vous dis-je, les
objections, les reproches, les plaisanteries, comme les
vérités et les témoignages d'amitié. Je trouve à tout
instruction et profit.

Je vous ai dit, cher monsieur, que je ne me relisais
jamais. En voici une preuve nouvelle, et qui vous
paraîtra singulière. Savez-vous que vos citations m'ont
émerveillé ! Comme c'est bien dit, pensais-je en vous
lisant, comme c'est bien cela ! Et combien j'ai raison !
Comment ai-je pu rencontrer si juste, sur un sujet
aussi scabreux, et en apparence aussi paradoxal ? Voilà
ce que je me disais en vous lisant ; par où vous voyez
que je suis loin de reconnaître la contradiction que vous
me reprochez.

Votre lettre est très-belle, très-bien écrite, très-instructive et surtout très-gaie; mais vous me permettrez d'ajouter, cher monsieur, que d'un bout à l'autre, c'est toujours la même pensée, toujours la même objection que vous agitez, toujours la même contradiction que vous croyez saisir, que vous me représentez et qui vous embarrasse. Un seul des passages que vous m'avez cités pouvait suffire; mais vous avez cru, ce semble, qu'en ne citant qu'une ou deux lignes, je ne saisirais pas votre pensée; vous avez cru que je ne verrais dans un passage unique qu'une phrase équivoque, un *lapsus calami*, tandis qu'il y a tout un DOGME. Je puis vous certifier, à cet égard, que si j'oublie ma rédaction, je n'oublie pas mes idées, et que tout ce que vous m'avez rapporté, je l'ai parfaitement compris et j'ai entendu l'écrire dans le sens qui vous scandalise. Comment alors, cela s'accorde-t-il, me demandez-vous, avec ce que j'ai dit ailleurs du travail? — C'est toujours la même question que vous m'adressez, et la seule à laquelle j'aie à répondre.

Puisque les explications que je vous ai données, et sur lesquelles vous ne me faites pas d'observation, n'ont pas été par vous comprises, je vais tâcher de m'y prendre d'une autre manière.

Le but de mon livre, *la Guerre et la Paix*, est, très-positivement, de détourner les esprits de la guerre, de les affermir dans la paix, en dirigeant les forces et les courages, non plus vers les conquêtes et les combats, mais vers le travail, ou ce que j'ai appelé métaphoriquement les *luttes industrielles*.

Tel est l'objet, telle est la pensée, la raison, l'*alpha* et l'*oméga* de ce travail; objet, pensée, raison, que vous persistez à méconnaître, comme si j'étais un chantre de

Mars et Bellone, un panégyriste des Césars ou un historiographe des Napoléons.

Pour arriver à ce résultat, pour en finir une bonne fois avec la guerre, comment m'y suis-je pris ? — N'allez pas au devant de ma pensée, cher monsieur Clerc, vous seriez sûr de vous fourvoyer. Suivez-moi tranquillement.

J'aurais pu, comme tant d'autres, citer les calamités de la guerre, le meurtre, l'incendie, la dévastation, etc. — C'est là le lieu commun, ou mieux : c'est le côté matériel, extrinsèque du phénomène. Je me suis dit qu'on n'avancerait à rien par cette voie ; qu'il fallait attaquer la guerre dans son foyer, dans sa forteresse, qui est évidemment l'âme humaine. — C'est du cœur de l'homme qu'il faut débusquer le monstre, sans quoi tous nos efforts pour pacifier les nations antagoniques seront inutiles.

Avez-vous quelque chose à objecter à cette méthode ? Dites-le moi ; car, je vous l'avoue, la discussion portera sur un autre côté ; je n'irai pas plus loin avant de vous avoir fait comprendre pourquoi, voulant détruire la guerre, de même que je veux supprimer la superstition, je m'adresse, non à la sensibilité, ni à la peur, ni à l'égoïsme, mais à ce qu'il y a entre nous de plus élevé, à la raison, à la conscience, à notre faculté poétique elle-même.

Je suppose donc que vous êtes d'accord avec moi sur la marche à suivre, et je continue.

Cherchant dans le cœur humain, dans la raison elle-même et jusque dans la conscience, quelles sont les causes ou les prétextes de la guerre, sous quel point de vue elle a pu acquérir un tel prestige ; je trouve, à force de recherche, ceci, qui me semble élémentaire :

L'homme destiné à vivre en société est régi par un système de lois que l'expérience lui révèle peu à peu, à mesure qu'il entre en rapport avec ses semblables, et avec la nature, mais dont le principe est donné *à priori* dans sa conscience.

Ces lois, à mesure qu'elles se révèlent à l'homme et sont par lui-même promulguées, créent pour lui autant d'obligations particulières, spéciales, autrement dire de *devoirs*.

Il y a le devoir de l'enfant, de la mère, du père, du frère, du voisin, de l'ami, etc.

Il y a le devoir de la profession, c'est-à-dire du berger, du laboureur, de l'artisan, du médecin, du prêtre (passez-moi cela pour un moment), etc.

Il y a le devoir qu'engendre pour chacun l'aptitude propre que lui a donnée la nature, devoir de l'homme et de la femme, devoir de l'intelligence, devoir de la force, devoir de la beauté, devoir du travail, devoir de l'amour, etc.

Tous les écrivains moralistes sont pleins de cette distinction des devoirs, de leur génération, de leurs degrés d'importance, de leur système. — C'est du simple bon sens ; cela encore n'est pas niable.

Mais, par la même raison, je dis que le droit étant le corrélatif du devoir, il y aura autant de droits différents que nous avons vu de devoirs engendrés par des rapports ou des lois différents :

Droit de la personne, enfant, père, mère, etc.

Droit de la profession, droit du travailleur, droit du chef de famille, droit du berger, du chasseur, de l'instituteur.

Droit créé enfin par les aptitudes naturelles, droit de

l'intelligence, droit du talent, droit de la beauté, et finalement *droit de la force.*

Si vous pouvez réfuter cette déduction, eh bien! cher monsieur Clerc, je vous abandonne mon livre, je confesse que je me suis trompé.

Oui, vous dis-je, il y a un droit pour l'homme fort, comme il y en a un pour l'homme intelligent, droit qui résulte de la force chez le premier, comme il résulte chez le second de l'intelligence; droit qui ne contredit point les autres, ne les annule pas, ne les absorbe point, droit qui a ses limites, ses règles, sa définition, etc. Quand vous le voudrez, je vous en donnerai toute la théorie, un peu écourtée dans mon livre; mais cela me demanderait un peu de temps.

Arrivé à ce point, et revenant au problème que je me suis proposé, qui est l'explication de la guerre, et par suite sa cessation, je me dis : nous tenons le mot de l'énigme, la clé du mystère. Évidemment, c'est le droit de la force, nié malencontreusement par les uns, exagéré par les autres, mal défini, mal compris, préconisé, glorifié et divinisé, qui a fait tout le mal; c'est de là qu'est venu le grabuge, c'est donc le *droit de la force* qu'il faut commencer par définir, dont il s'agit de tracer les règles si nous voulons avoir raison de la guerre, et faire régner à sa place le travail.

Je sais bien, cher monsieur, que cette méthode d'éviction de la guerre est en dehors de la marche vulgaire ou du lieu commun; qu'elle déroute les esprits qui, au nom de guerre, s'attendent à de formidables anathèmes, et point du tout à une dissection psychologique, ayant pour but d'ôter à la guerre ce qui en a fait de tout temps le prestige, la puissance, et, par ce moyen, de la rendre tout à fait immorale et de la

déshonorer. Mais, parce que ma méthode est en dehors
de la route battue, elle n'en est pas pour cela plus mauvaise, et ce n'est pas une raison de dénaturer ma critique et de me prêter des sentiments que je n'ai point,
ou de m'imputer une contradiction qui n'existe que
dans l'esprit de ceux qui m'accusent sans me comprendre.

Or, remarquez la suite : c'est à partir du moment où
j'ai saisi le principe du droit de la force, que je fais
sérieusement le procès à la guerre ; c'est avec ce principe que je la démolis et que je vous en fais prévoir
l'extinction nécessaire. — En effet, vous dis-je, le droit
de la force ayant ses limites, sa spécialité, son application, sa procédure, etc., nous avons en tout cela
autant de moyens de *réglementer, restreindre, contenir,
limiter*, et finalement, *abroger* la guerre. (Voir mon
tome II, qu'il est inutile que je résume ici.)

La guerre éteinte par la méthode que j'ai indiquée,
et je soutiens qu'il n'y en a pas d'autre, quel jugement,
nous, la postérité travailleuse, l'humanité pacifiée, les
hommes de l'économie et de la justice, quel jugement
allons-nous porter sur elle ? Que devrons-nous conclure de cette bagarre de conquêtes et de combats, de
ces États faits et défaits, de ces triomphes, et de cette
gloire, et de cette apothéose de l'humanité guerrière ?

Ce que nous en devons conclure, c'est que dans la
Guerre comme dans le Travail, l'Humanité a été identique et adéquate à elle-même ; qu'en dernière analyse,
malgré tant de carnages et de violences, la civilisation
est le produit du droit, droit de la force dans les premiers temps, droit du travail à la fin ; c'est que le *guerrier* a été le précurseur de l'*ouvrier*, et que tout ce que

les poètes ont chanté dans le premier, non à tort, appartient à un degré supérieur au second. C'est toujours l'homme, le sujet de la justice, que nous avons sous les yeux ; ce n'est pas, comme l'on pourrait croire, dans le premier une victime du démon, dans le second un ange régénéré.

Et voilà, — je viens au passage que vous me citez, — voilà, dis-je, ce qui explique l'opinion, si fortement enracinée dans la multitude, de la prééminence de l'homme de guerre ; voilà d'où vient la poésie guerrière ; voilà pourquoi la guerre et ses œuvres se trouvent si intimement mêlées aux actes de la justice et de la religion. C'est qu'avant l'existence du travail, avant que l'industriel eût conquis ses titres de noblesse, alors que la force était réputée la première et la plus estimable de nos facultés, quand, en conséquence, le *devoir* et le *droit* de la force étaient à peu près les seuls compris, la guerre devenait fatalement la seule manifestation de la justice, la seule règle de droit, le seul moteur de civilisation ; manifestation bien douloureuse, règle bien inexacte et fautive, moteur d'une excessive faiblesse, sans doute, mais qui n'en a pas moins poussé la civilisation en avant, et qu'il nous est défendu, tout en l'abrogeant, de maudire.

Si vous avez suivi ces quelques pages, vous devez vous rendre compte, à présent, de la marche que j'ai adoptée pour mon livre, marche qui est plus littéraire que dialectique, j'en conviens, mais qui, n'omettant rien d'essentiel, devait être facilement comprise. Au lieu de procéder comme je viens de faire, si j'avais un compte-rendu à écrire de mon travail, je commencerais par une *exposition du phénomène*, c'est-à-dire par une description de la guerre, telle que la raison des masses l'a toujours,

et malgré toutes les déclamations, comprise, et non telle
que la font d'ineptes critiques et de sots moralistes. C'est
ce que vous avez pris de ma part pour un panégyrique.
Mais remarquez donc que dans ce premier livre je ne
parle que comme rapporteur, tantôt constatant des
faits, tantôt relatant des opinions; opposant la croyance
invétérée des peuples et la pratique des siècles aux critiques de la philosophie, mettant en saillie toutes ces
contradictions; en un mot, déroulant un mystère et
posant un problème que je m'efforce de résoudre plus
tard.

Certainement je maintiens tout ce que j'ai dit, dans
mon livre *De la Justice*, du travail et du travailleur;
mais je maintiens également tout ce que j'ai écrit plus
tard de la guerre et du guerrier : il n'y a là aucune
contradiction, il n'y a qu'une *succession* d'états, une
évolution logique. Ce que le travailleur est destiné à
devenir, de par toutes les conclusions du droit, le guerrier a commencé par l'être, en vertu du plus élémentaire des droits, le droit de la force. Ce sont là deux
vérités égales, connexes, incompatibles si vous les affirmez de la même société et à la même époque, mais parfaitement conciliables, nécessaires même l'une à l'autre
si vous placez l'une au début de l'histoire, l'autre à
la fin.

Cette succession historique, cette belle corrélation,
cette moralité de la guerre, cette puissance civilisatrice
et disciplinaire de la conquête, toute cette application
du droit de la force, j'avoue très-franchement que je
n'en savais rien en 1858, quand j'écrivais mon livre *De
la Justice*; de même qu'en 1840 j'ignorais la solution du
problème de la propriété, que je compte donner pro-
chainement. C'est pourquoi je vous ai dit que j'aurais,

sans doute, plus d'une expression incorrecte à remplacer, si je faisais une édition complète de mes œuvres et
que je tinsse à ce que tout fût en harmonie. Mais je
maintiens que mon ignorance de 1840 et de 1858 ne
m'a pas conduit à une contradiction en 1860; je soutiens que tout ici s'enchaîne, se suit et se justifie, et
qu'il n'y a pas d'autre chose à me reprocher que des
incorrections grammaticales.

Que signifient donc, cher monsieur Clerc, tous ces
passages que vous accumulez contre moi et dont vous
croyez m'accabler? Mais je les retiens tous, je les
affirme, je m'en glorifie; je vous répète que le reproche
de contradiction ne tombe pas sur moi, puisque les faits
que j'ai relatés sont incontestables et appartiennent
tous à l'histoire; et j'ajoute que l'Humanité qui a produit tous ces faits ne s'est pas contredite davantage,
puisqu'elle n'a jamais fait autre chose qu'affirmer son
immuable droit, sa justice immanente, tantôt comme
guerrière, tantôt comme industrieuse.

Faites, après cela, toutes les plaisanteries que vous
voudrez sur la guerre et son droit, et sa poésie, et sa
justice, et ses institutions : à la bonne heure. Une plaisanterie qui s'adresse à la vérité est une plaisanterie,
c'est-à-dire un enfantillage. Détestez la guerre, je le
veux bien; mais ne la calomniez pas, ce qui serait
absurde. Et, avant tout, souvenez-vous de ce que je
vous dis : la guerre ne finira que par l'exposition de
son droit, par la *reconnaissance du droit de la force*. Au
lieu de chercher des contradictions qui n'existent pas,
c'est ce *droit de la force* qu'il vous faut nier, dont il
faut démontrer la fausseté, si vous voulez ébranler
mon livre. Sans cela vous parlez en l'air, et vous vous
donnez le tort de condamner, en vertu de votre pré-

jugé personnel, la théorie d'un auteur que vous ne comprenez pas.

Je me hâte de vous serrer la main, cher capitaine, avant d'être au bout de ma page.

P.-J. PROUDHON.

Paris, 10 avril 1863.

A M. LE MINISTRE DE L'INTÉRIEUR

Monsieur le Ministre, le 14 du mois du mois dernier, j'ai reçu de votre ministère, direction de la presse, une lettre ainsi conçue :

Monsieur,

M. le Ministre de l'intérieur me charge de vous informer qu'il n'a pas cru devoir vous accorder la demande que vous lui avez adressée le 5 février dernier, dans le but d'obtenir l'autorisation de fonder un nouveau journal sous le titre de : *la Fédération.*
Recevez, monsieur, l'assurance de ma considération distinguée.

Par autorisation :
Le Directeur de la presse,
Comte TREILHARD.

Cette réponse, monsieur le Ministre, ainsi que vous pouvez en juger par le texte, et que vos souvenirs vous le rappelleront certainement, n'est point un refus. Elle subordonne l'autorisation que je sollicite au titre que je donnerai à mon journal : celui que j'avais d'abord choisi n'ayant pas obtenu votre agrément.

Je commence par protester, monsieur le Ministre,

qu'il n'y a eu de ma part, dans le choix de ce titre, *la Fédération*, aucune pensée factieuse : j'avais voulu seulement marquer d'une manière énergique mon opposition au parti que je considère comme le représentant et le continuateur de l'ancienne société des Jacobins. J'aurais pu prendre aussi bien le titre du *Vieux Cordelier*, puisque je ne suis pas moins ami de Danton que de la Gironde ; j'ai préféré le second, en raison des derniers événements.

Puisque cette idée de fédéralisme semble porter ombrage au gouvernement de l'Empereur, je viens, monsieur le Ministre, après avoir de nouveau consulté mes amis, vous proposer cet autre titre, qui, je l'espère, obtiendra votre entière approbation : *le Suffrage universel.*

Les circonstances plaident en ma faveur. Ce n'est pas à la veille des élections pour le Corps législatif que vous refuserez, monsieur le Ministre, d'autoriser un journal indépendant et sincère, alors que les organes existants de la presse périodique abusent plus que jamais de leur privilége pour égarer l'opinion, sur toutes les questions de politique intérieure et étrangère.

Je reste, monsieur le Ministre,

Votre très-humble et très-obéissant serviteur.

P.-J. PROUDHON.

Passy, 10 avril 1863.

A M. EUGÈNE NOEL

Mon cher et très-excellent biographe, les empereurs et les rois, quand ils s'écrivent, se traitent de cousins et de frères, comme s'ils ne faisaient tous ensemble qu'une famille *in servitio et tyrannide.*

Pourquoi nous, qui avons été faits membres d'une tout autre Église, dont les grands pères furent frères et compagnons en Révolution, et qui continuons à servir la même cause, ne nous dirions-nous pas aussi *cousins?*

Mon cousin donc, j'ai reçu et lu votre nouveau *Voltaire*, que je n'ai pas trouvé indigne de son aîné. J'ai fort bien remarqué que vous avez tenu, avant tout, à saisir votre héros par ses côtés humanitaires, par ses travaux philosophiques et sa mission morale. C'est parfaitement compris, et honneur à vous! Il faut avoir vécu en pensée avec le dix-huitième siècle pour savoir tout ce que nous devons à Voltaire. Les affaires de Sirven, de Calas, etc., ne semblent être que des procès particuliers où Voltaire se fit protecteur des pauvres innocents. Au fond, il s'agissait de la tolérance religieuse, de la barbarie des parlements, de l'anthropophagie judiciaire ; questions bien autrement graves que d'enseigner l'amour aux jeunes filles, d'apprendre à des marquises blasées à nourrir leurs enfants, ou de proposer un système encyclopédique. Ce qui met le sceau à un livre, qui en fait une œuvre à la fois divine et humaine, c'est quand ce livre est à la fois un grand acte et un chef-d'œuvre de l'art. Combien en connaissez-vous de tels? Ils se comptent : *l'Évangile, les Provinciales, la Satire Ménippée, Tartuffe, les Noces de Figaro, les Mémoires de Beaumarchais, le Vieux Cordelier.* Mais je m'aperçois, pour l'honneur de notre chère patrie, qu'en cherchant bien on en trouverait peut-être plus d'une douzaine, et je m'arrête.

Oui, si j'avais à choisir, je donnerais toute la correspondance de Voltaire, son poème épique, ses tragédies, pour les grandes œuvres de sa vieillesse, sur lesquelles vous ferez bien, à première occasion, de revenir encore.

Je suis heureux, cher cousin, que vous ne vous soyez point scandalisé de mon *principe*, et que vous ayez pris la chose par le bon côté. Vous savez ce que signifie ma *scission*. Il faut sauver notre malheureuse démocratie, et la pousser en vraie république, ce à quoi elle résiste de son mieux, à grand renfort de préjugés, d'intrigailleries, de charlataneries, de machiavélisme et même de conservatisme bourgeois. Fatigué depuis longtemps des calomnies incessantes de nos *culottes de peau*, j'ai résolu de rompre avec eux; je l'aurais fait plutôt, si j'en avais trouvé l'occasion. Ils me le feront payer cher, et je m'y attends; mais j'en serai plus à l'aise pour les forcer à marcher. Que me fait la sympathie de ces aveugles et que m'importe la popularité? Il faut sauver la Révolution, vous dis-je, m'en coûtât-il la vie ou la liberté.

A ce propos, je recommande à votre attention un nouvel opuscule que vous recevrez sous quelques jours, et qui a pour objet d'éclairer la situation électorale. J'ignore ce qui se passe dans vos quartiers, mais je puis vous certifier qu'ici le gâchis est au comble; qu'on ne s'occupe plus du tout ni des *droits*, ni des *libertés*, ni des *principes*. On fait de l'agitation par tempérament, par besoin de mouvement, et on tâche de la diriger contre l'Empire, par vieille habitude d'opposition. C'est tout. Aussi cette opposition inintelligente n'est-elle autre chose qu'un compérage bonapartiste, à faire pleurer nos grands-pères dans leurs fosses.

Comme me voilà passé hérétique en démocratie, j'ai cru que je n'avais pas besoin de mettre des mitaines. J'ai commencé par faire une espèce de *consultation juridique* sur la matière, très-sévère à l'endroit des *légistes*, qui, aujourd'hui tiennent le haut du pavé; plus tard, s'il y a lieu, je viendrai à la rescousse avec une vraie philippique.

Si vous jugez que je sois dans le vrai et que quelque chose, dans le sens que je propose, soit praticable à Rouen, je vous engagerai à vous mettre, vous et vos amis, en rapport avec le comité que nous allons former à Paris, et qui, je vous en réponds, n'obtînt-il que la minorité dans les comices, aura les honneurs de la campagne.

A bientôt donc, et puisque par une faveur de naissance vous possédez de grand-père en petit-fils la clairvoyance révolutionnaire, n'oubliez jamais, quoique l'on déblatère autour de vous sur mon compte, que je suis votre très-sincère et fidèle cousin *in revolutione*.

P.-J. Proudhon.

FIN DU TOME DOUZIÈME.

TABLE DES MATIÈRES

Paris. — Imp. Moderne (Barthier, dr), rue J.-J. Rousseau, 61

Paris. — Imp. Moderne (Barthier, dr), rue J.-J.-Rousseau, 61.

www.ingramcontent.com/pod-product-compliance
Lightning Source LLC
Chambersburg PA
CBHW071618270326
41928CB00010B/1680